Zusammenleben
Zusammenarbeiten

Hauswirtschaftlich-sozialer Bereich

Jahrgangsstufe 9/M 9

von
Gerlinde Blank
Maria Weßling

Dr. Felix Büchner • Handwerk und Technik • Hamburg

Das vorliegende Buch wurde auf Grundlage der neuen amtlichen Rechtschreibregelung, die am 1. August 2006 in Kraft getreten ist, erstellt.

Es basiert auf dem Werk HT 7453 „Zusammenleben – Zusammenarbeiten – Hauswirtschaftlich-sozialer Bereich – 9. Jahrgangsstufe" von Birgit Plößner und Edeltraut Fichtner.

Für die Bereitstellung von Manuskriptteilen sei herzlich gedankt:
Birgit Plößner
Edeltraut Fichtner

ISBN 978-3-582-07457-7

Das Werk und seine Teile sind urheberrechtlich geschützt. Jede Nutzung in anderen als den gesetzlich zugelassenen Fällen bedarf der vorherigen schriftlichen Einwilligung des Verlages. Hinweis zu § 52 a UrhG: Weder das Werk noch seine Teile dürfen ohne eine solche Einwilligung eingescannt und in ein Netzwerk eingestellt werden. Dies gilt auch für Intranets von Schulen und sonstigen Bildungseinrichtungen.
Verlag Handwerk und Technik G.m.b.H.,
Lademannbogen 135, 22339 Hamburg; Postfach 63 05 00, 22331 Hamburg – 2007
E-Mail: info@handwerk-technik.de – Internet: www.handwerk-technik.de
Satz und Layout: tiff.any, 10999 Berlin
Umschlaggestaltung: harro.wolter@freenet.de
Druck und Bindung: B.O.S.S Druck und Medien GmbH, 47574 Goch

Euer Schulbuch ist ähnlich aufgebaut wie das der 7. und 8. Klasse. Es kann im Unterricht gleichermaßen von Regel- und M-Schülern benutzt werden. Jedes Kapitel enthält neben Grundlegendem auch anspruchsvollere Arbeitsaufträge sowie vertiefende Aspekte zum Thema. Als Schülerin und als Schüler sollst du dabei immer wieder auf dein Vorwissen aus dem 7. und 8. Jahrgang zurückgreifen und das bereits Gelernte anwenden!

- Das Buch ist in Themen unterteilt. Einen Überblick darüber bekommt ihr im Inhaltsverzeichnis. Diese Überthemen können durchaus für einzelne Sequenzen genommen werden.

- Wie bereits in der 7. und 8. Klasse sind den Sequenzen/Kapiteln Rezepte zugeordnet. Beim Durchblättern werdet ihr feststellen, dass diese im Vergleich zu den anderen Büchern einen breiteren Rahmen einnehmen. Dieses umfangreiche Rezeptangebot soll euch ermöglichen, in der Küchenpraxis fit zu werden. Sie sind mit einem roten Dreieck gekennzeichnet und können innerhalb der Sequenzen ausgewählt und ausgetauscht werden.

  Aber nicht nur die Rezepte können innerhalb der Sequenzen/Kapitel ausgetauscht werden, sondern auch die Sequenzinhalte/Kapitelinhalte können erweitert, gekürzt oder aktualisiert werden.

- Am Ende des Buches (s. S. 245 – 248) befindet sich für vier Kapitel jeweils ein Vorschlag wie eine Sequenz geplant werden kann, in dem alle (im Lehrplan geforderten) Lernbereiche einfließen.

- Das Sachwortverzeichnis auf Seite 250 hilft, einen Sachverhalt ganz schnell zu finden. Ihr möchtet zum Beispiel über die Light-Produkte etwas nachlesen. Das Stichwortverzeichnis informiert, auf welchen Seiten des Buches dazu etwas zu finden ist.

- Im Anhang des Buches auf Seite 237 bis 244 findet ihr neben weiteren Rezepten vor allem Informationen über die sachgerechte Lebensmittelverarbeitung, wie sie der Küchen-Profi beherrscht.

- Die Seiten mit den roten Randstreifen markieren wieder den Projektteil. In Projekten innerhalb der HsB-Gruppe, aber auch mit anderen Fächern zusammen, werden gemeinsam entwickelte Ideen umgesetzt. „Teamwork" ist dabei angesagt!

  Der rot gerasterte Randstreifen kennzeichnet den EDV-Teil: Diese Seiten enthalten Vorschläge, wie der Computer im HsB-Unterricht eingesetzt werden kann.

- Ein erhöhtes Anforderungsniveau für M-Schüler und leistungsstarke R-Schüler wird individuell auf die HsB-Gruppe abgestimmt, z. B. selbstständige Beschaffung von Informationen:
  - Internet
  - Plakatgestaltung
  - Kurzreferate
  - Abwandlung von Rezepten
  - Kochgeldabrechnung mit dem PC
  - Erstellung von Einkaufslisten

Auch die immer wiederkehrenden Symbole haben sich in ihrer Bedeutung nicht geändert:

 Ihr bekommt in der Beschreibung eine Vorstellung über die möglichen **Schwerpunkte** des Unterrichts.

 Der **Kochtipp** gibt Hinweise, woran ihr die Qualität eines Lebensmittels erkennen könnt
oder
welche Küchentricks bei der Zubereitung der jeweiligen Speise beachtet werden können.

 Wissenswertes gibt auch weitere Informationen, z. B. zu einem Lebensmittel.

 Das Symbol kennzeichnet **Arbeitsaufträge.** Ihr werdet aufgefordert, Fragen zu beantworten, einen Auftrag zu erledigen, ein Problem zu lösen oder Stellung zu nehmen.

 Arbeitsaufträge, die auf einem erhöhten Anforderungsniveau basieren.

 Das **Wesentliche** des Kapitels nochmals knapp „auf den Punkt" gebracht.

Nicht zuletzt steht in diesem Schuljahr auch die besondere Leistungsfeststellung zum Erwerb des qualifizierenden Hauptschulabschlusses an. Mit der Wahl dieses Faches habt ihr euch dazu entschieden, euer Können in HsB unter Beweis zu stellen.
Dazu wünschen wir euch alles Gute!

Inhaltsverzeichnis

1 Gute Planung spart Zeit, Kraft und Geld! 1

1.1 Umfangreiche Arbeiten bewältigen .. 2
1.2 Der Organisationsplan 5
1.3 EDV: Arbeiten mit Textverarbeitung und Tabellen 8
1.4 Verbraucherschutz 15
1.5 Rezepte 21

2 Feste feiern mit Gästen 60

2.1 Vorteile und Arten des Büfetts 61
2.2 Regeln für die Planung und Durchführung eines Büfetts 61
2.3 Büfettaufbau 62
2.4 Rezepte – Büfett 63
2.5 Feste feiern rund ums Jahr 78
    Weihnachten 78
2.6 Rezepte für das Festmenü 87
    Ostern 96
2.7 Rezepte für Ostern .... .97
2.8 Tischkultur 101
2.9 EDV: Gestaltung von Texten 105
2.10 Rezepte 107

3 Gesundheit – ein käufliches Produkt?! 131

3.1 Novel Food 131
3.2 Light-Produkte 133
3.3 Lebensmittel auf dem Prüfstand ...137
3.4 Rezepte 138

4 Über den Tellerrand hinaus zu anderen Ländern 163

4.1 Essen mit Verstand 164
4.2 Essstörungen – ein Trend unserer Gesellschaft!?
    Schönheit und Schlanksein um jeden Preis! 169
4.3 Mediterrane Küche 170
4.4 Rezepte 175
4.5 Die asiatische Küche und asiatische Sitten 190
4.6 Rezepte 194

5 Bio- und Ökoprodukte aus der Region und darüber hinaus?! 204

5.1 Grundsätze des ökologischen Landbaus 205
5.2 Erkennungsmerkmale von Öko- und Bioprodukten 206
5.3 Das Biosiegel 207
5.4 Direktvermarktung 208
5.5 Rezepte 213

6 Jung und Alt: Mitglieder unserer Gesellschaft früher – heute – in Zukunft 229

Fachbegriffe zur Lebensmittelbe- und verarbeitung 237
Binden von Speisen 238
Techniken der Lebensmittelbe- und verarbeitung 239

Vorschläge zur Sequenzeinteilung 245

Bildquellenverzeichnis 249
Literaturverzeichnis 250
Sachwortverzeichnis 250
Rezeptverzeichnis
(alphabetisch gegliedert) 252
Rezeptverzeichnis
(nach Gruppen gegliedert) 254

Zubereitung mit Freu(n)den

1 Gute Planung spart Zeit, Kraft und Geld!

Du kannst neu dazulernen,

- eine Vorgehensweise zur Erstellung von Organisationsplänen zu finden,
- selbstständig differenzierte Organisationspläne zu erstellen,
- Fehler in der Arbeitsplanung zu erkennen,
- unbekannte Gerichte nach Rezept sachgerecht herzustellen,
- Hefeteig, süß und salzig, fachgerecht zubereiten und abwandeln zu können,
- Gerichte selbstständig fachgerecht zubereiten und abwandeln zu können,
- Qualitätsmerkmale beim Kauf von Küchengeräten und Lebensmitteln zu erkennen (Ökotest, Zeitungsartikel, Internet),
- einzuschätzen, wann der Kauf eines Küchengeräts sinnvoll ist,
- Kaufentscheidungen unter Abwägung des Kosten-Nutzen-Faktors und der unterschiedlichen Haushaltssituationen zu treffen,
- Lebensmittelangebote zu analysieren und zu bewerten,
- welche Alternativen es zum Neukauf von Geräten gibt (Gebrauchtgeräte, Gemeinschaftsanschaffung, z. B. in der Familie, Ausleihen bei Vereinen),
- welche gesetzlichen Regelungen zum Schutz des Verbrauchers im Inland, ggf. europaweit gelten,
- zu erkennen, dass die Kaufentscheidung neben dem Preis vor allem durch die Produktwerbung und Präsentation beeinflusst wird,
- Testergebnisse professioneller Produktprüfer, z. B. Stiftung Warentest, Öko-Test, zu nutzen,
- selbstständig Ergebnisse am PC zu präsentieren,
- Tabellen in einem Textverarbeitungsprogramm zu erstellen,
- vorgegebene Arbeitsschritte auszuschneiden und in die Tabelle einzufügen,
- einen Organisationsplan durch Formatierungsarbeiten übersichtlich zu gestalten,
- mit einer Tabellenkalkulation zu arbeiten (Lebensmittelabrechnung),
- Rezepte am PC zu schreiben.

1.1 Umfangreiche Arbeiten bewältigen

Anforderungen an die Speisenauswahl

Werden Gäste eingeladen, ist es nicht ratsam, ein unnötiges Risiko einzugehen. Man sollte Gerichte kochen, die man kennt und deren Zubereitung man sicher beherrscht. Häufig wird der Fehler gemacht, dass für diesen Anlass ein Gericht gewählt wird, das auf dem entsprechenden Foto im Kochbuch gut aussieht. Doch bei der Herstellung können unvorhersehbare Schwierigkeiten auftreten. Man kommt mit Zubereitungstechniken und Garzeiten nicht zurecht, das Ergebnis ist im Hinblick auf Aussehen und Geschmack wenig zufriedenstellend.

Zu überlegen ist auch der Arbeitsaufwand für die ausgewählten Speisen. Es ist nicht sinnvoll, bei Ankunft der Gäste bereits völlig erschöpft zu sein, weil die Stunden vorher purer Stress waren. Rezepte sollten auch danach ausgewählt werden, inwieweit Arbeiten gut im Vorfeld erledigt werden können.

Die Fertigstellung der Gerichte sollte den Gastgeber nicht so sehr in Anspruch nehmen, dass nahezu keine Zeit für die Begrüßung der Gäste bleibt. Optimal ist es, wenn die Speisen so weit fertiggestellt sind, dass sie beispielsweise nur noch in der Röhre überbacken werden müssen. Dies hat zudem den Vorteil, dass dem Gastgeber Zeit für Dusche und Garderobenwechsel bleibt.

Ebenso wichtig ist die Anordnung und Präsentation der Speisen – wird am Tisch serviert oder ein Büfett aufgebaut?

Vor dem Eintreffen der Gäste ist es wichtig, dass die Wohnung gut durchgelüftet wird. Aus diesem Grund sollten keine Speisen zubereitet werden, deren Kochgerüche sich über längere Zeit unangenehm in der Wohnung halten, z. B. Pommes frittiert, Kartoffelpuffer in der Pfanne gebacken.

Ein Menü wird nicht automatisch zu etwas Besonderem, wenn dazu hauptsächlich exklusive Zutaten wie z. B. Lende, Krabben, Spargel, exotisches Obst usw. verwendet werden. Vielmehr kann der Gastgeber seine Kochkunst unter Beweis stellen, indem er einfache Zutaten verwendet, die problemlos in jedem gut geführten Supermarkt erhältlich sind. Interessante Kombination der Zutaten, ungewöhnliche Zubereitung und ansprechende Dekoration können ein Einladungsessen zum Erlebnis machen.

Nicht zuletzt müssen auch „die Reste vom Feste" bedacht werden. Die Speisen sollten noch in den darauffolgenden Tagen ohne geschmackliche oder gesundheitliche Beeinträchtigungen verzehrt werden können. Bei größeren Mengen empfiehlt es sich auch, die Reste portioniert einzufrieren.

Arbeitsaufträge:
1. Lies obigen Text!
   Fasse die Anforderungen an die Speisenauswahl für ein Gästeessen in Stichpunkten zusammen!
2. Begründe!

Anforderungen an den Gastgeber

"Ätzend, diese Neonlampe! Eine Kerze wäre mir lieber."

"Gut, dass es genügend Gemüsebeilagen gibt – so komme ich als Vegetarier auch auf meine Kosten."

"Jetzt reden die schon seit einer Stunde über Politik – das nervt!"

"Wenn ich gewusst hätte, dass der auch eingeladen ist, hätte ich von vornherein abgesagt."

"Angenehm – beim Betreten der Wohnung kümmern sie sich gleich um die Garderobe. Echt aufmerksam!"

"Oh je! Keine Gelegenheit zum Rauchen! Den ganzen Abend ohne Zigarette – das halte ich nicht aus!"

"Also diese Musik – ich weiß nicht. Irgendwie nicht mein Geschmack!"

"Wahnsinn, was für eine Tischdekoration! Dass die das aber auch immer so toll hinkriegen!"

Arbeitsaufträge:

Obige Abbildung stellt eine Einladungssituation dar.
1. Woran liegt es, ob es den Gästen gefällt oder nicht, und worauf muss der Gastgeber grundsätzlich achten?
2. Du lädst deine Großeltern/Paten zum Mittagessen ein. Welche Vorüberlegungen triffst du, damit es für alle Beteiligten ein schönes, unvergessliches Treffen wird?

Wir erkennen:

Gute Planung und Organisation sind Voraussetzungen für das Gelingen einer Einladung, garantieren jedoch nicht automatisch, dass sich die Gäste wohlfühlen.

Arbeitsaufträge:

1. Was spricht dafür, die abgebildeten Produkte bei der Zubereitung eines Einladungsmenüs mitzuverwenden?

2. Welcher Eindruck entsteht bei Gästen, wenn sie nur Fertiggerichte serviert bekommen?

1.2 Der Organisationsplan

Organisationspläne sind immer dann notwendig, wenn mehrere Speisen von einer Person zubereitet werden müssen.

Wichtiges im Vorfeld

Rezepte stellen im Grunde genommen eine genaue Arbeitsanleitung dar. Diese ist zur Zubereitung von Gerichten unverzichtbar. Exakte Beschreibungen machen das Ganze jedoch auch unübersichtlich – bei mehreren Gerichten verliert man daher leicht den Überblick. Arbeiten nach Plan ist sinnvoll! Im sogenannten Organisationsplan ist festgelegt, wann welche Arbeiten erledigt werden.

Für die Erstellung eines Organisationsplans müssen im Vorfeld

- Rezepte genau gelesen,
- Arbeitsschritte zusammengefasst,
- Wartezeiten herausgestellt werden.

Beispiele:

Lasagne verdi al forno	Insalata mista	Pesche caramellate
Hackfleischsoße: – Zutaten zerkleinern, andünsten – aufgießen, würzen **20 Minuten köcheln lassen** Béchamelsoße: – Mehlschwitze herstellen – Soße fertigstellen **15 Minuten ziehen lassen** Einschichten: – Form fetten – Käse reiben – Lasagne fertigstellen **25 Minuten garen lassen** **10 Minuten ruhen lassen**	– Zutaten zerkleinern – Salat auf Teller schichten – Salat marinieren – Salat garnieren	– Pfirsiche häuten – Sud kochen – Pfirsiche zugeben **auskühlen lassen** – Pfirsichhälften anrichten **Sud einköcheln lassen** – Pfirsichhälften glasieren

Arbeitsaufträge:

1. Es erweist sich als vorteilhaft, Wartezeiten
   a) gesondert aufzuführen,
   b) farbig hervorzuheben.
   Begründe!
2. Der Zeitaufwand für das Anrichten von Speisen ist unterschiedlich. Erläutere diese Aussage anhand der unten aufgeführten Beispiele!

Wir erkennen:

Durch das Zusammenfassen der Arbeitsschritte wird deutlich,
- welche Wartezeiten anfallen,
- ob ein Rezept ohne Unterbrechung durchgeführt werden kann oder muss,
- welches Gericht am längsten dauert,
- welche allgemeinen Arbeiten anfallen.

Arbeitsschritte ineinander planen

Folgende Punkte sind zu beachten:

1. Schreibe jedes Gericht in eine eigene Spalte!
2. Beginne mit dem Gericht, das am längsten dauert!
3. Trage die Wartezeiten der jeweiligen Gerichte ein, am besten farbig!
4. Schließe vor dem Wechsel zu einem anderen Gericht die Spalte mit einem Querstrich ab!

Beispiele:

Lasagne verdi al forno	Insalata mista	Pesche caramellate
		Lebensmittel und Geräte vorbereiten – Pfirsiche häuten – Sud kochen – Pfirsiche zugeben **auskühlen lassen**
Lebensmittel und Geräte vorbereiten Hackfleischsoße: – Zutaten zerkleinern, andünsten – aufgießen, würzen **20 Minuten köcheln lassen** Béchamelsoße: – Mehlschwitze herstellen – Soße fertigstellen **15 Minuten ziehen lassen** Einschichten: – Form fetten – Käse reiben – Lasagne fertigstellen **25 Minuten garen lassen** Aufräumarbeiten		
	Lebensmittel und Geräte vorbereiten – Zutaten zerkleinern – Salat auf Teller schichten	
10 Minuten ruhen lassen		– Pfirsichhälften anrichten **Sud einköcheln lassen**
	– Salat marinieren – Salat garnieren **Aufräumarbeiten**	
		– Pfirsichhälften glasieren **Aufräumarbeiten**

Arbeitsauftrag:
Ist der Organisationsplan fertiggestellt, muss er wie folgt durchgecheckt werden:

Prüfmethode SENKRECHT

Lies jede Rezeptspalte gesondert durch! Prüfe dabei, ob jedes Rezept vollständig ist und du keinen Arbeitsschritt vergessen hast!

Lasagne verdi al forno	Insalata mista	Pesche caramellate
		Lebensmittel und Geräte vorbereiten – Pfirsiche häuten – Sud kochen – Pfirsiche zugeben **auskühlen lassen**
Lebensmittel und Geräte vorbereiten Hackfleischsoße: – Zutaten zerkleinern, andünsten – aufgießen, würzen **20 Minuten köcheln lassen** Béchamelsoße: – Mehlschwitze herstellen – Soße fertigstellen **15 Minuten ziehen lassen** Einschichten: – Form fetten – Käse reiben – Lasagne fertigstellen **25 Minuten garen lassen** Aufräumarbeiten		
	Lebensmittel und Geräte vorbereiten – Zutaten zerkleinern – Salat auf Teller schichten	
10 Minuten ruhen lassen		
	– Salat marinieren – Salat garnieren **Aufräumarbeiten**	– Pfirsichhälften anrichten **Sud einköcheln lassen**
		– Pfirsichhälften glasieren **Aufräumarbeiten**

Prüfmethode WAAGERECHT

Kontrolliere die einzelnen Zeilen! In einer Zeile darf jeweils nur an einem Gericht gearbeitet werden!

Wir erkennen:

Ein guter Organisationsplan ist wie ein Reißverschluss: nahtlos ineinandergreifend

Arbeitsauftrag:
Bewerte folgenden Organisationsplan! Wende dabei die senkrechte und waagerechte Prüfmethode an!

Hackfleischsoße	Spaghetti	Eissalat
– Zutaten zerkleinern, andünsten – aufgießen, würzen **20 Minuten köcheln lassen**		
	Nudeln garen **10 Minuten kochen**	
		– Salat und Kräuter vorbereiten – Marinade herstellen
	Nudeln abseihen	Salat marinieren

1.3 EDV: Arbeiten mit Textverarbeitung und Tabellen

Anwendungsbeispiel Organisationsplan:

Mithilfe eines Textverarbeitungsprogramms wie z. B. Word lassen sich Organisationspläne, Rezepte, Einladungen, Etiketten, Plakate usw. erstellen. Dafür werden die Texte eingegeben und – wie im Buch für die 8. Jahrgangsstufe dargestellt – bearbeitet und gestaltet. Darüber hinaus lässt sich mit der Schaltfläche „Rechtschreibung und Grammatik" eine Rechtschreibprüfung durchführen. Für die Schreibweise in Tabellenform ist es zunächst nötig, eine Tabelle auf dem Bildschirm zu erstellen.

Unter Verwendung der Schaltfläche „Tabelle einfügen" lässt sich eine Tabelle mit der Maus aufziehen.

Arbeitsaufträge:

1. Ziehe mit der Maus eine Tabelle folgender Größe auf: 3 Spalten 7 Zeilen

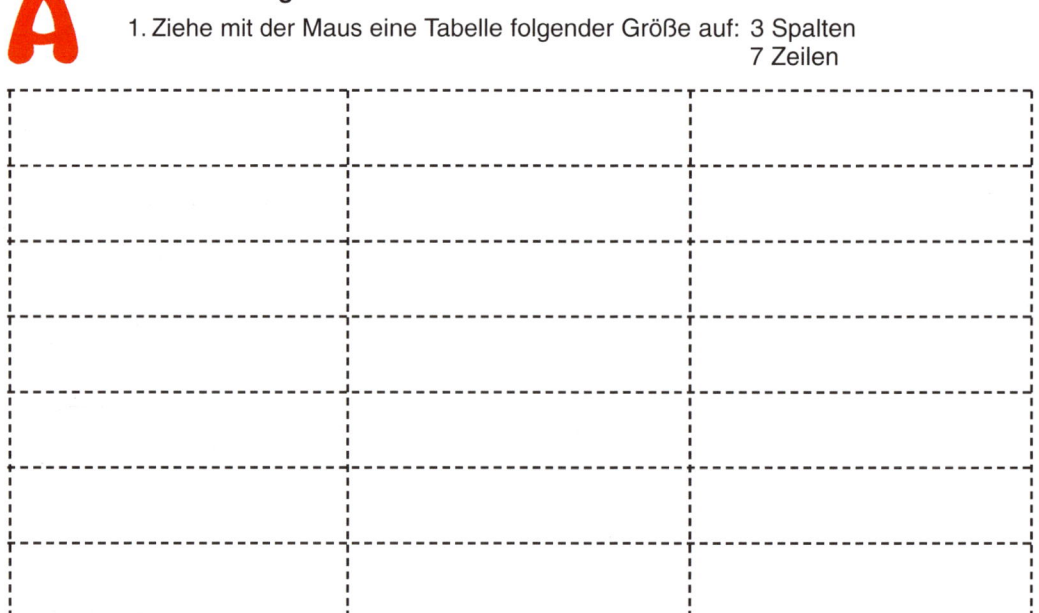

Üblicherweise zeigt der Bildschirm die aufgezogene Tabelle in Gitternetzlinien an. Diese dienen ausschließlich der Orientierung und werden nicht gedruckt.

Die erste Zeile kann zur Kopfzeile werden, d. h., der Textbereich am oberen Seitenrand, in den z. B. die Rezeptüberschrift eingegeben werden kann.

2. a) Trage in die Kopfzeile die Namen der Gerichte ein!
   b) Ordne die einzelnen Arbeitsschritte durch Drag and Drop in der richtigen Reihenfolge an!

Lasagne verdi al forno	Insalata mista	Pesche caramellate
Hackfleischsoße: – Zutaten zerkleinern, andünsten – aufgießen, würzen **20 Minuten köcheln lassen** Béchamelsoße: – Mehlschwitze herstellen – Soße fertigstellen **15 Minuten ziehen lassen** Einschichten: – Form fetten – Käse reiben – Lasagne fertigstellen **25 Minuten garen lassen** **10 Minuten ruhen lassen**	– Zutaten zerkleinern – Salat einschichten – Salat marinieren – Salat garnieren	– Pfirsiche häuten – Sud kochen – Pfirsiche zugeben **auskühlen lassen** – Pfirsichhälften anrichten **Sud einköcheln lassen** – Pfirsichhälften glasieren

Folgende Schaltflächen erleichtern diese Arbeit:

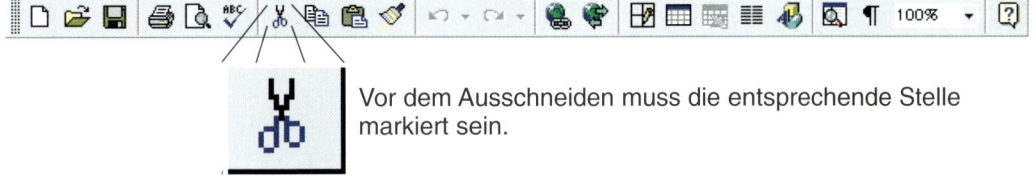

Vor dem Ausschneiden muss die entsprechende Stelle markiert sein.

Vor dem Einfügen muss der Cursor in die gewünschte Zelle der Tabelle gesetzt werden.

3. Führe Formatierungsarbeiten durch!
   a) Ersetze die Gitternetzlinien durch Rahmenlinien. Lies dazu gegebenenfalls im Benutzerhandbuch des entsprechenden Programms nach!
   b) Verändere die Kopfzeile der Tabelle:
      - Überschriften zentrieren
      - Schriftgröße 12
      - Fettdruck
      - Schriftart Comic Sans
      - Zellen schattieren 5%

> **Béchamelsoße**
>
> - Mehlschwitze herstellen
> - Soße fertigstellen
> **15 Minuten ziehen lassen**

EDV: Arbeiten mit der Tabellenkalkulation

Für eine Tabellenkalkulation bietet es sich an, in Excel zu arbeiten. Hier können Zahlen, Formeln und Texte eingegeben und miteinander verknüpft werden. Wird die Größe einer Zahl in einer Berechnung geändert, so wird die Neuberechnung automatisch durchgeführt. Erstellte Kalkulationen können grafisch als Diagramm dargestellt werden.

Tabellenkalkulationen können eingesetzt werden, z. B.:

- bei der Kochgeldverwaltung
- bei Projekten
- bei der Energieberechnung von Gerichten
- bei Produktvergleichen

1. Das Anwendungsfenster

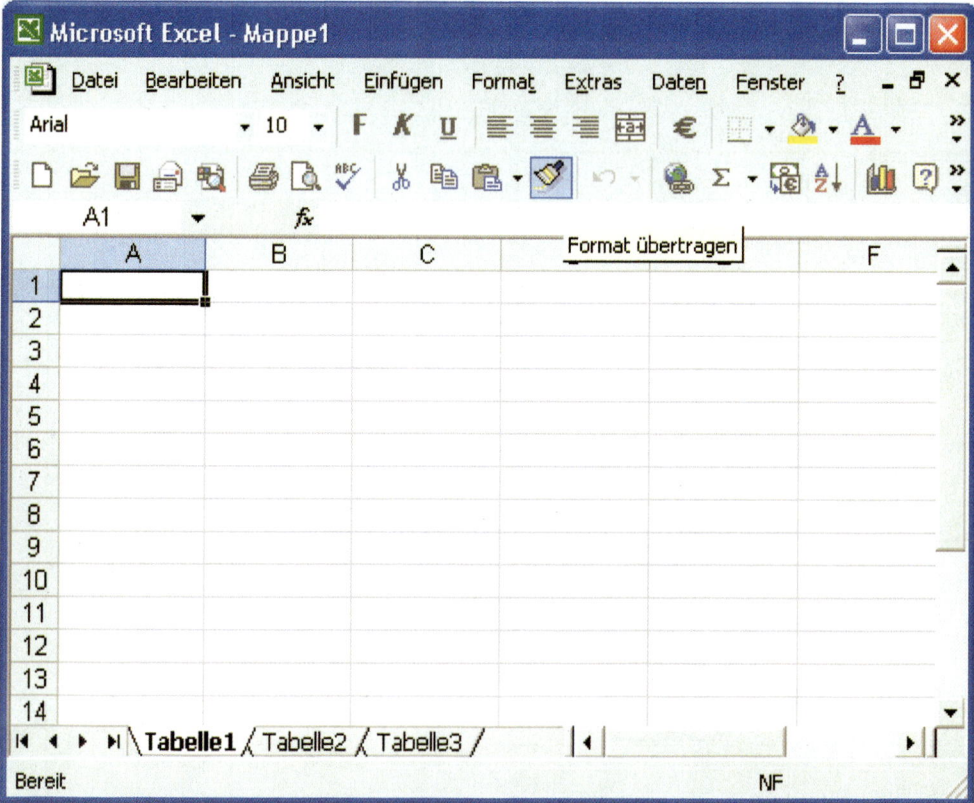

2. Allgemeines

- Die Tabelle wird in **Spalten und Zeilen** eingeteilt.
- Der Schnittpunkt zwischen Spalte und Zeile wird **Zelle** genannt.
- In den Zellen können Zahlen, Formeln und Texte eingegeben werden. Dieses erfolgt durch das Anklicken mit der Maus.
- Durch die Eingabe von Formeln können Berechnungen selbstständig durchgeführt werden. Die Berechnungen können variabel gehalten werden. Die Ergebnisse werden dann automatisch neu berechnet. Die Werte in den Zellen ändern sich.

- Für die Berechnung benötigt man die genaue Adresse der Zelle. Die Spalten werden mit Buchstaben, die Zeilen werden mit Zahlen gekennzeichnet, z. B. C6.
- Werden mehrere Zellen gleichzeitig markiert, nennt man diese **„Bereich"**.

3. Arbeiten mit der Tabellenkalkulation
- Die gewünschte Zelle wird mit dem Mausklick aktiviert und kann dann bearbeitet werden.
- Soll ein Bereich in € berechnet werden, so wird dieser markiert und mit dem €-Zeichen in der Menüleiste aktiviert.
- Formeln beginnen immer mit dem = Zeichen, z. B. =A6+C4
- Für einfache Berechnungen können **Operatoren** verwendet werden:
  o Addition
     + = A5+A6
       o Addition von Bereichen : = A5:A10
       o Subtraktion – = A5 – A6
       o Multiplikation * = A5*A6
       o Division / = A5/A6
       o Prozent % = A5*A6%
- Die Reihenfolge der Berechnung kann mithilfe der Klammer beeinflusst werden. Grundsätzlich gilt bei der Formeleingabe die mathematische Regel: **Punkt- vor Strichrechnung.**
- Soll die Formel in einer Spalte verkürzt werden, so klickt man auf die Ergebniszelle, anschließend auf das Summensymbol (∑) in der Menüleiste, kontrolliert den markierten Bereich und bestätigt anschließend mit der Eingabetaste ⏎.
  Wichtig dabei ist, dass **leere Zellen mit einer 0 versehen werden,** sonst kann Excel den zusammenhängenden Summenbereich nicht erkennen.

4. Kochgeldabrechnung

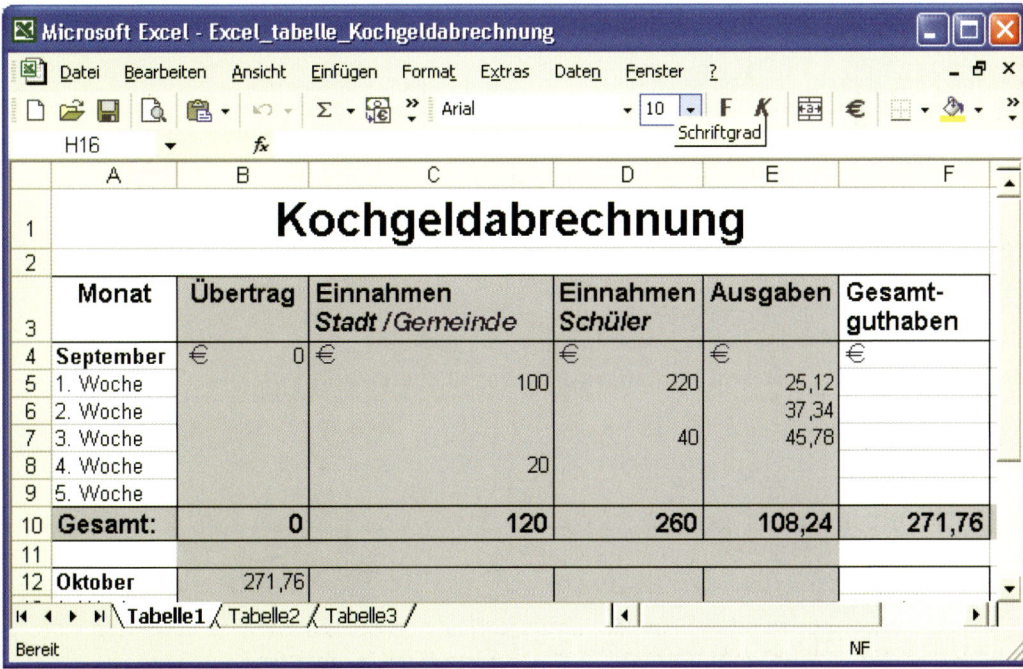

So erstellst du selber eine Kochgeldabrechnung:

- Excel öffnen

Formatierungen:

Die Spalten B-E markieren, rechte Maustaste drücken, auf „**Zellen formatieren**" gehen, dann auf „**Muster**",
wähle eine Farbe aus, z. B. Grau,
und bestätige mit **OK**.

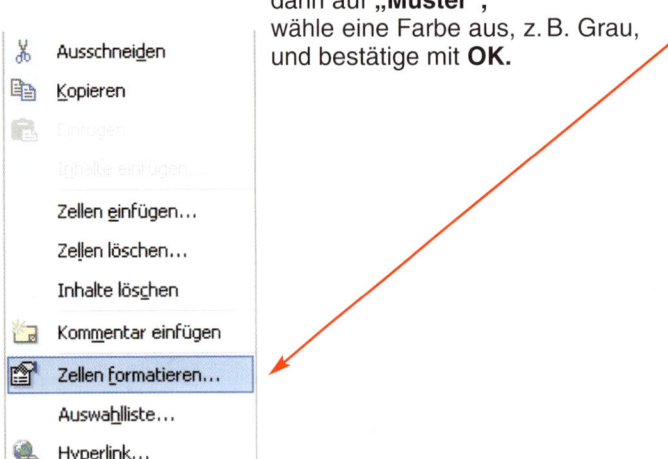

- **Überschrift:**

In der 1. Zeile die Spalten A-F markieren, anschließend auf den Button „**Zusammenführen und zentrieren**" klicken. Dann die Überschrift „Kochgeldabrechnung" eingeben und nach Bedarf formatieren.

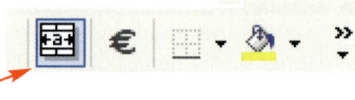

- Um zwischen der Überschrift und der Tabelle einen kleinen Absatz zu bekommen, markierst du in der 2. Zeile die Spalten A-F und klickst ebenfalls auf „**Zusammenführen und Zentrieren**".

- Jetzt trägst du in Zeile 3 die Überschriften der jeweiligen Spalten ein:

Monat	Übertrag	Einnahmen	Einnahmen	Ausgaben	Gesamt-
		Stadt/	*Schüler*		guthaben
€	€	€ Gemeinde	€	€	€

Um bei „Einnahmen Stadt/Gemeinde" und „Einnahmen Schüler" einen **Zeilenumsprung** zu bekommen, drücke die Alt-Taste, halte sie fest und drücke dann die Return-Taste.

- **Markiere** die 3. Zeile und **formatiere** die Überschriften wie folgt:
  Schriftgröße: 12
  Fett
  rechte Maustaste klicken, gehe auf: „Zellen formatieren"
   – Ausrichtung
      o horizontal: zentriert
      o vertikal: oben
   – Rahmen
      o außen
      o innen
  Die Begriffe „**Stadt**" und „**Schüler**" können noch *kursiv* hervorgehoben werden.

- In Spalte A unter dem Monat kommen die jeweiligen Zeilennamen:

September
1. Woche
2. Woche
3. Woche
4. Woche
5. Woche
Gesamt:

- „September" wird **fett** formatiert
- Die ganze Zeile „**Gesamt:**" wird:
    Fett
    Schriftgröße: 12
    in einer Farbe der Wahl (z. B. Grau) hinterlegt
- **Markiere** jetzt von A4 – F9, drücke die **rechte Maustaste,** gehe auf „**Zellen formatieren**" – „**Rahmen**" – drücke auf die Buttons „**Außen**" und auf den **mittleren Strich** in dem Bild

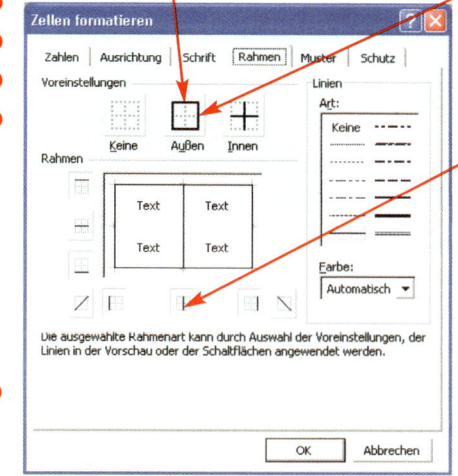

- **Markiere** von A10 – F10, drücke die rechte Maustaste, gehe auf „**Zellen formatieren**" – „**Rahmen**" – drücke dann auf die Buttons „**Außen**" und „**Innen**".
- Damit alle Summen in € gerechnet werden, markiere von A5 – A10 und klicke in der Menüleiste das €-Zeichen an.

Formeln einfügen:

- Übertrag:
    o Bei „Gesamt:" steht die Formel: = **B4**
- Einnahmen Stadt:
    o Bei „Gesamt:" steht die Formel: = **SUMME(C5:C9)**
- Einnahmen Schüler:
    o Bei „Gesamt:" steht die Formel: = **SUMME(D5:D9)**
- Ausgaben:
    o Bei „Gesamt:" steht die Formel: = **SUMME(E5:E9)**
- Gesamtausgaben:
    o Bei „Gesamt:" steht die Formel: = **B10+C10+D10–E10**

Nächsten Monat erstellen:

- Von A4 – F10 markieren – rechte Maustaste drücken – **"Kopieren"**
- B12 markieren – rechte Maustaste drücken – **"Einfügen"**
- Jetzt den Monatsnamen (hier: Oktober) ändern und die aktuellen Werte eingeben.

Mit den weiteren Monaten analog zum Oktober verfahren, immer eine Zeile frei lassen und den nächsten Monat einfügen.

So soll die fertige Kochgeldabrechnung aussehen:

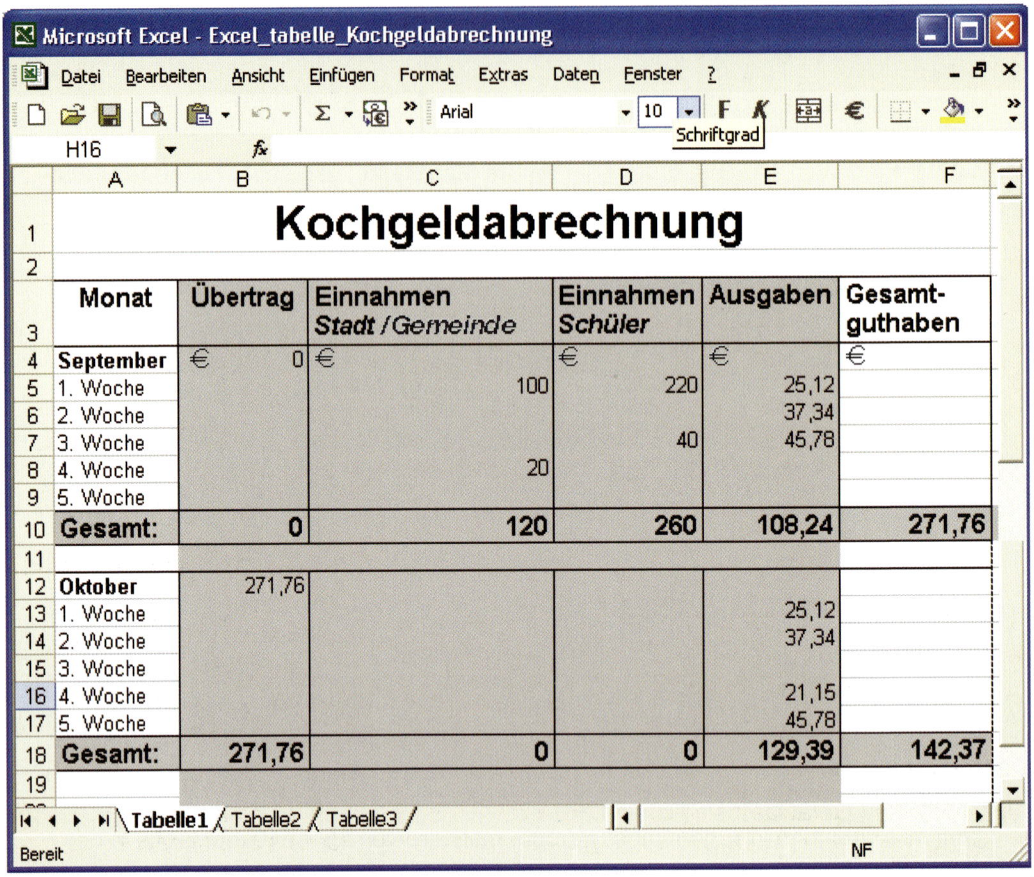

	A	B	C	D	E	F
1			**Kochgeldabrechnung**			
2						
3	Monat	Übertrag	Einnahmen Stadt / Gemeinde	Einnahmen Schüler	Ausgaben	Gesamt-guthaben
4	September	€ 0	€	€	€	€
5	1. Woche		100	220	25,12	
6	2. Woche				37,34	
7	3. Woche			40	45,78	
8	4. Woche		20			
9	5. Woche					
10	**Gesamt:**	0	120	260	108,24	271,76
11						
12	Oktober	271,76				
13	1. Woche				25,12	
14	2. Woche				37,34	
15	3. Woche					
16	4. Woche				21,15	
17	5. Woche				45,78	
18	**Gesamt:**	271,76		0	0	129,39	142,37

Erstellen einer Tabelle mit einem Textverarbeitungsprogramm

Soll lediglich eine Tabelle erstellt werden, in der die errechneten Summen eingegeben werden, so ist dies auch mit einem Textverarbeitungsprogramm wie z. B. Word möglich.

- „Tabelle" in der Menüleiste anklicken – **„Datei bearbeiten"** – **„Tabelle"**
- Spalten- und Zeilenzahl eingeben
- Rahmen vergeben

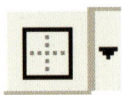

1.4 Verbraucherschutz
Qualitätsmerkmale bei der Anschaffung von Küchengeräten

Grundsätzlich ist einem Elektrogerät von außen nicht anzusehen, wie leistungsfähig der Motor tatsächlich ist. Informationen darüber erhält der Kunde durch das sogenannte Typenschild. Dieses ist auf jedem Gerät angebracht. Neben weiteren Hinweisen findet sich hier die Wattangabe des entsprechenden Geräts. Generell gilt: je höher die Wattzahl, desto leistungsstärker das Gerät.

Qualitätsmerkmal → *Leistungsfähigkeit*

Arbeitsauftrag:
Vergleiche die Leistungsfähigkeit folgender Geräte:

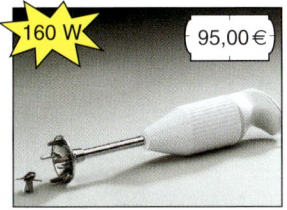 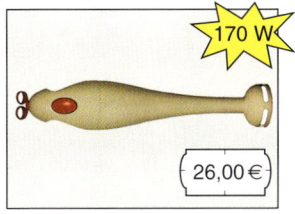 

Häufig liegt es an Kleinigkeiten, die ein sehr gutes Gerät ausmachen. Ob ein Pürierstab gut oder schlecht püriert, liegt nicht nur an der Leistung, sondern vor allem am Messer. Beim Handrührgerät achtet ein geschultes Auge neben der Wattzahl auch auf die Form der Rührbesen und Knethaken. Die Gestaltung dieser Geräteteile muss so sein, dass die Funktion des Geräts optimal ist.
Firmen lassen sich durch ein Patent ihre guten Ideen schützen. Damit ist sichergestellt, dass die Konkurrenz dies nicht nachmachen darf.

Qualitätsmerkmal → *funktionale Gestaltung*

Arbeitsauftrag:
Nicht mit jedem Gerät lässt sich ein optimales Ergebnis erzielen. Bei den abgebildeten Geräteteilen wird der Qualitätsunterschied deutlich. Woran ist dies zu erkennen?

Messer eines Pürierstabs	So?	🔪	Oder so?	🔪
Rührbesen eines Rührgeräts	So?	🥄	Oder so?	🥄
Knethaken eines Rührgeräts	So?	🥄	Oder so?	🥄

Kunststoff wird als Material zur Herstellung von Kleingeräten bevorzugt. Als preiswerter Rohstoff lässt er zahlreiche Gestaltungsmöglichkeiten zu. Allerdings sind Kunststoffe bruchempfindlich und leiern bei starker Beanspruchung aus. Somit ist der Kunde zu einem häufigen Nachkauf gezwungen – der Absatz ist gesichert.

Aufgrund der zunehmenden Müllproblematik setzen einige Firmen bewusst auf Qualität, indem sie die stark beanspruchten Geräteteile aus Metall herstellen. Diese Firmen werben gezielt mit der längeren Haltbarkeit ihrer Produkte und der Möglichkeit, Ersatzteile nachzukaufen. Dadurch wird die Lebensdauer von Geräten erhöht.

Qualitätsmerkmal ▶ *lange Lebensdauer*

Arbeitsaufträge:

1. Vergleiche die abgebildeten Pürierstäbe hinsichtlich ihrer Lebensdauer! Was stellst du fest?

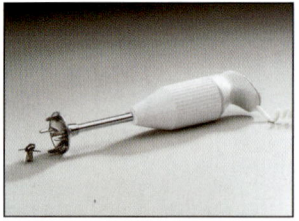  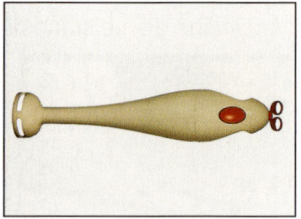

2. Für die abgebildeten Pürierstäbe werden folgende Ersatzteile angeboten. Welches Gerät ist auf lange Sicht das preisgünstigere?

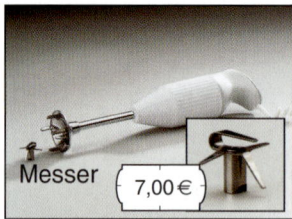  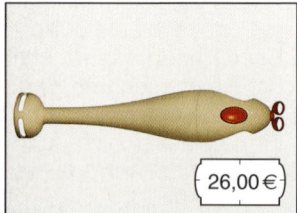

Messer 7,00 € — Pürierstab 26,00 € — 26,00 €

Die Küchenmaschine stellt eine Ausnahme unter den Elektrogeräten in der Küche dar. Als Multifunktionsgerät kann sie die Arbeiten vieler Einzelgeräte übernehmen, wie z. B. Handrührgerät, Pürierstab, Schnitzelwerk, Fleischwolf, Getreidemühle. Dies hat den Vorteil, dass nur ein Grundgerät angeschafft werden muss. Beliebig dazu kann das Zubehör ergänzt werden.

Jedoch sind damit auch Nachteile verbunden. Für die Standardausführung muss man mit Ausgaben um die 200,00 € rechnen. Zudem ist ein Multifunktionsgerät kein Multitalent – es hat Stärken und Schwächen. Während eine Küchenmaschine beim Kneten, Rühren und Mixen unschlagbar ist, gerät sie beispielsweise beim Mahlen von Getreide ins Hintertreffen. Niemals kann der Getreidemühlenaufsatz der Küchenmaschine dem Einzelgerät hinsichtlich Arbeitsergebnis und Arbeitsleistung das Wasser reichen. Dafür ist der Motor schlichtweg zu schwach.

Weiterhin wird viel Zeit benötigt, bis das Gerät startklar ist. Die vielen Einzelteile wirken sich nicht nur nachteilig beim Zusammenbauen des Geräts aus – sie erhöhen auch den Reinigungsaufwand.

Die Küchenmaschine ist vorrangig für größere Mengen (Haushaltssituation) einzusetzen.

Qualitätsmerkmal ▶ *Benutzerfreundlichkeit*

Wissenswertes:

Stiftung Warentest

Die Stiftung Warentest ist eine Organisation, die Waren testet und miteinander vergleicht. Jährlich beurteilt die Stiftung Warentest die Qualität von rund 130 Produkten unterschiedlichster Art.

Bei der Qualitätsprüfung werden folgende Bereiche untersucht:
– technische Prüfung
– Umweltverträglichkeit
– praktische Prüfung
– Handhabungsprüfung

Die Testergebnisse werden in der Zeitschrift „TEST" veröffentlicht. Firmen, deren Produkte das Qualitätsurteil „sehr gut" oder „gut" erhalten haben, nutzen dies gezielt zur Werbung. Dem Kunden begegnet dies in nebenstehender Form.

Aktuelle Informationen sind unter folgender Adresse abzurufen:
Internet: www.stiftung-warentest.de

Arbeitsaufträge:

1. Betrachte folgende Abbildungen!
   Bei welchem Gerät ist eine problemlose Reinigung nicht immer möglich?

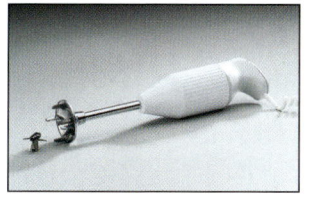  

2. Vergleiche die abgebildeten Spätzlehobel. Aus welchem Grund ist Modell A benutzerfreundlicher?

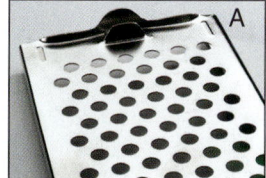 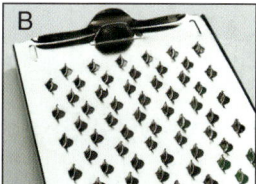

Wir erkennen:

Ob der Preis für ein Produkt gerechtfertigt ist, kann an folgenden Punkten überprüft werden:

- Leistungsfähigkeit
- funktionale Gestaltung
- lange Lebensdauer
- Benutzerfreundlichkeit

Ist ein Produkt seinen Preis wert, spricht man von **Preiswürdigkeit**.

Von der Notwendigkeit des Kaufens

„Als die neue Wohnanlage bezugsfertig wurde, stellte sich für alle Hausbesitzer die Frage der Gartenpflege. Nach einigen Überlegungen beschlossen wir, gemeinsam einen Rasenmäher anzuschaffen. Durch den ‚Gemeinschaftskauf' war es uns möglich, ein qualitativ hochwertiges Modell zu erstehen. Da das mit dem Rasenmäher seit einem Jahr problemlos läuft, überlegen wir jetzt, miteinander einen Grillplatz anzulegen."

„Mensch, schau mal! Da gibt's ein Fondue-Set im Angebot. Was meinst du – sollten wir uns nicht auch eines zulegen? Die Einladung bei Claudia und Stefan neulich war doch echt toll."

„Eigentlich wollten wir uns ja schon seit Längerem einen Raclettegrill kaufen. Aber im Vergleich zum Fondue-Set ist der ja um 25,00 € teurer. Wobei – das Fonduegeschirr könnten wir uns mit Sicherheit bei Claudia und Stefan ausleihen. Und im Gegenzug dafür können die unser Raclette haben, wenn sie es brauchen."

„Als vor zwei Monaten meine Brotschneidemaschine kaputtging, war für mich zunächst völlig klar, dass ich mir wieder eine anschaffen würde. Weil die letzten Wochen sehr stressig waren, kam ich jedoch nicht gleich dazu, mir eine zu kaufen. Mittlerweile habe ich gemerkt, dass die ‚Notlösung' Brotmesser und Schneidebrett gut funktioniert und eigentlich ganz praktisch ist. Das nimmt keinen Platz weg und ist schnell sauber gemacht."

Arbeitsaufträge:

1. Welche Alternativen (= andere Möglichkeiten) zum Neukauf von Geräten gibt es?
2. Warum handeln Menschen so wie oben beschrieben?
3. Immer wieder werden Ramschartikel zu Spottpreisen auf den Markt geworfen. Obwohl diese Waren zweifelsohne von minderer Qualität sind, finden sie reißenden Absatz. Wie ist dies zu erklären?
4. Suche in der Tageszeitung, im Wochenblatt oder in anderen Medien private Kleinanzeigen, die Gegenstände des täglichen Bedarfs verkaufen.

5. Die Werbung suggeriert uns den Bedarf notwendiger Kleingeräte, die ein moderner Haushalt unbedingt haben sollte.
   Führt in der Gruppe eine Diskussion, welche Kleingeräte in jeder Gruppe vorhanden sein sollten und worauf ihr jeweils verzichten könntet. Begründet eure Entscheidung!
   Haltet eure Ergebnisse auf einem Plakat fest!

Wir erkennen:

Der wahllose und unbeherrschte Kauf von Dingen führt nur dazu, dass wir unsere Wohnungen mit nutzlosem Konsumkram vollstopfen. Bewusster Konsum heißt:
- sich genau zu überlegen, was man nicht braucht,
- sich genau zu überlegen, was man nicht neu kaufen muss.

Der kluge Verbraucher kennt seine Rechte und Pflichten!

Im Rahmen der Schuldrechtsreform 2002 wurde unter anderem auch das Kaufrecht grundlegend modernisiert und an die Richtlinien der Europäischen Union angepasst. Fragen zum sogenannten Verbrauchsgüterkauf beantwortet das Bürgerliche Gesetzbuch ab § 474 ff.

Die Garantie ist im Handel eine zusätzlich zur gesetzlichen Gewährleistungspflicht gemachte freiwillig und frei gestaltbare Dienstleistung eines Herstellers bzw. Händlers gegenüber dem Kunden. Diese Bezeichnungen werden jedoch häufig miteinander verwechselt.

Zwischen Garantie und Gewährleistung besteht folgender wichtige Unterschied:
- Garantie (engl. Guarantee) sichert eine unbedingte Schadensersatzleistung zu
- Gewährleistung (engl. Warranty) definiert eine zeitlich befristete Nachbesserungspflicht des Herstellers über zwei Jahre

Beide Begriffe werden oft im üblichen Sprachgebrauch vermischt.

Soll ein Kaufgegenstand, z.B. die neue Jeans, reklamiert werden, so muss unterschieden werden, ob er fehlerhaft ist oder einfach nur nicht gefällt.

Bei fehlerhafter Ware gibt es folgende Möglichkeiten:

→ **Nachbesserung, Reparatur**
Ist am Kaufgegenstand ein Mangel, so kann der Kunde verlangen, dass er noch einmal geliefert oder repariert wird. Scheitert die Reparatur zweimal oder schlägt die Ersatzlieferung fehl, so kann der Kunde vom Vertrag zurücktreten. In der Praxis bedeutet das: Geld zurück!
Eine Nachbesserung bzw. eine Reparatur der Jeans empfiehlt sich nur, wenn es unbedingt diese Jeans sein muss und sie sonst nicht mehr zu erwerben ist.

→ **Wandlung = Rücktritt vom Kauf**
Wenn der Käufer beweisen kann, dass der Fehler an der Ware schon beim Kauf vorlag und somit nicht von ihm verschuldet wurde, so kann auch hier der Käufer vom Vertrag zurücktreten. Der Käufer gibt also die Jeans zurück und erhält das Geld. Eine Gutschrift muss nicht akzeptiert werden.

→ **Minderung = Preisnachlass**
Der Käufer behält die Ware, handelt mit dem Verkäufer einen neuen Kaufpreis aus.
Vor der Verhandlung sollte überlegt werden, wie groß der Schaden für einen persönlich ist und ob vielleicht eine Reparatur in der heimischen Werkstatt möglich ist. So lässt sich die neue Jeans sehr günstig erwerben, wenn sich lediglich eine Innennaht schnell selbst schließen lässt.
Die Minderung erfolgt häufig bei Schönheitsfehlern, z.B. Kratzern auf Haushaltsgegenständen oder kleinen Flecken oder Verfärbungen auf der Jeans.

Wir erkennen:

Wer im Geschäft oder zu Hause auf mangelhafte Ware stößt, sollte vor einer Reklamation nicht zurückschrecken.

Bei fehlerfreier Ware:

→ **Umtausch = Ware gegen Ware oder Gutschrift**
Ist der Kaufgegenstand fehlerfrei, hat der Käufer von Gesetzes wegen kein Recht auf einen Umtausch. Viele Geschäfte räumen den Kunden von sich aus ein Umtauschrecht ein. Dieses Umtauschrecht und die Frist sollten auf dem Kassenbon vermerkt sein. Hier besteht dann jedoch kein Anspruch darauf, dass bei Rückgabe der Ware der Kaufpreis in bar ausgezahlt wird. Hier muss eine Gutschrift akzeptiert werden.
Wenn also der Käufer zu Hause feststellt, dass die soeben gekaufte Jeans doch nicht richtig passt oder nicht gefällt, wird sie zwar vom Geschäft zurückgenommen, das Geld muss jedoch nicht in bar ausgezahlt werden

Nähere Informationen bieten folgende Stellen:
- Verbraucherzentrale
- Krankenkassen-beratungsstellen
- Amt für Landwirtschaft
- Internet
- Lebensmittel-überwachungsbehörde
- Verbraucherschutzverein, Berlin
- Stiftung Warentest/Ökotest

Diese Stellen kennen die gesetzlichen Bestimmungen aus dem Bürgerlichen Gesetzbuch (BGB). Darunter fallen:
- die Lebensmittelkennzeichnungsverordnung
- das Handels- und Güteklassengesetz
- die Preisauszeichnungspflicht
- das Lebensmittel- und Futtermittelgesetzbuch (LFGB)

Wir erkennen:
Reklamation ist dein gutes Recht. Recht auf Reklamation besteht, wenn

- Verpackungen beschädigt sind,
- lose Ware Druckstellen aufweist oder Lebensmittel angeschlagen sind,
- verbeulte und bombierte Dosen, d. h. Dosen mit aufgewölbtem Deckel oder Boden, im Regal stehen,
- die Preisauszeichnung fehlt oder unklar ist,
- die Ware mehrere oder unterschiedliche Abfüll-, Abpack- oder Haltbarkeitsangaben trägt,
- das angegebene und das tatsächliche Gewicht nicht übereinstimmen,
- verdorbene, z. B. verschimmelte oder angefaulte Ware angeboten wird oder wenn
- Tiefkühlkost und Kühlkost nicht sachgemäß oder zu warm gelagert werden.

Arbeitsaufträge:
1. Nimm Stellung zu den einzelnen Fällen!
   Folgendes kann dir beim Einkauf von Lebensmitteln und Geräten passieren:
   Fall 1: Der Joghurt ist verschimmelt, das Mindesthaltbarkeitsdatum läuft erst in 4 Tagen ab.
   Fall 2: Der neue Wok hat Kratzer.
   Fall 3: Du kaufst in einer Sonderaktion ein Rührgerät. Zu Hause stellst du fest, es funktioniert nicht.
   Fall 4: Du kaufst einen neuen Kühlschrank und lässt ihn gleich einbauen. Am nächsten Tag stellst du fest, die Tür schließt nicht richtig.
   Fall 5: Du kaufst dir ein PC-Spiel mit der Kennzeichnung „20 % Rabatt" und stellst einen Tag später fest, dass du das gleiche Spiel in einem anderen Geschäft erheblich billiger hättest kaufen können.

2. Informiere dich im Internet über das Lebensmittel- und Futtermittelgesetzbuch und überlege, welche Auswirkungen es beim Kauf von Tiefkühlprodukten hat.

1.5 Rezepte

Der Hefeteig

Die lebenden Hefekulturen vermehren sich im Teig und lockern dadurch das Gebäck. Äußerlich ist dies daran erkennbar, dass der Teig die doppelte Größe erreicht. In der Fachsprache spricht man hierbei vom „Gehenlassen" des Teigs. Dies geschieht vor dem eigentlichen Backvorgang. Zum Gehenlassen benötigt die Hefe Wärme. Der günstige Temperaturbereich liegt bei 25–35 °C. Dazu stellt man die Teigschüssel zugedeckt (Geschirrtuch) an einen warmen Ort in der Küche.

Beim Kneten des Hefeteigs hat er die richtige Beschaffenheit, wenn
- er sich vom Schüsselrand löst,
- er auf Fingerdruck nicht an den Händen klebt.

Hefeteig kann in süßer oder salziger Variante hergestellt werden.

Salziger Hefeteig kann für Zwiebel- und Gemüsekuchen sowie Pizza Verwendung finden und zeigt dabei die gleiche Beschaffenheit.

Bei süßem Hefeteig dagegen können Unterschiede im Fettgehalt und in der Konsistenz der Teige gewünscht werden. Je nach Gebäckart unterscheiden sich die Mengen der Zutaten und deren Verhältnis zueinander.

Wichtig ist aber, den Teig vorher gut zu kneten (mindestens 5 Minuten). Ist der Hefeteig zu weich, so viel Mehl unterkneten, bis er obige Merkmale aufweist.

Hefeteig „salzig" – Grundrezept*

Zutaten	Zubereitung
250 g Mehl	Mehl in die Rührschüssel sieben, Grube eindrücken.
½ Würfel frische Hefe **1 TL Zucker** **⅛ l Wasser**	Hefe mit Zucker und etwas Wasser flüssig rühren, in die Mehlmulde geben und mit etwas Mehl verrühren, zugedeckt an einem warmen Ort gehen lassen.
1 TL Salz **3 EL Öl**	Zutaten an den Mehlrand geben.
	Restliches Wasser zugeben, Teig mit den Knethaken so lange durcharbeiten, bis er sich vom Schüsselrand löst. Teig zugedeckt an einem warmen Ort (ca. 30 °C) gehen lassen, bis er die doppelte Größe hat, zu gewünschtem Gebäck weiterverarbeiten.

Arbeitsaufträge:
1. Wie gelingt der Hefeteig besonders gut? Informiere dich im Internet, in Fachbüchern usw. Stelle Regeln auf und begründe diese!
2. Im Handel werden Frischhefe und Trockenhefe angeboten. Stelle Unterschiede in der Teigherstellung, in der Haltbarkeit und in der Lagerung und Verarbeitung heraus!

* Die Teigmenge ist ausreichend für eine Springform Ø 26 cm.

1,5-fache Menge = ausreichend für ein Blech.

Zwiebelkuchen

1 Grundrezept Hefeteig

1 kg Zwiebeln 4 EL Olivenöl	Zwiebeln putzen, waschen, Ringe schneiden, glasig dünsten und in einer Schüssel abkühlen lassen.
1 Becher Sauerrahm 1½ EL Stärkemehl 2 Eier	Zutaten verrühren.
150 g roher Schinken oder geräucherter Bauchspeck	Schinken klein schneiden und zusammen mit den Zwiebeln zur Eiermasse geben.
Pfeffer, Kümmel, wenig Salz, 100 g geriebener Käse	Zwiebelmasse damit würzen und auf dem vorbereiteten Teig verteilen, Käse darüberstreuen.

Dieses Rezept kann abgewandelt werden:

Lauchkuchen
Zwiebeln durch 2 Stangen Lauch austauschen.

So wird der Herd eingestellt:

Einschubhöhe	2, Rost		Einschubhöhe	2, Rost
Temperatur	180 °C	oder	Temperatur	200 °C, vorgeheizt
Backzeit	30 Minuten		Backzeit	30 Minuten

Pizzateig

½ Würfel Hefe ½ TL Zucker 2 TL Wasser	Hefe in eine Tasse bröckeln, mit Zucker und Wasser flüssig rühren.
150 g Mehl 8–10 EL Wasser 1 TL Olivenöl ½ TL Salz	Zutaten der Reihe nach in eine Rührschüssel geben, flüssig gerührte Hefe dazugießen. Mit den Knethaken des Handrührgeräts zu einem glatten Teig kneten. Mindestens 3–5 Minuten kneten, Teigbeschaffenheit überprüfen. Teig ca. 30 Minuten gehen lassen. Pizza nach folgenden Rezeptvorschlägen belegen. Pizza bei 200–220 °C 20 bis 30 Minuten backen.

Pizza al prosciutto – Pizza mit Schinken

Tomatenmasse:
1/2 Dose Pizzatomaten
1 EL Tomatenmark
1/4 TL Salz
1/4 TL Paprikapulver, scharf
1/4 TL Thymian
1/4 TL Oregano
1 Prise Rosmarinpulver

Zutaten verrühren, auf dem ausgewellten Teig verteilen.

---

100 g Schinken
125 g Mozzarella

Schinken in ca. 2 cm große Flecken schneiden, Mozzarella würfeln. Pizza damit bestreuen.

Pizza alla siciliana – Sizilianische Pizza

Tomatenmasse

Zubereitung siehe oben „Pizza al prosciutto"

---

2 EL Olivenöl
1/4 Paprikaschote, rot
1/4 Paprikaschote, gelb
1/4 Paprikaschote, grün

Paprikaschoten waschen, entkernen und in Scheiben schneiden.
In Olivenöl kurz andünsten.

---

50 g luftgetrocknete Salami
50 g frische Champignons, in Scheiben
125 g Mozzarella, in Scheiben

Paprikaschoten auf die Pizza geben.
Salami, Champignons und Mozzarella darübergeben.

Pizza pugliese – Apulische Zwiebelpizza

1 Gemüsezwiebel
1/2 TL Oregano
1 Prise Salz, Pfeffer
2 EL Olivenöl

Gemüsezwiebel in sehr feine Halbringe schneiden.
Mit den übrigen Zutaten in einer Schüssel mischen und auf dem Teig verteilen.

---

50 g Pecorino oder Parmesan

Käse fein reiben, auf den Zwiebelbelag streuen.

Pizza con funghi – Pizza mit Champignons

Tomatenmasse	Zubereitung siehe S. 22 „Pizza al prosciutto"
100 g Champignons **125 g Mozzarella** **1 Knoblauchzehe, gepresst**	Champignons waschen, feinblättrig schneiden, auf der Pizza verteilen. Mozzarella in Würfel schneiden, mit dem Knoblauch vermischen und über die Pizza streuen.
Petersilie	Pizza nach dem Backen mit frisch gehackter Petersilie bestreuen.

Pikante Schnecken

Hefeteig „salzig"	Ein halbes Rezept nach Anleitung zubereiten, auf einem bemehlten Backbrett zu einem Rechteck auswellen.
100 g Champignons **100 g gekochter Schinken** **2 Tomaten** **2 Frühlingszwiebeln**	waschen, Strunk entfernen, Champignons blättrig schneiden, Schinken fein schneiden, Tomaten in kleine Würfel schneiden. Zwiebeln in feine Ringe schneiden.
100 g geriebener Käse **½ Becher Schmand** **Salz, Pfeffer, Oregano**	Alle Zutaten gut mischen, zu dem Champignongemisch geben und abschmecken.
	Füllung auf den Teig streichen, Rand lassen, einschlagen, aufrollen, gleichmäßig dicke Scheiben abschneiden, auf Backblech (mit Backpapier) legen.

So wird der Herd eingestellt:

Einschubhöhe	2, Blech		Einschubhöhe	2, Blech
Temperatur	180 °C	**oder**	Temperatur	200 °C, vorgeheizt
Backzeit	25–30 Minuten		Backzeit	25–30 Minuten

Tomaten können durch Paprikaschoten ausgetauscht werden.

Hefeteig „süß" – Grundrezept

250 g Mehl	Mehl in die Rührschüssel sieben, Grube eindrücken.
½ Würfel frische Hefe **1 TL Zucker** **ca. 100 ml Milch**	Hefe mit Zucker und 6 EL Milch flüssig rühren, in die Mehlmulde geben und mit etwas Mehl verrühren, zugedeckt an einem warmen Ort gehen lassen.
50 g Zucker **1 Prise Salz** **50 g Butter**	Beide Zutaten an den Mehlrand geben. Butter in Flöckchen auf den Mehlrand geben.
1 Ei	Ei zugeben, restliche Milch zugeben, Teig mit den Knethaken so lange durcharbeiten, bis er sich vom Schüsselrand löst. Teig zugedeckt an einem warmen Ort (ca. 30 °C) gehen lassen, bis er die doppelte Größe hat, zu gewünschtem Gebäck weiterverarbeiten.

Tipp: Die Teigmenge ist ausreichend für eine Springform Ø 26 cm. 1,5-fache Menge = ausreichend für ein Blech.

Apfel- oder Zwetschgenkuchen

Hefeteig „süß"	(s. oben) nach Anleitung zubereiten, den Teig auf einem bemehlten Backbrett zu einem Rechteck auswellen, Blech vorbereiten (fetten oder Backpapier), den Teig auf das Blech geben, Rand hochdrücken.
ca. 1 kg Zwetschgen	Zwetschgen heiß waschen, halbieren, Stein entfernen und mit der Schnittseite nach oben dachziegelartig auf den Teig legen.
oder Äpfel	Äpfel waschen, schälen, achteln, Kerngehäuse entfernen und mit der runden Seite nach oben auf den Teig legen.
Zimt und Zucker	Nach dem Backen den Kuchen mit Zucker und Zimt bestreuen und am besten auf einem Gitter auskühlen lassen.

So wird der Herd eingestellt:

Einschubhöhe	2, Blech		Einschubhöhe	2, Blech
Temperatur	170 °C	**oder**	Temperatur	190 °C, vorgeheizt
Backzeit	25–30 Minuten		Backzeit	25–30 Minuten

Gedeckter Kirsch-Apfel-Kuchen

650 g Mehl	Mehl in eine Schüssel geben, in der Mitte eine Mulde eindrücken.
60 g Hefe **1 EL Zucker** **100 ml Milch**	Hefe mit Zucker und 1 TL Milch flüssig rühren, restliche Milch zugeben, in die Mehlmulde geben, mit etwas Mehl verrühren und zugedeckt an einem warmen Ort gehen lassen.
100 g Butter **1 Prise Salz** **75 g Zucker** **1 P. Vanillezucker** **1 abgeriebene Zitronenschale**	Alle Zutaten auf den Mehlrand geben.
275 ml Milch **1 Ei**	Mit Milch und Ei verkneten und ca. 30 Minuten gehen lassen.
1,5 kg Äpfel	Äpfel schälen, vierteln, entkernen, in grobe Stücke schneiden.
1 Zitronensaft **75 g Zucker**	Äpfel mit Zitronensaft und Zucker erhitzen, zugedeckt ca. 8 Minuten darin weich kochen (nicht matschig), dabei 2- bis 3-mal umrühren, abtropfen und abkühlen lassen.
2 Gläser Sauerkirschen	Kirschen abtropfen lassen.
	Fettpfanne vorbereiten. Teig gut durchkneten, gut die Hälfte des Teigs auf der Fettpfanne ausrollen, Rand etwas hochziehen, Äpfel und Kirschen auf den Teig verteilen, restlichen Teig ausrollen, auf die Früchte legen, Rand zusammendrücken.
150 g Butterflöckchen **4 EL Zucker** **200 g Mandelstifte**	Zutaten vermischen und auf dem Kuchen verteilen.

Für eine Springform benötigt man die halbe Zutatenmenge!
Dieser Kuchen lässt sich prima einfrieren!

So wird der Herd eingestellt:

Einschubhöhe	2, Fettpfanne		Einschubhöhe	2, Fettpfanne
Temperatur	175 °C	**oder**	Temperatur	200 °C, vorgeheizt
Backzeit	ca. 35 Minuten		Backzeit	ca. 35 Minuten

Kirsch-Pfirsich-Kuchen mit Schmandguss

500 g Mehl	Mehl in eine Schüssel geben, in die Mitte eine Mulde drücken.
1 Würfel frische Hefe 1 EL Zucker 100 ml Milch	Hefe mit Zucker und 1 TL Milch flüssig rühren, restliche Milch zugeben, in die Mehlmulde geben, mit etwas Mehl verrühren und zugedeckt an einem warmen Ort gehen lassen.
100 g Zucker 1 Prise Salz 50 g Butter	Zucker, Salz und Butter auf den Mehlrand geben.
1 Ei 200 ml Milch	Ei und Milch zugeben, alles gut miteinander verkneten und zugedeckt gehen lassen.
1 Glas (720 ml) Sauerkirschen 3 Dosen (à 425 ml) Pfirsichhälften	Sauerkirschen und Pfirsichhälften abtropfen lassen.
250 g Schmand oder Crème fraîche 75 g Zucker 3 Eier	Schmand, Zucker und Eier miteinander verrühren.
	Fettpfanne vorbereiten. Teig gut durchkneten, ausrollen, Rand hochziehen, Obst darauf verteilen, Schmandguss darübergießen, gehen lassen.

So wird der Herd eingestellt:

Einschubhöhe	2, Fettpfanne		Einschubhöhe	2, Fettpfanne
Temperatur	175 °C	oder	Temperatur	200 °C, vorgeheizt
Backzeit	ca. 30 Minuten		Backzeit	ca. 30 Minuten

Wissenswertes:

Sauerrahmprodukte werden weitgehend aus pasteurisierter, homogenisierter Sahne unter Zugabe von natürlichen Bakterienkulturen bei 22 °C mild gesäuert. **Saure Sahne** oder **Sauerrahm** wird in unterschiedlichen Fettstufen angeboten: **Sauerrahm** hat mindestens 10 % Fett, **Schmand** hat mindestens 25 % Fett, **Crème fraîche** hat mindestens 32 % Fett. Eiweiß und Kohlenhydrate nehmen mit zunehmendem Fettgehalt ab, der Cholesteringehalt vermehrt sich jeweils um ein Vielfaches. Im pasteurisierten Zustand sind diese Produkte sehr lange haltbar. Nicht wärmebehandelte Produkte halten verschlossen im Kühlschrank ca. 14 Tage. Sie runden viele Speisen ab, sollten aber erst am Schluss der Garzeit vorsichtig untergerührt und erwärmt werden. (Pasteurisieren und homogenisieren s. S. 237)

Hefekuchen mit Quarkguss und Streuseln

1 Würfel frische Hefe 1 TL Zucker 2 TL Wasser	Hefe zerbröckeln und mit Zucker und Wasser in einer Tasse flüssig rühren.
75 g Butter 1/8 l Milch	Butter im Topf schmelzen, vom Herd nehmen und Milch zugießen.
375 g Mehl 1 Prise Salz 65 g Zucker 1 Ei 1 EL Rum- oder Zitronenschalenaroma	Zutaten der Reihe nach in eine Rührschüssel geben, Butter-Milch-Gemisch und gelöste Hefe zugeben und kneten. Teig ca. 30 Minuten gehen lassen.

Quarkguss:
100 g Butter
4 Eier
100 g Zucker
500 g Magerquark
1 P. Vanillepuddingpulver

Aus angegebenen Zutaten eine Schaummasse herstellen.

Obstbelag:
1 Dose Pfirsiche

Pfirsiche abtropfen lassen, in Scheiben schneiden.

Streusel:
250 g Mehl
125 g Zucker
125 g flüssige Butter

Zutaten mit einer Gabel zu Streuseln verrühren.

Den aufgegangenen Teig mit der Teigkarte aus der Schüssel auf das vorbereitete Backblech gleiten lassen, mit gut bemehlten Fingerspitzen den Teig auseinanderschieben und mit einem mit Mehl bestäubten Nudelholz glatt wellen. Den Quarkguss gleichmäßig darauf verteilen. Mit geschnittenen Pfirsichen belegen und zum Schluss die Streusel darübergeben.
Teig nochmals 15 Minuten gehen lassen.

Schmeckt auch mit frischem Rhabarber sehr fein.

So wird der Herd eingestellt:

Einschubhöhe	2, Blech		Einschubhöhe	2, Blech
Temperatur	175 °C	oder	Temperatur	200 °C, vorgeheizt
Backzeit	ca. 35 Minuten		Backzeit	ca. 35 Minuten

Nusskranz

500 g Mehl	Mehl in die Rührschüssel sieben, Grube eindrücken.
1 Würfel frische Hefe **1 EL Zucker** **1/8 l Milch**	Hefe mit Zucker und 6 EL Milch in einer Tasse flüssig rühren, in die Mehlmulde geben, mit etwas Mehl verrühren und zugedeckt an einem warmen Ort gehen lassen.
80 g Zucker **1 Prise Salz**	Zucker und Salz vermischen und auf den Mehlrand geben.
80 g Butter	Butter in Flöckchen auf den Rand geben.
1 Ei	Ei zugeben, restliche Milch zugeben, Teig mit den Knethaken so lange durcharbeiten, bis er sich vom Schüsselrand löst, Teig zugedeckt an einem warmen Ort (ca. 30 °C) gehen lassen, bis er die doppelte Größe hat, auf einem bemehlten Backbrett zu einem Rechteck auswellen.
200 g gemahlene Nüsse **100 g Zucker** **1 P. Vanillezucker** **1 Becher Sahne** **2 EL Zitronensaft**	Alle Zutaten miteinander verrühren, auf den Teig streichen (Ränder frei lassen), aufrollen, einschneiden, als Kranz auf das vorbereitete Blech oder in eine Springform legen.

1
- Nussfülle dabei verteilen Ränder frei lassen
- Ränder einschlagen und dann

2
- aufrollen

3
- den Teigstrang entweder doppelt verdrehen oder einschneiden und einfach verdrehen

So wird der Herd eingestellt:

Einschubhöhe	2, Blech/Rost
Temperatur	160 °C
Backzeit	45–55 Minuten

oder

Einschubhöhe	2, Blech/Rost
Temperatur	175 °C, vorgeheizt
Backzeit	45–55 Minuten

Aniszopf

900 g Weizen-vollkornmehl **¼ l lauwarme Milch** **1 Würfel frische Hefe**	Mehl in eine Schüssel geben, Vertiefung eindrücken und darin Milch und Hefe verrühren. Mit etwas Mehl zu einem dicklichen Brei (Vorteig) verrühren. Teig bedeckt ca. 10 Minuten gehen lassen. 
⅜ l lauwarme Milch **3 gestrichene EL Honig** **1 gestrichener EL Salz** **3 gehäufte EL Anis,** **ganz oder gemahlen** **ca. 100 g Mehl**	Milch, Honig, Salz und Anis zum Vorteig geben. Teig gut durchkneten und mit etwas Mehl bestreuen, ca. 30–45 Minuten gehen lassen. Wenn sich der Teig verdoppelt hat, wird er in drei Teile geteilt. Aus jedem Teil eine ca. 50 cm lange Rolle formen und auf einem Backblech (Backpapier) zu einem Zopf flechten, die Enden mit etwas Wasser zusammenkleben,

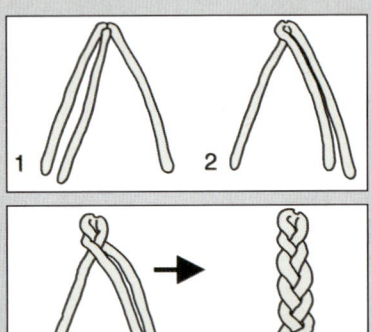

ca. 10 Minuten gehen lassen.

½ Ei **1 EL Mohn**	Zopf mit verquirltem Ei bestreichen, mit Mohn bestreuen und backen.
1 Tasse heißes Wasser	für 15 Minuten in den vorgeheizten Backofen schieben.
	Mit Butter köstlich zum Frühstück!

So wird der Herd eingestellt:

Einschubhöhe	unterste Schiene, Blech		Einschubhöhe	unterste Schiene, Blech
Temperatur	 200 °C	**oder**	Temperatur	220 °C, vorgeheizt
Backzeit	ca. 30–35 Minuten		Backzeit	ca. 30–35 Minuten

Wer mehr wissen will: Näheres zu Anis siehe Parcours der Gewürze, S. 79

Rohrnudeln (Hefeteig)

1 Würfel frische Hefe **1 TL Zucker** **2 TL Wasser**	Hefe zerbröckeln und mit Zucker und Wasser in einer Tasse flüssig rühren.
80 g Butter **¼ l kalte Milch**	Butter in Stielkasserolle schmelzen, vom Herd nehmen, Milch zugießen.
500 g Mehl **1 gestr. TL Salz** **5 EL Zucker** **1 Ei** **¼ TL Zitronenschalenaroma**	Zutaten der Reihe nach in eine große Rührschüssel geben, Butter-Milch-Gemisch und gelöste Hefe zugeben. Teig so lange kneten, bis er sich vom Schüsselrand löst und völlig gleichmäßige Beschaffenheit hat. Teig zugedeckt lauwarm in einer Schüssel gehen lassen (ca. 30 Minuten), bis er die doppelte Menge erreicht hat. Gegangenen Teig wie folgt weiterverarbeiten.
für die Form: **60–80 g Margarine**	Margarine in der Bratraine schmelzen lassen, Teig in 12 gleich große Stücke teilen, diese zu gleichmäßigen Nudeln (= Teigkugeln) formen und nicht zu eng aneinander in die Bratraine setzen. Nudeln mit zerlassener Margarine bestreichen. Geformten Teig nochmals ca. 15 Minuten gehen lassen, dann backen.
zum Besieben: **Puderzucker**	Nach dem Backen mit Puderzucker besieben.

So wird der Herd eingestellt:

Einschubhöhe	2, Rost		Einschubhöhe	2, Rost
Temperatur	180 °C	**oder**	Temperatur	200 °C, vorgeheizt
Backzeit	20–30 Minuten		Backzeit	20–30 Minuten

Heidelbeermus

50 g Heidelbeeren aus dem Glas	Heidelbeeren in einem Mixbecher pürieren.
Anrichten: **2 Kiwis**	In die Mitte eines großen Tellers Vanillesoße geben – eine Rohrnudel darauf platzieren. Heidelbeermus tropfenförmig auf die Vanillesoße geben, mit einem Holzspieß verziehen. Kiwis schälen und in Scheiben schneiden. Auf dem Teller anrichten.
Dazu passt:	Vanillesoße, s. S. 92

Auswahl für ein Brotbüfett

Sesambrot mit Schwarzkümmel

1 Würfel Hefe
1 TL Zucker
2 TL Wasser

Hefe in eine Tasse bröckeln, mit Zucker und Wasser flüssig rühren.

2 EL Sesam, geschält Sesam in einer Pfanne trocken rösten.

400 g Mehl
½ TL Salz
1 EL Schwarzkümmel
6 EL Öl
¼ l Wasser

Zutaten der Reihe nach mit dem gerösteten Sesam in eine Rührschüssel geben, flüssig gerührte Hefe zugießen. Mit den Knethaken des Handrührgeräts zu einem glatten Teig kneten. Teig ca. 30 Minuten gehen lassen.

Margarine oder Butter für die Kastenform
Teig nochmals durchkneten. In eine gefettete Kastenform geben.

So wird der Herd eingestellt:

Einschubhöhe	2, Rost		Einschubhöhe	2, Rost
Temperatur	180 °C	oder	Temperatur	200 °C, vorgeheizt
Backzeit	30 Minuten		Backzeit	30 Minuten

Wissenswertes:

Schwarzkümmel wird auch römischer Koriander genannt. Er hat mit dem herkömmlichen Kümmel nichts gemeinsam. Die eher dreikantigen schwarzen Körner schmecken aromatisch und pfefferähnlich. Erst in der Speise entfaltet das Gewürz einen kümmelartigen Duft.
Sesam schmeckt leicht nussig. Kenner schätzen seinen köstlich knusprigen Biss. Vor der Weiterverarbeitung werden die Samen in einer trockenen Pfanne geröstet – dadurch verstärkt sich das Aroma. Werden Backwaren mit Sesam bestreut, erfolgt der Röstvorgang beim Backen.

Kartoffelbrot

150–200 g Kartoffeln	Kartoffeln waschen, schälen, vierteln und im Dämpfeinsatz des Dampfdrucktopfs garen. Garzeit 12 Minuten (Intensivgaren, 2. Ring). Noch heiß mit der Kartoffelpresse in eine Rührschüssel drücken, abkühlen lassen.
1 Würfel Hefe **1 TL Zucker** **2 TL Wasser**	Hefe in eine Tasse bröckeln, mit Zucker und Wasser flüssig rühren.
500 g Mehl **1 TL Salz** **¼ l Wasser, knapp**	Mehl auf die Kartoffeln geben. Salz, Wasser und flüssig gerührte Hefe zugeben. Mit den Knethaken des Handrührgeräts zu einem glatten Teig kneten. Teig ca. 30 Minuten gehen lassen.
Margarine oder Butter für die Kastenform	Teig nochmals durchkneten. In eine gefettete Kastenform geben.

So wird der Herd eingestellt:

Einschubhöhe	2, Rost		Einschubhöhe	2, Rost
Temperatur	180 °C	**oder**	Temperatur	200 °C, vorgeheizt
Backzeit	30 Minuten		Backzeit	30 Minuten

Baguettes

1 Würfel Hefe **1 TL Zucker**	Hefe in eine Tasse bröckeln, mit dem Zucker flüssig rühren.
500 g Mehl **1 TL Salz** **2 EL Öl** **gut ¼ l Milch**	Zutaten der Reihe nach in eine Rührschüssel geben, flüssig gerührte Hefe dazugießen. Mit den Knethaken des Handrührgeräts zu einem glatten Teig kneten. Teig ca. 30 Minuten gehen lassen. Anschließend zu zwei Baguettes formen.

So wird der Herd eingestellt:

Einschubhöhe	2, Blech		Einschubhöhe	2, Blech
Temperatur	180 °C	**oder**	Temperatur	200 °C, vorgeheizt
Backzeit	30 Minuten		Backzeit	30 Minuten

Vollkorn-Stangenbrot

650 g Weizen-vollkornmehl ¼ l lauwarmes Wasser 40 g frische Hefe	Aus etwas Mehl, Wasser und Hefe einen Vorteig herstellen und 15 Minuten gehen lassen.
¼ l lauwarmes Wasser 1 gestrichener TL Salz	Vorteig mit restlichem Mehl, Wasser und Salz gut verkneten und 30 Minuten gehen lassen. Aus dem Teig 3 Rollen formen und auf ein Backblech legen (Backpapier), Rollen mehrmals einschneiden.
Sonnenblumenkerne, Leinsamen oder Sesam	Je nach Geschmack mit Sonnenblumenkernen, Leinsamen oder Sesam bestreuen. 15 Minuten gehen lassen.

So wird der Herd eingestellt:

Einschubhöhe	2, Blech		Einschubhöhe	2, Blech
Temperatur	190 °C	oder	Temperatur	220 °C, vorgeheizt
Backzeit	25 Minuten		Backzeit	25 Minuten

Dinkelbrötchen

600 g Dinkelmehl 1 Trockenhefe 250 g lauwarmes Wasser 1 gestrichener TL Salz 1 Teelöffel Honig 100 g Sauerrahm	Alle Zutaten miteinander verkneten und 20–30 Minuten gehen lassen, noch einmal kräftig durchkneten. Ca. 12 Brötchen formen und auf ein Backblech legen (Backpapier).
1 EL Sauerrahm 1 Eigelb	Beide Zutaten verrühren und Brötchen damit bestreichen.
Mohn oder Sesam	Brötchen mit Mohn oder Sesam bestreuen.

So wird der Herd eingestellt:

Einschubhöhe	2, Blech		Einschubhöhe	2, Blech
Temperatur	190 °C	oder	Temperatur	220 °C, vorgeheizt
Backzeit	25–30 Minuten		Backzeit	25–30 Minuten

Brotaufstriche

Forellenmus

ca. 250 g Forellenfilet, geräuchert	Forellenfilets in feine Stückchen zupfen, dabei evtl. vorhandene Gräten entfernen.
3 EL Crème fraîche **½ TL eingelegte grüne Pfefferkörner** **2–4 EL Milch**	Fischfleisch mit der Crème fraîche und den Pfefferkörnern gut pürieren. Nach Bedarf Milch zugießen.
einige Pfefferkörner	Mit einigen Pfefferkörnern garniert servieren.

Lachsmus

200 g Lachsfilet, geräuchert **1 kleine Zwiebel** **Petersilie**	Lachsfilet in feine Stücke zupfen. Zwiebel fein würfeln, Petersilie fein wiegen.
1 EL Crème fraîche **1 EL Limettensaft** **etwas Pfeffer**	Alle Zutaten in einen Rührbecher geben, gut pürieren, Masse abschmecken.
frischer Dill	Mit Dillsträußchen garniert servieren.

Eieraufstrich

4 Eier	Eier in kaltem Wasser zusetzen. 10 Minuten sprudelnd kochen. Abschrecken, schälen und fein würfeln.
100 g Schinken **2 Essiggurken**	Schinken und Essiggurken fein würfeln.
1 Becher Joghurt **2 EL Mayonnaise** **1 EL Weißweinessig** **Salz, Pfeffer** **½ TL Senf** **1 EL Dill**	Alle Zutaten vermengen.
Petersilie	Mit Petersiliensträußchen garniert servieren.

Avocadobutter

2 reife Avocados **Saft ½ Limette** **1 Knoblauchzehe, gepresst** **1 Msp. Cayennepfeffer** **etwas Salz**	Avocados längs halbieren, Kern entfernen. Das Fruchtfleisch mit einem Löffel herauslösen. Zusammen mit den restlichen Zutaten pürieren.
rote Paprikawürfel	Mit Paprikawürfeln bestreut servieren.

Avocado, ursprünglich eine Tropenfrucht, wird aufgrund ihres hohen Fettgehalts auch Butter des Urwaldes genannt. Das feine nussige Aroma entwickelt die Frucht erst, wenn sie ausgereift ist. Dies erkennt man daran, dass die Schale auf leichten Druck nachgibt. Bei der Verarbeitung sollte das Fruchtfleisch die Beschaffenheit zimmerwarmer Butter aufweisen. Unreife Früchte kann man problemlos bei Zimmertemperatur nachreifen lassen.
Farbe und Struktur der Schale sagen nichts über die Qualität der Avocado aus – Unterschiede sind sortenbedingt.

Salamitütchen mit Käsecreme

50 g Butter **200 g Frischkäse** **50 g Emmentaler, gerieben** **2 EL Sahne** **¼ TL Salz** **etwas Paprikapulver, scharf**	Butter schmelzen. Zusammen mit den übrigen Zutaten zu einer streichfähigen Masse verrühren.
20–30 Scheiben Salami	Salami einschneiden, zu Tütchen formen. Käsecreme in einen Spritzbeutel füllen und in die Salamitütchen spritzen.

Obatzter

250 g weicher Camembert **(30 % Fett i. Tr.)** **2 EL weiche Butter** **125 g Frischkäse**	Camembert und Butter mit einer Gabel zerdrücken. Frischkäse untermengen.
1 Zwiebel **Salz, Pfeffer, Paprika**	Zwiebel sehr fein würfeln, mit den Gewürzen unter die Masse rühren, bis sie cremig ist. Eine Stunde im Kühlschrank durchziehen lassen.
2 EL Schnittlauchröllchen	Mit Schnittlauchröllchen garnieren.

Crostini mit Tomaten

Crostini sind eine typische Vorspeise der Toskana, einer Region im nördlichen Italien. Es handelt sich dabei immer um angeröstete Weißbrotscheiben, die unterschiedlich belegt sein können. Die Auswahl reicht von Knoblauch über Oliven, Tomaten, Pilze … bis hin zu Geflügelleber. Crostini müssen beim Servieren noch knusprig sein.

500 g reife Fleischtomaten	Tomaten häuten, in Würfel schneiden.
2 EL Olivenöl **1 Knoblauchzehe, gepresst** **2 EL Petersilie, gehackt**	Knoblauch und Petersilie in Olivenöl 3 Minuten andünsten. Vorsicht! Knoblauch darf nicht braun werden, da er sonst bitter schmeckt. Tomaten zugeben, so lange köcheln lassen, bis die Flüssigkeit verdampft ist (= reduzieren).
eine Handvoll Rucolablätter **1 EL frischer Majoran, gehackt**	Rucolablätter waschen, in feine Streifen schneiden. Tomatensoße von der Herdplatte nehmen. Rauke und Majoran unterrühren, würzen.
8 Baguettescheiben **etwas Olivenöl**	Olivenöl in einer Pfanne erhitzen, Weißbrotscheiben von beiden Seiten anrösten. Tomatenmasse auf den Baguettescheiben verteilen, **sofort** servieren.

Dieses Rezept kann abgewandelt werden:
- Tomatenbelag durch Pesto (Rezept S. 38) ersetzen.
- Für eine größere Menge ist es ratsam, die Weißbrotscheiben mit Olivenöl zu bestreichen und in der Röhre zu toasten.

Wissenswertes:

Rucola (auch Rauke genannt) stammt ursprünglich aus dem Mittelmeerraum. Aufgrund seines nussigen, rettichähnlich scharfen Geschmacks wird er auch bei uns immer beliebter. Klein geschnitten oder als ganze Blätter gibt er Salaten eine würzig-pikante Note. Speziell in der italienischen Küche wird Rucola – roh oder gekocht – für eine Vielzahl von Gerichten verwendet. Den besten Geschmack haben jüngere Blätter – ältere Blätter sind leicht zäh und schmecken bitter.

Zucchini-Pesto

200 g Zucchini	Zucchini waschen, in grobe Stücke schneiden. Zucchinistücke in ein schlankes, hohes Gefäß geben und pürieren.
50 g Parmesan **½ Bund Petersilie** **½ unbehandelte Zitronenschale** **½ TL Salz** **5 EL Olivenöl** **50 g Kürbiskerne**	Zutaten zum Zucchinipüree geben. Alles pürieren.

Zucchini-Pesto eignet sich hervorragend mit Spaghetti als leichtes Abendessen.

Zucchinicremesuppe mit Sahnehäubchen und Kresse

1 Zwiebel	Zwiebel schälen, in feine Würfel schneiden.
2 Kartoffeln	Kartoffeln schälen, würfeln.
1 Möhre **1 kleines Stück Sellerie** **500 g Zucchini**	Möhre, Sellerie und Zucchini waschen, putzen und in kleine Würfel oder Streifen schneiden.
1 EL Margarine **1 l Brühe** **Salz** **Pfeffer** **Muskatnuss**	Margarine erhitzen und Zwiebelwürfel darin glasig dünsten. Gemüse dazugeben, mit Brühe aufgießen, ca. 20 Minuten köcheln lassen, anschließend pürieren. Mit Salz, Pfeffer und Muskatnuss abschmecken.
100 ml Sahne	Sahne dazugeben, nochmals kurz pürieren und abschmecken.
100 ml Sahne **Kresse**	Sahne fast steif schlagen und Suppe mit einem Klecks geschlagener Sahne und Kresse anrichten.

Wissenswertes:

Zucchini gehören zur Kürbisfamilie und stammen aus Italien, ursprünglich aus Mittelamerika. Sie weisen einen gurkenähnlichen Geschmack mit festerem Fruchtfleisch auf. Kleine Früchte sind sehr zart und können mit Schale und Kernen verwendet werden, z. B. roh essen, grillen, dünsten. Große Zucchini eignen sich gut zum Füllen oder zum Braten (Vegetarier).

Kürbissuppe mit Orange und Petersilie
(ca. 8 Personen)

1 kg Hokkaidokürbis	Kürbis waschen, Kerne und Fasern entfernen, in Spalten schneiden, schälen, würfeln.
100 g Zwiebeln **100 g Kartoffeln**	Zwiebeln schälen, fein würfeln. Kartoffeln schälen, würfeln.
30 g Butter	Butter zerlassen, alles 2 Minuten dünsten.
½ unbehandelte Orange (abgeriebene Schale und Saft) **1 l Gemüsebrühe** **Salz** **Pfeffer aus der Mühle**	Alle Zutaten zugeben und zugedeckt ca. 25 Minuten kochen lassen, mit dem Pürierstab sehr fein pürieren.
200 ml Sahne	Sahne zugeben und aufkochen.
1 EL Tabasco **Zitronensaft, Zucker**	Mit Tabasco, Zitronensaft und Zucker würzig abschmecken.
½ Bund gehackte Petersilie	⅔ der Petersilie unterheben, den Rest über die Suppe streuen.
	Eventuell Toast oder geröstete Brotwürfelchen dazu reichen.

Abwandlungen der Garnitur:
- Creme-fraîche-Häubchen mit Kresse
- Kürbiskernöl   • Lachsstreifen   • Krabben

- Der Hokkaidokürbis muss nicht unbedingt geschält werden, da die Schale sehr weich ist.
- Die Suppe lässt sich gut auf Vorrat einfrieren.

Wissenswertes:

Der **Kürbis** gehört mit seinen vielen verschiedenen Sorten zu der gleichen Familie wie die Melone und die Gurke. Der Kürbis ist als Gemüsepflanze schon seit über 10 000 Jahren bekannt. Er hat sich aus wilden Kürbisarten zu einer Kulturpflanze entwickelt. Ihren heimatlichen Ursprung vermutet man zwischen Mexiko und Guatemala. Über Amerika gelangte der Kürbis mit Kolumbus nach Europa.
Man unterscheidet den Sommerkürbis, der bald nach der Blüte geerntet wird und nur kurz lagerfähig ist, und den Winterkürbis. Dieser ist vollkommen ausgereift, das orangefarbige Fruchtfleisch ist wesentlich süßer, trockener und faseriger, wird aber beim Garen butterweich. Der Winterkürbis lässt sich je nach Sorte bis zu 6 Monate lagern. Kürbis kann süßsauer eingelegt, aber auch zu Chutney, Gemüse und Suppen verarbeitet werden. In pürierter Form lässt sich der Winterkürbis bis zur Weiterverarbeitung gut einfrieren. Das Fruchtfleisch ist kalorienarm und harntreibend.

Erntedanksuppe

Im Herbst wird das Erntedankfest gefeiert. Anlass hierfür sind die Ernteerträge, die als Vorrat für den Winter eingebracht wurden. Vor nicht allzu langer Zeit hing davon das Überleben ab. Wichtig waren daher Lebensmittel, die satt machen und lagerfähig sind, nämlich Kartoffeln, Hülsenfrüchte und Getreide. Fleisch und Wurst als exklusive Lebensmittel spielten eine untergeordnete Rolle. Der Stellenwert der Nährmittel wird in der Erntedanksuppe durch ihren hohen Anteil verdeutlicht. Die aufwendige Zubereitung lässt etwas von dem Respekt erahnen, den man diesen Lebensmitteln entgegenbrachte.

Pürierte Suppe:	
100 g weiße Bohnen	Bohnen über Nacht in Wasser einweichen.
¾ l Wasser	
1 Zwiebel	Zwiebel würfeln.
1 Stange Staudensellerie	Staudensellerie in Ringe schneiden.
1 Kartoffel	Kartoffel und Karotte schälen,
1 Karotte	in grobe Würfel schneiden.
2 EL Olivenöl	Knoblauchzehe pressen, in Olivenöl andünsten.
1 Knoblauchzehe	Gemüse und Bohnen mit dem Einweichwasser zugeben.
1 EL gekörnte Brühe	Gewürze und Tomatenmark unterrühren.
¼ TL Salz	Im Dampfdrucktopf kochen.
1 Msp. Rosmarinpulver	Garzeit 30 Minuten (Intensivgaren, 2. Ring).
etwas Pfeffer	Dampfdrucktopf öffnen, Suppe pürieren.
1 EL Tomatenmark	
Körnermischung:	
½ l Wasser	Wasser mit Salz zum Kochen bringen.
etwas Salz	Rollgerste und Linsen zugeben,
1 EL Rollgerste	20 Minuten köcheln lassen.
1 EL kleine Linsen, ungeschält	
1 EL Buchweizen	Buchweizen und Kartoffelwürfel zugeben,
1 kleine Kartoffel, gewürfelt	weitere 15 Minuten köcheln lassen.
1 kleine Fleischtomate, gewürfelt	Tomate und Mais zu den Körnern geben,
2 EL Mais	einmal aufkochen lassen, alles abseihen.
Zum Garnieren:	
1 EL Olivenöl	Speck würfeln, in Öl andünsten.
2 Scheiben durchwachsener Speck	Toastbrot würfeln, kurz mit anrösten.
2 Scheiben Toastbrot	Basilikumblätter in Streifen schneiden.
frisches Basilikum	
Anrichten:	Suppe heiß auf 4 Teller verteilen. In die Mitte Körnermischung geben. Speck und Basilikum darüber verteilen. Suppe mit Toastbrotwürfeln garnieren.

Hähnchenschlegel, provenzalisch

4 Hähnchenschlegel, aufgetaut	Hähnchenschlegel auspacken, langsam im Kühlschrank auftauen. Auftauwasser wegschütten.
Würzpaste: 3 EL Butter 1 Knoblauchzehe 1 EL Kräuter der Provence Salz, Pfeffer	Butter zerlassen, gepresste Knoblauchzehe und Kräuter der Provence zugeben. **Hähnchenschlegel waschen,** salzen, pfeffern und mit der Würzpaste bestreichen.
1/8 l Apfelsaft	Hähnchenschlegel in gefettete Auflaufform geben. Apfelsaft seitlich zugießen. Im vorgeheizten Backofen garen. **Zwischenzeitlich Hände und Arbeitsgeräte gründlich mit heißem Wasser reinigen!** Spüllappen und Geschirrtücher zum Waschen geben.
1/2 Becher Crème fraîche	Nach Ende der Garzeit **kontrollieren, ob das Geflügel durchgegart ist.** Hähnchenschlegel auf Tellern warm halten. Bratenfond mit Crème fraîche verrühren.

So wird der Herd eingestellt:

Einschubhöhe	2, Rost		Einschubhöhe	2, Rost
Temperatur	180 °C	oder	Temperatur	200 °C, vorgeheizt
Backzeit	40–45 Minuten		Backzeit	40–45 Minuten

Fächerkartoffeln

3–4 mittelgroße Kartoffeln	Kartoffeln waschen, schälen und längs halbieren. Kartoffeln auf die Schnittfläche legen, fächerförmig ein-, aber nicht durchschneiden.
4 EL Öl	Öl in die Auflaufform geben und Kartoffeln mit der eingeschnittenen Seite nach oben einschichten. Mit Öl bepinseln.
etwas Salz	Kartoffeln etwas salzen. In der Backröhre garen.

So wird der Herd eingestellt:

Einschubhöhe	2, Rost		Einschubhöhe	2, Rost
Temperatur	180 °C	oder	Temperatur	200 °C, vorgeheizt
Backzeit	40–45 Minuten		Backzeit	40–45 Minuten

Fleischteig – Grundrezept

1 altbackenes Brötchen	Brötchen in Wasser einweichen.
375 g Hackfleisch, halb und halb	Hackfleisch in eine Rührschüssel geben.
1 Zwiebel	Zwiebel putzen, sehr fein würfeln, zum Hackfleisch geben.
1 Ei, Salz, Pfeffer, Paprika, Majoran, Petersilie	Alle Zutaten zugeben.
	Brötchen gut ausdrücken, zerrupfen, zugeben, mit dem Knethaken (Handrührgerät) gut durchkneten, abschmecken.
	Fleischteig nach Rezept weiterverwenden.

Eingeweichte Brötchen lassen sich gut zwischen zwei Schneidebrettchen ausdrücken!

Gefüllte Paprikaschoten

1 Grundrezept Fleischteig	Fleischteig nach Rezept herstellen.
4 große Paprikaschoten	Paprika waschen, Schote 2–3 cm unter dem Stielansatz abschneiden, Samen und Rippen entfernen, kurz ausspülen, trocknen.
	Fleischteig gleichmäßig in Paprikaschoten füllen, Deckel aufsetzen.
3 EL Öl	Öl im Topf erhitzen, gefüllte Paprikaschoten andünsten.
ca. ¼ l Brühe	Brühe zugeben, im geschlossenen Topf garen, dabei ab und zu die Flüssigkeit kontrollieren! **Garzeit:** normaler Kochtopf 30–40 Minuten Dampfdrucktopf 10–15 Minuten
	Fertige Paprikaschoten auf einer vorgewärmten Platte warm stellen.
1 EL Mehl 3–4 EL Wasser	Mehlteiglein aus Mehl und Wasser herstellen, Soße damit binden.
Salz, Pfeffer 2 EL Tomatenmark	Mit Salz, Pfeffer und Tomatenmark abschmecken, servieren.

Weitere Abwandlungsmöglichkeiten:
- Gefüllte Gurken
- Gefüllte Kohlrabi
- Kohlrouladen/Krautwickel
- Gefüllte Zucchini
- Gefüllte Gemüsezwiebeln

Hackbraten

1 Grundrezept Fleischteig	Fleischteig nach Rezept herstellen. Fleischteig wie ein Brot formen, in eine feuerfeste Form geben.
¼ l heiße Brühe	Wenn der Braten zu bräunen beginnt, Brühe zugeben, fertigen Braten auf einer Fleischplatte warm stellen.
etwas Brühe oder Wasser	Bratensatz damit lösen.
1 EL Mehl **3–4 EL Wasser**	Mehlteiglein herstellen, Soße damit binden.
Salz **Pfeffer** **Paprika**	Mit Salz, Pfeffer und Paprika abschmecken, in einer angewärmten Sauciere servieren.
	Braten in dicke Scheiben schneiden, auf einer vorgewärmten Fleischplatte anrichten, garnieren.

So wird der Herd eingestellt:

Einschubhöhe	2, Rost	**oder**	Einschubhöhe	2, Rost	
Temperatur	180 °C		Temperatur	200 °C, vorgeheizt	
Backzeit	45–60 Minuten		Backzeit	45–60 Minuten	

Frikadellen/Fleischpflanzerl

1 Grundrezept Fleischteig	Fleischteig nach Rezept herstellen.
	Fleischteig in acht gleich große Teile teilen, mit nassen Händen acht flache Klopse formen. Evtl. mit dem Messerrücken leicht einkerben, auf ein nasses Brett legen.
Öl	Öl in einer Pfanne erhitzen, Frikadellen von beiden Seiten bei starker Hitze anbraten, Temperatur herunterschalten, weiterbraten, bis die Frikadellen innen gar sind.
Petersilie, Tomaten	Auf einer angewärmten Platte anrichten, garnieren, z. B. mit Petersilie und Tomatenachteln.

So wird der Herd eingestellt:

Einschubhöhe	2, Rost	**oder**	Einschubhöhe	2, Rost	
Temperatur	180 °C		Temperatur	200 °C, vorgeheizt	
Backzeit	30–45 Minuten		Backzeit	30–45 Minuten	

Curryhackbraten

1 EL Öl 1 Zwiebel, gewürfelt 1 Karotte, fein geraspelt 3–4 EL Basilikum, frisch gehackt	Zwiebel in heißem Öl glasig dünsten. Karottenraspel und Basilikum zugeben, kurz mitdünsten. Alles etwas auskühlen lassen.
400 g Rinderhack 2 EL Semmelbrösel 4 EL Milch 2 EL Curry 1 TL Salz etwas Pfeffer 1 Ei	Hackfleisch in eine Rührschüssel geben, mit der Gabel etwas lockern. Restliche Zutaten mit den angedünsteten Zwiebeln zugeben, Masse mit den Händen oder den Knethaken des Handrührgeräts zu einem glatten Fleischteig kneten.
für die Form: etwas Butter oder Margarine	Fleischteig zu einem Laib geformt in eine gefettete Auflaufform geben. Nach der Hälfte der Garzeit den Deckel der Form abnehmen.
Soße: 2 EL Butter 1 kleine Zwiebel 1 EL Mehl	Butter in einem Topf erhitzen, Zwiebel würfeln und darin glasig dünsten. Mehl zugeben und unter Rühren goldgelb anschwitzen (= Mehlschwitze).
¼ l Milch 1 Becher Sahne ½ TL Salz 1 gestrichener TL Curry	Milch und Sahne nach und nach zugießen, dabei mit dem Schneebesen kräftig rühren, bis die Soße glatt ist. Unter weiterem Rühren aufkochen lassen. Soße würzen.

Dazu passen:
grüne Bandnudeln

Tipp: Braten lassen sich nach dem Garen besser schneiden, wenn sie in der ausgeschalteten Backröhre (= Nachhitze) noch 5–10 Minuten ruhen können. Dabei zieht der Fleischsaft in das Fleisch ein – es ist beim Schneiden formstabiler und saftiger.

Tipp: Beim Herstellen einer Mehlschwitze ist die Gefahr der Klumpenbildung gegeben. Durch folgende Küchentricks kann dem entgegengewirkt werden:
- Zum Aufgießen den Topf von der Herdplatte nehmen.
- Stets mit kalter Flüssigkeit aufgießen. Heiße Flüssigkeit beschleunigt die Klumpenbildung!
- Befinden sich dennoch Klumpen in der Soße, so kann durch sofortiges Pürieren eine sämige Beschaffenheit erzielt werden.

So wird der Herd eingestellt:

Einschubhöhe	2, Rost		Einschubhöhe	2, Rost
Temperatur	180 °C	**oder**	Temperatur	200 °C, vorgeheizt
Backzeit	40–50 Minuten		Backzeit	40–50 Minuten

Gemüselasagne

12 Lasagneplatten	Lasagneplatten kurz in kaltem Wasser einweichen, nebeneinander auf ein Brett legen.
40 g Butter **40 g Mehl** **¼ l Brühe** **¼ l Milch**	Aus den Zutaten eine Béchamelsoße wie auf Seite 46 beschrieben herstellen.
Salz, Pfeffer, Muskatnuss **50 g Parmesan**	Mit den Gewürzen und dem Käse die Béchamelsoße abschmecken.
300 g TK-Erbsen	Erbsen kochen und mit der Flüssigkeit pürieren.
300–400 g Gemüse der Saison **1 EL Öl** **Salz, Pfeffer, Brühe**	Gemüse putzen, zerkleinern/raspeln und in Öl andünsten, Erbsenpüree zugeben, mit Salz, Pfeffer und Brühe abschmecken.
½ Becher Crème fraîche oder Schmand	Mit Crème fraîche oder Schmand verfeinern.
	Einschichten: 1. Béchamelsoße 2. Lasagneplatten 3. Gemüsesoße 4. Béchamelsoße 5. Lasagneplatten… Oben: Gemüsesoße
250 g geriebener Gouda oder Emmentaler	Käse über die Lasagne streuen.

So wird der Herd eingestellt:

Einschubhöhe	2, Rost		Einschubhöhe	2, Rost
Temperatur	180 °C	oder	Temperatur	200 °C, vorgeheizt
Backzeit	40–45 Minuten		Backzeit	40–45 Minuten

Gemüse der Saison oder TK-Gemüse verwenden, z. B. Karotten, Brokkoli, Paprika, Lauch.

Lasagne verdi al forno

Lasagne sind ursprünglich sehr breite Bandnudeln, die mit Hackfleischsoße und Béchamelsoße im Wechsel geschichtet einen Nudelauflauf ergeben. Jede italienische Region hat ihre spezielle Lasagnevariation. Eine Besonderheit stellt die Verwendung grüner Nudeln dar – Lasagne verdi. Die Bezeichnung „al forno" bedeutet: im Ofen überbacken.

Hackfleischsoße:
1 EL Olivenöl
1 Scheibe durchwachsener Speck
1 Zwiebel, gewürfelt
1 Knoblauchzehe, gepresst
2 EL Sellerie, gewürfelt
200 g gemischtes Hackfleisch

Speck würfeln und mit dem zerkleinerten Gemüse und dem Knoblauch in Öl andünsten.
Hackfleisch zugeben, mitbraten.

---

1 Dose Tomaten
1 TL Brühpulver
1 EL Tomatenmark
1/2 TL Oregano
1/4 TL Rosmarinpulver
1/4 TL Paprikapulver, scharf
1/4 TL Salz

Tomaten würfeln, mit dem Tomatensaft und der Brühe aufgießen.
Tomatenmark und Gewürze zugeben.
Bei sehr schwacher Hitze zugedeckt 20 Minuten köcheln lassen.

Béchamelsoße:
1 EL Butter
1 gestrichener EL Mehl

Fett erhitzen, Mehl zugeben und anschwitzen (= Mehlschwitze).

1/4 l Milch

Topf kurz von der Kochstelle nehmen.
Flüssigkeit nach und nach unter Rühren zur Mehlschwitze geben, aufkochen lassen.

1 Lorbeerblatt
wenig Muskatnuss
etwas Salz

Gewürze zur Soße geben. 15 Minuten bei Restwärme durchziehen lassen. Lorbeerblatt vor dem Einschichten aus der Soße nehmen.

Einschichten:
Butter für die Form
grüne Lasagneblätter (ohne Vorkochen)
50 g frischer Parmesan, gerieben

Eine Auflaufform mit Butter einfetten.
Zutaten wie folgt einschichten:
1. Schicht: • Béchamelsoße • Lasagneblätter
2. Schicht: • Hackfleischsoße • Béchamelsoße
• Parmesan • Lasagneblätter
Den Abschluss bilden Hackfleischsoße, Béchamelsoße mit Parmesan.

So wird der Herd eingestellt:

Einschubhöhe	2, Rost
Temperatur	180 °C
Backzeit	25 Minuten

oder

Einschubhöhe	2, Rost
Temperatur	200 °C, vorgeheizt
Backzeit	25 Minuten

Nach Ende der Garzeit sollte die Lasagne noch etwa 10 Minuten bei Nachhitze im Ofen verbleiben. Der Nudelauflauf bekommt dadurch eine festere Beschaffenheit.

Spätzle – Grundrezept

375 g Mehl	Mehl in eine Rührschüssel sieben.
1 Prise Salz **ca. ¼ l Wasser** **3 Eier**	Salz, Wasser und Eier nacheinander zugeben, mit dem Rührgerät oder Schneebesen zu einem zähflüssigen Teig abschlagen, bis er Blasen wirft, etwas quellen lassen.
reichlich Salzwasser	Salzwasser in einem weiten Kochtopf zum Kochen bringen.
	Spätzlehobel mit kaltem Wasser abspülen und dann das Gerät so über den Kochtopf platzieren, dass noch einige cm Abstand zum Kochwasser bleiben. Teig portionsweise durch den Spätzlehobel ins kochende Salzwasser schieben. Spätzle im offenen Topf einige Male aufkochen lassen, bis sie nach oben aufsteigen.
	Garzeit 3–4 Minuten
etwas Butter **etwas Salz**	Spätzle mit einem Schaumlöffel herausnehmen, in einen Durchschlag geben und mit kaltem Wasser abbrausen. Anschließend in wenig heißer Butter schwenken und mit etwas Salz abschmecken.
Garnitur:	gehackte Petersilie oder geröstete Zwiebelringe oder geröstete Semmelbrösel

Abwandlungsmöglichkeiten:
- Rote Spätzle: Tomatenmark zugeben.
- Grüne Spätzle: Saft von gehackter Petersilie zugeben oder 100 g Spinat mit 100 ml Wasser pürieren und zugeben.

Arbeitsauftrag:

Zur Arbeitsplatzgestaltung
Zur Herstellung von Spätzle ist ein gut vorbereiteter Arbeitsplatz hilfreich. Zähle auf, was alles hierzu gehört!

Spinatspätzle in Käsesahnesoße mit Champignons

Spinatspätzle:
200 g Mehl
¼ TL Salz
etwas Muskat
2 Eier
225 g Tiefkühlspinat, aufgetaut

Zutaten in eine Rührschüssel geben. Mit den Rührbesen des Handrührgeräts zu einem zähflüssigen Teig verrühren.

2 l Wasser
Salz

Salzwasser zum Kochen bringen.
Die Hälfte des Teigs mithilfe des Spätzlehobels ins kochende Wasser hobeln.
Spätzle sind gar, wenn sie oben schwimmen.
Mit dem Seihlöffel herausnehmen, in einen Seiher geben, kalt überbrausen.
Zweite Hälfte ebenso verarbeiten.

Soße:
1 EL Margarine
1 Zwiebel, gewürfelt
gut ⅛ l Brühe
gut ¼ l Milch
etwa 75 g Sahneschmelzkäse
Salz, Pfeffer
Kümmelpulver
100–150 g frische Champignons

Zwiebelwürfel in Margarine andünsten, mit Brühe und Milch aufgießen.
Schmelzkäse zugeben, unter Rühren auflösen.
Soße mit Salz, Pfeffer und Kümmelpulver würzen, Champignons blättrig schneiden und zur Soße geben.

4 EL Brühe
1 EL Stärke

Stärke mit Brühe zu einem klumpenfreien Stärketeiglein anrühren, Soße damit binden.

½ Becher Sahne

Sahne zugeben.
Spinatspätzle mit Soße mischen, in eine Auflaufform geben.

Zum Fertigstellen:
1 Lachsfilet (125 g)
50 g geriebener Käse

Fisch nach der 3-S-Regel vorbereiten, in Würfel schneiden.
Lachswürfel gleichmäßig auf der Spätzlemasse verteilen.
Nach Belieben mit geriebenem Käse bestreuen.

So wird der Herd eingestellt:

Einschubhöhe	2, Rost
Temperatur	175 °C
Backzeit	20 Minuten

oder

Einschubhöhe	2, Rost
Temperatur	200 °C, vorgeheizt
Backzeit	20 Minuten

Dinkel-Käse-Spätzle

300 g Dinkelmehl **2 Eier** **200 ml Wasser** **1 Msp. Salz**	Mehl, Eier, Wasser, Salz miteinander verquirlen, etwas quellen lassen.
reichlich Salzwasser **1 EL Öl**	Salzwasser zum Kochen bringen, Öl zugeben.
	Mit einem Hobel oder einer Spätzlepresse den Teig in das kochende Salzwasser pressen (siehe auch S. 47, Grundrezept Spätzle) Vorsichtig umrühren und aufkochen lassen. Mit einem Schaumlöffel die fertigen Spätzle herausnehmen, kurz abbrausen und gut abtropfen lassen.
200 – 300 g geriebener Emmentaler	Spätzle und Käse schichtweise in eine feuerfeste Form füllen, letzte Schicht = Käse. Ca. 10 Minuten in der Backröhre erhitzen, bis der Käse geschmolzen ist.
geröstete Zwiebeln **gehackte Petersilie**	Mit gerösteten Zwiebeln und gehackter Petersilie anrichten und garnieren.

Dazu passt ein knackiger Salat!

So wird der Herd eingestellt:

Einschubhöhe	2, Rost		Einschubhöhe	2, Rost
Temperatur	180 °C	oder	Temperatur	200 °C, vorgeheizt
Backzeit	ca. 5 – 15 Minuten		Backzeit	ca. 5 – 15 Minuten

Wissenswertes:

Dinkel (auch Spelzweizen genannt) wurde bis vor 100 Jahren in großem Umfang in Deutschland, in Frankreich und in der Schweiz angebaut. Seit einigen Jahren erfährt Dinkel vor allem in der Vollwertküche wieder große Beachtung.
Der entspelzte Dinkel ist eine Alternative zu Reis, außerdem kann er zum Brotbacken, für Aufläufe, Pfannkuchen und Spätzle verwendet werden. Er enthält hochwertiges Eiweiß, mehrfach ungesättigte Fettsäuren, B-Vitamine, Eisen, Phosphor und Magnesium.
Wird Dinkel in halb reifem Zustand geerntet und anschließend bei 120 °C geröstet, erhält man Grünkern mit seinem unverwechselbaren herzhaften, würzigen Aroma.
Dinkel sollte kühl und trocken in geschlossenen Behältern (Schutz vor Schädlingen) aufbewahrt werden.

Reis – Grundrezept

250 g Langkornreis	Reis in einem Sieb waschen, abtropfen lassen.
500 ml Wasser	Wasser zum Kochen bringen.
½ Zwiebel	Zwiebel schälen.
3 Nelken **1 Lorbeerblatt**	Zwiebel damit spicken.
	Reis und Zwiebelhälfte in das Wasser geben.
½ TL Salz **½ TL gekörnte Gemüsebrühe**	Salz und gekörnte Brühe zugeben. Reis einmal aufkochen lassen, danach die Hitze reduzieren. Der Reis muss so lange quellen, bis kein Wasser mehr vorhanden ist.
	Topf: ca. 20 Minuten **Dampfdrucktopf:** ca. 6–7 Minuten/1. Ring/ohne Einsatz
Salz **Pfeffer**	Fertigen Reis mit Salz und Pfeffer nochmals abschmecken, Zwiebelhälfte entnehmen.
Anrichten:	Schüssel (warm)
Garnieren:	Petersilie (fein, 1 EL)
Beachte:	Der Reis sollte während des Quellvorgangs nicht umgerührt werden, da er sich sonst am Topfboden festsetzt.

Wissenswertes:

Lagerung: **Reis** muss trocken gelagert werden, da er leicht Feuchtigkeit aufnimmt.

Parboiled Reis ist ein Langkornreis, bei dem durch ein Dampfverfahren ca. 80 % der wertvollen Vitamine und Mineralstoffe aus der Silberhaut gelöst und ins Innere des Reiskorns gepresst werden. Parboiled Reis braucht vor dem Dünsten nicht gewaschen zu werden.

Naturreis oder **brauner Reis** enthält den Keimling mit wichtigen Vitaminen, Mineralstoffen sowie Ballaststoffen. Er ist deshalb jedoch nicht sehr lange lagerfähig.

Weißer Reis enthält keinen Keimling und ist deshalb länger lagerfähig. Vitamine, Mineralstoffe und Ballaststoffe sind nur in Spuren vorhanden.

Reis, gedünstet

1 Tasse Lang-kornreis	Reis in einem Sieb abbrausen und gut abtropfen lassen.
1 Zwiebel	Zwiebel schälen, fein würfeln.
20 g Fett	Fett in einem Topf erhitzen, zuerst die Zwiebel, dann den Reis zugeben und andünsten.
2 Tassen heiße Brühe	Brühe zugeben und einmal aufkochen lassen, auf Stufe 1 zurückschalten, gar quellen lassen, Kochstelle nach ca. 15 Minuten ausschalten (Restwärme nutzen). **Garzeit:** ca. 20 Minuten.
	Reis in vorgewärmter Schüssel anrichten.
Petersilie	Mit Petersilie garnieren.

- Möchte man einen Reisrand oder Reistürmchen anrichten, so mischt man etwas geriebenen Käse unter den fertigen Reis. Er verhindert das Auseinanderfallen der festen Form.
- Fette die Formen (Ringform, Tassen, Förmchen) etwas ein. Sie lösen sich besser heraus.
- Stürze die Formen auf eine vorgewärmte Platte.

Dieses Rezept kann abgewandelt werden:

Curryreis

	Fett in einem Topf erhitzen, zuerst die Zwiebel und 1 TL Curry, dann den Reis zugeben und andünsten.
	Weiter vorgehen wie oben beschrieben.

Gemüserisotto

1 Bund Wurzelwerk/ Suppengemüse	Wurzelwerk/Suppengemüse waschen, putzen, fein schneiden.
1 Zwiebel	Zwiebel schälen, fein würfeln.
1 Tasse Langkorn- oder Naturreis	Reis evtl. abbrausen, in einem Sieb gut abtropfen lassen.
20 g Fett	Fett im Topf erhitzen, Gemüse und Zwiebel darin andünsten, Reis zugeben, mitdünsten.
2 Tassen heiße Brühe	Brühe zugeben und einmal aufkochen lassen, auf Stufe 1 zurückschalten, im geschlossenen Topf gar quellen lassen, Kochstelle nach ca. 15 Minuten ausschalten (Restwärme nutzen). **Garzeit:** ca. 20–30 Minuten. Möglich auch in der Backröhre bei 180–200 °C.
	In vorgewärmter Schüssel anrichten.
Petersilie	Mit Petersilie garnieren.

Reis mit Wildreis

1,5 l Wasser **½ TL Salz** **½ Tasse Wildreis**	Salzwasser zum Kochen bringen, Wildreis zugeben und 25 Minuten sprudelnd kochen.
1 Tasse Reis (parboiled)	Reis zugeben. Zusammen mit dem Wildreis weitere 18 bis 20 Minuten kochen, abseihen.

Wissenswertes:

Wildreis ist kein Reis im eigentlichen Sinn, sondern eine Gräserart. Im Gegensatz zu herkömmlichem Reis sind die Ernteerträge bei Wildreis gering – der Preis ist daher entsprechend hoch. Wildreis zeichnet sich durch sein würzig-nussiges Aroma aus. Er ist von kernig-kräftigem Biss. Unter Feinschmeckern gilt Wildreis als Delikatesse. Normalerweise hat Wildreis eine Garzeit von 45 Minuten. Mittlerweile ist jedoch Wildreis mit verkürzter Garzeit im Handel, was auf eine Vorbehandlung zurückzuführen ist.

Gefüllte Zucchini

1 mittelgroße Zucchini oder zwei kleine Zucchini **Salz, Pfeffer**	Zucchini waschen, längs halbieren. Mit einem Löffel Kerne und Fruchtfleisch herausnehmen. Zucchinihälften würzen.
½ Dose Mais **1 Eigelb** **1 EL Crème fraîche** **1 EL Grieß** **Salz, Pfeffer**	Maiskörner mit Eigelb und Crème fraîche pürieren, Grieß unterrühren. Mit Salz und Pfeffer abschmecken.
1 Eiklar **75 g Emmentaler, gerieben**	Eiklar mit dem Handrührgerät zu Eischnee schlagen. Käse und Eischnee unter die Maismasse heben. Maismasse in die Zucchinihälften füllen.
Soße: **2 EL Olivenöl** **1 kleine Zwiebel, gewürfelt** **1 Knoblauchzehe, gepresst** **1 Dose Tomaten** **¼ rote Paprikaschote, gewürfelt** **1 EL Tomatenmark** **¼ TL Salz** **1 Prise Cayennepfeffer** **1 TL Oregano**	Zwiebel und Knoblauch in Olivenöl andünsten. Tomaten würfeln, zusammen mit dem Saft und den Paprikawürfeln mitdünsten. Tomatenmark unterrühren, würzen. Die Soße 5 Minuten kochen lassen. Tomatensoße in eine längliche Auflaufform geben. Die gefüllten Zucchinihälften daraufsetzen.
Koriandergrün, gehackt (ersatzweise Petersilie)	Nach Ende der Garzeit Zucchini mit gehacktem Koriandergrün bzw. Petersilie bestreuen.

So wird der Herd eingestellt:

Einschubhöhe	2, Rost		Einschubhöhe	2, Rost
Temperatur	175 °C	**oder**	Temperatur	190 °C, vorgeheizt
Backzeit	30 Minuten		Backzeit	30 Minuten

Wissenswertes:

Kräuter der Provence, ursprünglich eine Mischung wild wachsender Kräuter aus Südfrankreich, sind heute als käufliche Trockenkräutermischung erhältlich. Meist werden dazu Rosmarin, Basilikum, Oregano, Estragon, Bohnenkraut, Thymian und Salbei verwendet.

Joghurtmarinade – Grundrezept

150 g Joghurt, natur
2 EL Zitronensaft
etwas Zucker
1 Prise Salz

Joghurt, Zitronensaft, Zucker und Salz miteinander verrühren.

Je nach Verwendung:
½ Zwiebel
Petersilie
Schnittlauch
Dill
Borretsch und/oder Zitronenmelisse

Kräuter vorbereiten, zerkleinern, zugeben, vermischen.

Abschmecken.

Essig-Öl-Marinade – Grundrezept

3 EL Essig
3 EL Öl
1 gestrichener TL Zucker
½ TL Salz
etwas Pfeffer

Alle Zutaten mit einem Schneebesen verschlagen, sodass sie etwas sämig werden.

Je nach Verwendung:
½ Zwiebel
Petersilie
Schnittlauch
Dill
Basilikum
Borretsch und/oder Zitronenmelisse

Kräuter vorbereiten, zerkleinern, zugeben, vermischen.

Abschmecken.

Die Salatmarinaden lassen sich ohne Zwiebeln auf Vorrat in einem geschlossenen Gefäß ca. eine Woche im Kühlschrank aufbewahren.

Waldorfsalat

1 Grundrezept Joghurtmarinade **2 EL Mayonnaise**	Joghurtmarinade nach Anleitung zubereiten. Mayonnaise unterrühren.
750 g Knollensellerie **500 g Äpfel**	Knollensellerie waschen, schälen, fein raspeln. Äpfel vorbereiten, fein raspeln, gleich mit der Marinade vermengen, damit Sellerie und Äpfel nicht braun werden.
2 EL gehackte Walnusskerne	Walnüsse unterheben.
evtl. 1 Zitronensaft	Mit Zitronensaft abschmecken und anrichten.
einige Walnusshälften	Mit Walnusshälften garnieren.

- Schneller geht es, wenn zum feinen Raspeln die Küchenmaschine verwendet wird.
- Der Salat lässt sich mit feinen Ananasstückchen und etwas Ananassaft verfeinern!

Insalata mista

Insalata mista (= gemischter Salat) kann problemlos zu jeder Jahreszeit zubereitet werden. Die Italiener verwenden hierfür grundsätzlich Salate und Gemüsesorten der Saison. Üblicherweise werden die Zutaten der Marinade in Italien getrennt zum Salat gereicht. Der Gast übernimmt das Marinieren des Salates selbst.

¼ Kopfsalat **¼ Paprikaschote, gelb** **¼ Salatgurke** **1 Tomate**	Gemüse waschen, Salatblätter in mundgerechte Stücke reißen. Paprikaschote in Streifen schneiden, Gurke hobeln, Tomate in Scheiben schneiden. Gemüse in der angegebenen Reihenfolge auf einen Teller schichten.
3 EL Olivenöl **3 EL Weißweinessig** **Salz, Pfeffer** **1 Prise Zucker** **Kräuter**	Zutaten der Marinade der Reihe nach über den Salat geben.
zum Anrichten: **Zwiebelringe von einer Gemüsezwiebel**	Mit Zwiebelringen garnieren.

Die Gemüsezwiebel ist im Gegensatz zur herkömmlichen Haushaltszwiebel im Aroma milder und feiner. Aus diesem Grund wird für rohe Salate diese Zwiebelsorte bevorzugt. Gemüsezwiebeln können einen Durchmesser bis zu 10 cm erreichen und fallen daher durch ihre Größe auf.

Feldsalat

1 Grundrezept Essig-Öl-Marinade mit Salatkräutern und ½ Zwiebel	Nach Anleitung zubereiten (s. S. 54) und mit Salatkräutern und fein gewürfelten Zwiebeln verfeinern.
300 g Feldsalat	Feldsalat waschen, putzen und gut abtropfen lassen.
	Kurz vor dem Servieren Salat mit der Marinade vorsichtig vermengen oder beträufeln.
	Wird der Salat als Hauptgericht serviert, kann er gut mit gerösteten Brotwürfeln angerichtet werden!

Wissenswertes:

Feldsalat wird auch Rapunzel, Ackersalat oder Nüssli genannt. Die daumengroßen dunkelgrünen Blätter wachsen zu einer Rosette zusammen. Er ist kälteunempfindlich und wird ab Spätherbst und in den Wintermonaten geerntet.
Die Blätter haben ein feines Aroma und einen sehr hohen Eisengehalt. Feldsalat wird nach Gewicht verkauft.

Gurkensalat

1 Grundrezept Essig-Öl-Marinade mit frischem Dill und ½ Zwiebel	Nach Anleitung zubereiten (s. S. 54) und mit Dill und Zwiebel verfeinern.
1 Salatgurke	Salatgurke waschen, evtl. schälen (von der Blüte zum Stiel), in gleichmäßige Scheiben schneiden oder hobeln.
	Marinade und Gurken vorsichtig miteinander vermengen, abschmecken und anrichten.
Dill	Mit Dill garnieren.

Tomatensalat

1 Grundrezept Essig-Öl-Marinade mit Salatkräutern und 1 Zwiebel	Nach Anleitung zubereiten (s. S. 54) und mit Salatkräutern und fein gewürfelter Zwiebel abschmecken.
700 g Tomaten	Tomaten waschen, Stielansatz herausschneiden, in Scheiben schneiden oder achteln.
	Tomaten auf einer Platte oder in einer Schüssel anrichten, Marinade gleichmäßig darüber verteilen.
einige Basilikumblätter	Mit Basilikum garnieren.

Krautsalat

1 Grundrezept Essig-Öl-Marinade mit Salatkräutern und 1 Zwiebel	Nach Anleitung zubereiten und mit Salatkräutern und fein gewürfelter Zwiebel verfeinern.
1 kg Weißkohl	Weißkohl putzen, ggf. halbieren, vierteln, Strunk keilförmig herausschneiden, in möglichst dünne Streifen schneiden oder hobeln (Küchenmaschine).
	Weißkohl mürbe machen: Entweder kurz blanchieren oder ca. 15 Minuten mit etwas Salz stampfen oder mit den Händen kräftig drücken.
	Anschließend Kohl mit der Marinade vermengen und über eine längere Zeit gut durchziehen lassen, dabei ab und zu umrühren.
Kräuter nach Belieben	Salat abschmecken, anrichten und mit Kräutern garnieren.
Tipp	Besser verdaulich wird der Krautsalat, wenn man etwas Kümmel (ganz oder gemahlen) zugibt!

Pesche caramellate (Pfirsiche in Sirup)

2 große reife Pfirsiche

Pfirsiche häuten, halbieren, Kern entfernen.

Sud:
⅛ l Saft
150 g Zucker
1 Stück Schale einer unbehandelten Zitrone
1 Zimtstange

Zutaten in einem kleinen Topf zum Kochen bringen.
Topf von der Herdplatte nehmen.
Pfirsiche in den Sud legen, darin auskühlen lassen.

Pfirsiche mit der Rundung nach oben in vier flache Dessertschälchen geben.
Zitronenschale und Zimtstange aus dem Topf nehmen.
Sud auf die Hälfte der Flüssigkeitsmenge einköcheln lassen (= reduzieren), bis er sirupartig glänzt. Pfirsiche mit dem Sirup überziehen (= glasieren).

Dieses Rezept kann abgewandelt werden:

1. Pfirsiche in ca. ¼ l Fruchtsaft garen. Die Flüssigkeit mit 1 EL Vanillepuddingpulver andicken.
2. Soll es schnell gehen, können auch Pfirsiche aus der Dose genommen werden.

Wissenswertes:

Die Farbe des Fruchtfleisches bei **Pfirsichen** ist sortenabhängig. Hauptsächlich werden bei uns die gelbfleischigen Sorten angeboten. Pfirsiche mit weißem Fruchtfleisch schmecken aromatischer und sind daher bei Kennern beliebter. Unabhängig von der Farbe des Fruchtfleisches sollten stets nur vollreife Früchte gekauft werden – dann haben sie das Höchstmaß an Aroma. Erkennbar ist dies daran, dass sich der Kern leicht vom Fruchtfleisch lösen lässt. Die äußerst druckempfindlichen Früchte lassen sich nur kurz lagern, am besten im Kühlschrank.

Arbeitsauftrag:

Pfirsiche sachgerecht häuten: Lies dazu auf S. 244 nach!
Beschreibe die Vorgehensweise mit eigenen Worten!

Reis Trauttmannsdorff

½ l Milch 60 g Zucker 2 EL Butter 1 Prise Salz 1 TL abgeriebene Zitronenschale	Milch mit Zucker, Butter, Salz und Zitronenschale aufkochen lassen.
100 g Milchreis	Milchreis kalt abspülen und in die Milch einrühren. Zugedeckt ca. 30 Minuten ausquellen lassen, von der Herdstelle nehmen.
4 Blatt Gelatine	Gelatine einweichen, ausdrücken und nach Anleitung in den Reis einrühren. Reis auskühlen lassen.
200 g Obst (z. B. Sauerkirschen, Erdbeeren)	Obst unterheben.
1 Sahne 1 P. Vanillezucker	Zutaten miteinander steif schlagen, unter den erkalteten Reis ziehen.

Nussflammeri mit Birne

3–4 EL Haselnussblättchen	Haselnüsse ohne Fett in der Pfanne anrösten.
etwas Fett	4 runde Förmchen oder Tassen einfetten und mit den Haselnussblättern ausstreuen.
400 ml Milch 3 EL Zucker	Milch und Zucker zum Kochen bringen.
100 ml Milch 4 EL Stärke/ Puddingpulver	Milch und Stärke klumpenfrei rühren, kochende Milch von der Kochstelle nehmen und verrührtes Stärkemehl unter ständigem Rühren in die heiße Milch geben. Einmal kurz aufkochen lassen.
2 EL gemahlene Haselnüsse	Haselnüsse unterrühren.
	Flammeri in die vorbereiteten Förmchen füllen, gut abkühlen lassen.
2 reife Birnen 2 EL Zitronensaft	Birnen waschen, vierteln, entkernen, in dünne Spalten schneiden. Zitronensaft sofort über die Birnen träufeln.
Zitronenmelisse	Flammeri auf einen Teller stürzen, mit Birnenspalten anrichten, mit Zitronenmelisse garnieren.

2 Feste feiern mit Gästen

Du kannst neu dazulernen,

- dass Menüs für Einladungen bestimmte Voraussetzungen erfüllen müssen,
- mehrere Kochaufgaben so zu planen, dass sie von einer Person bewältigt werden können,
- Vorteile eines Büfetts herauszufinden,
- verschiedene Arten von Büfetts kennenzulernen,
- Regeln für die Durchführung der Arbeiten an einem Büfett zu erfahren,
- Grundsätze für den Büfettaufbau erläutern zu können,
- Planungs- und Durchführungsaufgaben zu erledigen,
- Speisen und Getränke auf Büfetts ansprechend zu präsentieren.

Kennzeichnend für jedes Büfett ist die Selbstbedienung durch die Gäste. Dies entlastet den Gastgeber im Hinblick auf Bedienungsarbeiten. Auffallend bei Büfetts ist stets das vielfältige Speisenangebot. Besonderes Augenmerk wird hierbei auf das Anrichten und Garnieren der jeweiligen Speisen gelegt. Entsprechend dem Thema eines Büfetts wird zusätzlich dekoriert. Beispiele:

- Brotbüfett mit Getreideähren, Sonnen- oder Strohblumen, Kastanien, Bucheckern ...
- Silvesterbüfett mit Spiegeln und Metallen, glitzernden Folien, Lichteffekten ...

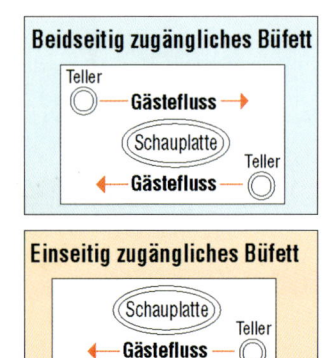

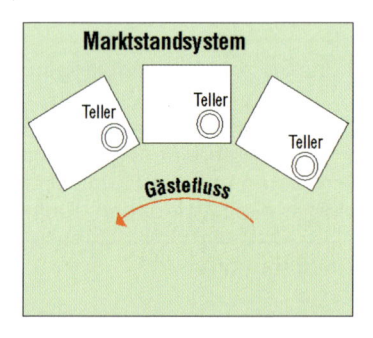

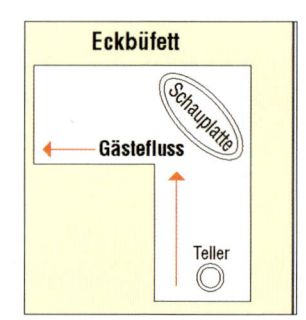

Beidseitig zugängliches Büfett
Teller — Gästefluss → Schauplatte — Teller ← Gästefluss

Einseitig zugängliches Büfett
Schauplatte — Teller ← Gästefluss

Marktstandsystem
Teller — Teller — Teller — Gästefluss

Eckbüfett
Schauplatte ← Gästefluss — Teller

Laufrichtung

Grundsätzliches:

- Die **Laufrichtung** an einem Büfett ist stets **nach links** (siehe Pfeil).
- Der **Tellerstapel** bildet den **Anfang** eines Büfetts. Besteck und Servietten werden am Ende platziert. Dadurch wird der Gast beim Entnehmen der Speisen entlastet.
- Alle angebotenen Speisen müssen zur Entnahme bereits **portioniert** sein bzw. problemlos entnommen werden können (Vorlegebesteck).

2.1 Vorteile und Arten des Büfetts

Das Büfett ist für viele Gäste der Inbegriff einer vielfältigen köstlichen und farbenprächtigen Zusammenstellung von Speisen und Getränken. Die Kreativität der Köchin/ des Koches kann hier voll zur Geltung kommen. Bei einem Büfett werden überwiegend vorportionierte kalte und/oder warme Speisen zur Selbstbedienung präsentiert.

- **Vorteile des Büfetts**

Fast alle Speisen und Getränke können in Ruhe vorbereitet werden. Eine größere Anzahl an Speisen kann zur Auswahl bereitgestellt werden. Dabei können viele Vorlieben der Gäste berücksichtigt werden (z. B. Vegetarier). Der Gastgeber hat Zeit für seine Gäste. Da sich die Gäste selbst bedienen, kann am Büfett bei der Auswahl der Speisen eine Atmosphäre der Ungezwungenheit entstehen. Dies fördert die Geselligkeit und Kommunikation. Außerdem besteht keine starre Sitzordnung. Die Gäste können sich frei gruppieren.

- **Arten von Büfetts**

Man unterscheidet:

- kalte Büfetts
- warme Büfetts
- kalt-warme Büfetts

Die Büfetts können je nach Tageszeit und Anlass unterschiedlich aufgebaut werden. Themenbezogene Büfetts finden immer größere Beliebtheit, z. B.:

- Frühstücksbüfett
- Brunchbüfett
- Kuchenbüfett
- Salatbüfett
- Dessertbüfett

2.2 Regeln für die Planung und Durchführung eines Büfetts

Bei der Herstellung des Büfetts wird nach dem ökonomischen Prinzip verfahren:
Mit begrenzten Mitteln den größtmöglichen Nutzen erreichen, d. h.:
gute Arbeitserfolge mit möglichst wenig Kraft-, Zeit-, Wege- und Geldaufwand.

Regeln:
- Bei der Planung sind Wünsche und Vorlieben der Gäste zu berücksichtigen.
- Eine schriftliche Arbeitsplanung ist für einen reibungslosen Ablauf unerlässlich.
- Arbeitsmittel und -geräte möglichst rationell einsetzen.
- Anrichtegeschirr und -besteck vorbereiten sowie reichlich Essgeschirr, Besteck, Gläser und Servietten bereitstellen.
- Für ausreichend Kühlmöglichkeit sorgen.
- Vorbereitungsarbeiten möglichst frühzeitig durchführen.

2.3 Büfettaufbau

- Dem Anlass entsprechend werden die Tische mit Tischdecken/Tüchern belegt.
- Um besondere Speisen hervorzuheben, können kleine Terrassen aufgebaut werden (z. B. Kartons, umgedrehte Teller …).
- Dekorationsmaterial (Servietten, Blumen, Kerzen …) werden dem Anlass oder dem Thema entsprechend eingesetzt.
- Das Geschirr wird am Anfang, Besteck und Servietten werden am Ende des Büfetts oder gesondert auf einem Beistelltisch aufgestellt.
- Die Speisen werden entsprechend der Menüfolge angeordnet.
- Für eine bessere Übersicht ist eine Kennzeichnung der Speisen durch kleine Kärtchen empfehlenswert.
- Für die gebrauchten Geschirrteile ist eine Ablage bereitzustellen.

Büfettaufbau

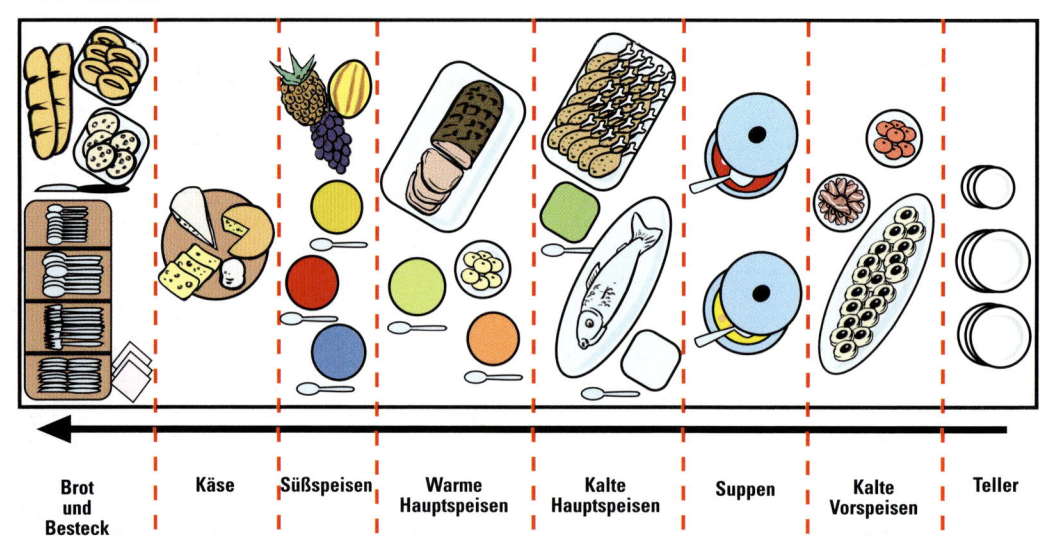

Brot und Besteck | Käse | Süßspeisen | Warme Hauptspeisen | Kalte Hauptspeisen | Suppen | Kalte Vorspeisen | Teller

Arbeitsaufträge:

A M

1. - Erstellt für 10 Personen eine Liste mit möglichen Speisen und Getränken für ein Büfett eurer Wahl!
   - Berücksichtigt dabei die finanziellen Mittel und plant den Einkauf, die Vorbereitungsarbeiten, das Dekorationsmaterial sowie das benötigte Geschirr.
   - Plant die Verteilung der Arbeiten und überlegt eine günstige Reihenfolge der Zubereitung der Speisen.
   - Überlegt euch eine effektive Präsentation der Speisen!
2. Sammelt Abbildungen von verschiedenen Büfetts aus Zeitschriften, Broschüren, aus dem Internet. Ordnet sie den einzelnen Themenstellungen (s. S. 61) zu.

2.4 Rezepte – Büfett

Mitternachtssuppe

2 EL Butterschmalz **500 g Rindergulasch** **500 g Schweinegulasch**	Butterschmalz in einem großen Schmortopf erhitzen. Das Fleisch portionsweise von allen Seiten gut anbraten.
Salz **frisch gemahlener Pfeffer** **1 Prise Zucker** **1 EL Paprikapulver** **½ TL Tabasco** **½ TL Cayennepfeffer** **2,5 l Fleischbrühe**	Gewürze zum Fleisch geben. Brühe hinzugießen, zum Kochen bringen und ca. 90 Minuten kochen lassen (Dampfdrucktopf ca. 25–30 Minuten).
250 g Zwiebeln **2 Stangen Porree (Lauch)** **2 rote Paprikaschoten** **1 Stück Knollensellerie (etwa 250 g)** **2 Karotten**	Zwiebeln putzen und in dünne Ringe schneiden. Porree putzen, waschen, in dünne Ringe schneiden. Paprikaschoten waschen, vierteln, entstielen, entkernen. Sellerie und Karotten putzen, schälen, waschen. Paprika, Sellerie und Karotten in Streifen schneiden. Alle Gemüsezutaten in die Suppe geben und nochmals 5–10 Minuten köcheln lassen.
1 Dose Kidneybohnen (425 g) **1 Dose weiße Bohnen (425 g)** **1 Dose Tomatenstücke** **1 Dose Mais (425 g)**	Bohnen (mit Flüssigkeit), Mais und Tomatenstücke kurz vor Beendigung der Garzeit hinzufügen, Suppe abschmecken.
Sahne oder Schmand **frisch gehackte Petersilie**	Mit einem Klecks Sahne oder Schmand und frisch gehackter Petersilie servieren. Dazu schmeckt frisches Baguette, Ciabatta oder Knoblauchbaguette.

Dieses Rezept kann abgewandelt werden:
Statt Rind- und Schweinefleisch können 1 kg Hackfleisch (halb Rind-, halb Schweinefleisch) angebraten werden. Die Suppe kann dadurch schneller zubereitet werden.

Käsecremesuppe (10 Pers.)

3 dicke Gemüsezwiebeln 3 Stangen Lauch	Zwiebeln putzen und in feine Würfel schneiden. Lauch putzen und in feine Streifen schneiden.
1 l Gemüsebrühe	Gemüsebrühe zum Kochen bringen, Zwiebeln und Lauch darin bissfest garen.
250 g Mett 250 g Hackfleisch	Mett und Hackfleisch anbraten und in die Suppe geben.
150 g Kräuterschmelzkäse 150 g Sahneschmelzkäse evtl. Salz, Pfeffer	Kräuter- und Sahneschmelzkäse zugeben, langsam köcheln lassen. Mit Salz und Pfeffer abschmecken.
1 kl. Dose geschnittene Champignons	Kurz vor dem Servieren zugeben, erhitzen.

- Die Suppe kann ohne Käse und Champignons gut vorbereitet und eingefroren werden.
- Statt 250 g Mett und 250 g Hackfleisch kann auch 500 g Hackfleisch genommen werden. Es muss dann mehr mit Pfeffer und Salz nachgewürzt werden.
- Eine mediterrane Gechmacksnote erhält die Suppe durch die Verwendung von Lammhackfleisch (nur als Tiefkühlprodukt erhältlich).

Wissenswertes:

- **Mett** = immer aus Schweinefleisch und gewürzt.
  Verwendung als Brotbelag mit Zwiebeln oder zu Hackbällchen.
- **Hackfleisch** ist immer ungewürzt und kann bestehen aus
  · Schweinefleisch,
  · Rindfleisch,
  · Schweine- und Rindfleisch gemischt.
  Verwendung zu allen Gerichten mit Hackfleisch.

Schinkenpastetchen

1 P. Blätterteig	Einzelne Scheiben nebeneinander auslegen und kurz antauen lassen. Scheiben halbieren und jeweils die Hälfte in eine Muffin-Form legen.
100 g Emmentaler **150 – 200 g gekochter Schinken** **200 g Sahne** **2 Eier**	Käse reiben, Schinken fein würfeln

Käse, Schinken, Sahne und Eier miteinander verrühren. |
Salz **Pfeffer**	Mit Salz und Pfeffer würzen.
Schnittlauch **Petersilie**	Schnittlauch und Petersilie dazugeben.
	Die Schinken-Käse-Masse in die Törtchen füllen und backen.

So wird der Herd eingestellt:

Einschubhöhe	2, Rost		Einschubhöhe	2, Rost
Temperatur	160 °C	**oder**	Temperatur	180 °C, vorgeheizt
Backzeit	ca. 20 – 25 Minuten		Backzeit	ca. 20 – 25 Minuten

Gekochter Schinken kann zur Hälfte ausgetauscht werden durch rohen Schinken.

Pastetchen lassen sich gut vorbereiten und können sowohl warm als auch kalt gegessen werden.

Pastetchen auf einem Teller oder einer Platte anrichten und mit frischem Blattsalat, Tomaten, Kräutern usw. garnieren.

- Blätterteig kann frisch beim Bäcker bestellt werden (frühzeitig).
- Blätterteig wird frisch in der Kühltheke angeboten.
- Blätterteig findest du als Tiefkühlprodukt.

Minischinkencroissants

4 Scheiben (à 75 g) TK-Blätterteig
6 große Scheiben (à ca. 50 g) gekochter Schinken
150–200 g mittelalter Gouda

Blätterteig auftauen lassen.
Schinken in je 4 Streifen schneiden.
Käse fein reiben.

etwas Mehl zum Ausrollen
24 gefüllte Oliven (Paprika oder Schafskäse)

Teigscheiben jeweils auf leicht bemehlter Arbeitsfläche zum Rechteck (ca. 15 x 30 cm) ausrollen.
Jede Scheibe dritteln (15 x 10 cm) und diagonal halbieren.
Jedes Dreieck mit einem Schinkenstreifen und einer Olive belegen.
Etwas Käse darüberstreuen.
Dreiecke von der Seite her aufrollen.
An einem kühlen Ort ca. 15 Minuten ruhen lassen.

1 Eigelb
1–2 EL Schlagsahne oder Kondensmilch
Backpapier

Croissants auf 2 mit Backpapier ausgelegte Bleche legen.
Eigelb und Sahne verquirlen,
Croissants damit bestreichen und backen.

So wird der Herd eingestellt:

Einschubhöhe	unterste Schiene
Temperatur	175 °C
Backzeit	ca. 15 – 20 Minuten

oder

Einschubhöhe	unterste Schiene
Temperatur	200 °C, vorgeheizt
Backzeit	ca. 15 – 20 Minuten

Rote Grütze

¼ l schwarzer Johannisbeersaft
1–2 EL Zucker
1 geh. EL Stärke

Zutaten in einem kleinen Topf klumpenfrei verrühren.
Unter ständigem Rühren zum Kochen bringen.

150 g gemischte Beeren

Topf von der Herdstelle nehmen.
Beerenmischung zugeben, unterrühren.

Rote Grütze kann mit Vanillesoße serviert werden.

Gefüllte Eier

4 Eier Eier oben und unten mit dem Eierpicker anstechen. In einem Topf mit kaltem Wasser bedeckt zum Kochen bringen. 10 Minuten kochen lassen. Eier mit kaltem Wasser abbrausen und abkühlen, anschließend pellen, Eier längs halbieren. Das Eigelb herausnehmen und weiterverarbeiten.

Senffüllung oder Tomatenfüllung (für 4 Eier)

50 g Butter **4 Eigelb**	Butter schaumig schlagen, Eigelb durch ein Sieb streichen und mit der Butter mischen.
2 TL Senf oder **1 – 2 EL Tomaten-** **ketchup** **1 EL Crème fraîche** **Salz** **Pfeffer**	Senf oder Tomatenketchup, Crème fraîche, Salz und Pfeffer mit der Eigelb-Butter-Masse verrühren, abschmecken. Masse in einen Spritzbeutel mit Rosettentülle füllen und in die Eihälften Rosetten spritzen.
Petersilie **Paprikastreifen/-** **stückchen** **Tomatenstückchen** **Sardellenstreifen** **Salatblätter**	Je nach Belieben mit einzelnen Zutaten garnieren.

Arbeitsauftrag:
Gefüllte Eier sollten gekühlt serviert und sofort verzehrt werden. Begründe!

Schichtsalat

1 kl. Glas Selleriesalat
1 kl. Dose Mais
1 kl. Dose Ananas-
   stücke
4 EL Ananassaft
2–3 süße Äpfel
6 Scheiben Koch-
   schinken
6 hart gekochte Eier
	Sellerie, Mais und Ananas
	abtropfen lassen.
	Äpfel waschen, schälen und in
	kleine Stücke schneiden.
	Schinken in Streifen schneiden
	und die gekochten Eier mit dem
	Eiteiler zerkleinern.

1 kl. Glas Salatcreme 1 Becher Joghurt 2 Stangen Lauch 300 g Goudakäse	Die Zutaten in der oben genannten Reihenfolge in eine große Glasschüssel schichten. Salatcreme und Joghurt zu einer Soße vermischen und über die Masse verteilen. Sehr fein geschnittenen Lauch darüber verteilen, leicht andrücken. Käse fein raspeln und darüberstreuen, abgedeckt und gekühlt ziehen lassen. Eventuell vor dem Servieren umrühren!

Schmeckt am besten, wenn man ihn 24 Stunden ziehen lässt!

Geflügelsalat

ca. 300 g gegartes kaltes Geflügelfleisch	Geflügelfleisch in Würfel oder Streifen schneiden.
1 kl. Dose Spargel 3 Scheiben Ananas	Spargel in 1,5–2 cm lange Stücke schneiden, Ananas zerkleinern.
4 EL Mayonnaise etwas Ananassaft etwas Zitronensaft Salz Pfeffer	Mayonnaise, Ananassaft, Zitronensaft, Salz und Pfeffer miteinander verrühren. Fleisch, Spargel und Ananas hinzugeben, vorsichtig mischen und abschmecken.
Petersilie	Salat anrichten, mit Ananas und Petersilie garnieren.

- Als Geflügelfleisch eignet sich Huhn, das für eine Hühnersuppe gekocht worden ist, oder ein kaltes gebratenes Hähnchen.

- **Das Rezept kann abgewandelt werden:**
  - filetierte Orangenstückchen statt Ananas
  - 1 kl. Dose geschnittene Champignons statt Spargel

Nudelsalat

2 l Wasser **etwas Salz** **2 EL Öl** **125 g Nudeln** **2 EL TK-Erbsen**	Wasser unter Zugabe von Salz und Öl zum Kochen bringen. Nudeln nach Packungsangabe darin kochen, in ein Sieb gießen, abtropfen lassen. Anschließend in eine große Schüssel füllen, Erbsen untermischen..
½ Paprikaschote **2 EL Mais** **1 Gewürzgurke** **1 Apfel** **frische Salatkräuter**	Paprika und Apfel waschen, entstielen, entkernen und in kleine Würfel schneiden. Gewürzgurke in feine Streifen schneiden. Paprika, Mais, Gewürzgurke und Apfel zu den Nudeln geben. Salatkräuter waschen, zerkleinern und zugeben.
Marinade: **5 EL Mayonnaise** **2 EL Essig** **2 EL Wasser** **Salz, Pfeffer** **wenig Senf**	Mayonnaise, Essig und Wasser vermischen, Nudelsalat marinieren. Mit Salz, Pfeffer und Senf abschmecken und 20 – 30 Minuten durchziehen lassen.
	Salat vor dem Umfüllen nochmals abschmecken.

Mayonnaise kann ganz oder teilweise durch Naturjoghurt, Crème fraîche usw. ersetzt werden.
Nudelsalat kann individuell je nach Geschmack und vorhandenen Zutaten abgewandelt werden durch:
• gekochten Schinken • Fleischwurst • Salami • gegarte Karottenwürfel
• Käsewürfel

Apfel-Möhren-Rohkost

1 Grundrezept **Joghurtmarinade**	Joghurtmarinade (s. S. 54) nach Anleitung zubereiten.
500 g Möhren	Möhren vorbereiten, fein raspeln.
1–2 Äpfel	Äpfel vorbereiten, fein raspeln.
	Beides gleich mit der Marinade vermengen, damit die Äpfel nicht braun werden.
evtl. 1 EL Nüsse	Nüsse dazugeben, abschmecken, anrichten.
Petersilie	Mit Petersilie garnieren.
	Schneller geht es, wenn zum feinen Raspeln die Küchenmaschine verwendet wird, vor allem bei größeren Mengen!

Tortellinisalat (6–8 Personen)

250 g Tortellini (getrocknet) oder 400 g frische Tortellini Salz	Die Tortellini in reichlich leicht gesalzenem Wasser nach Packungsanweisung nicht zu weich kochen. Anschließend mit kaltem Wasser abschrecken.
150 g Schinken, gekocht	Schinken würfeln.
2 – 4 Tomaten	Tomaten waschen, in dünne Spalten schneiden.
1 – 2 Zucchini	Zucchini waschen, grob raspeln oder in dünne Scheiben schneiden.
1 kl. Dose Mais	Mais abtropfen lassen.
Marinade: **1 B. Sauerrahm** **4 EL Mayonnaise, Essig, Salz, Pfeffer, Zucker**	Rahm mit Mayonnaise, Essig, Salz, Pfeffer und Zucker gut verrühren und abschmecken. Nudeln, klein geschnittene Zutaten und Rahmmarinade vermischen, anschließend zusammen durchziehen lassen.
frisches Basilikum	Mit Basilikum garnieren.

Tipp: Einige Zucchinischeiben nicht unter die Tortellini mischen, sondern rund um den Tellerrand anrichten und den Salat in die Mitte häufen.
Ca. 10 Kirschtomaten anstelle von herkömmlichen Tomaten geben dem Salat eine besondere Note.

Wissenswertes:

Tortellini sind knopfgroße gefüllte Teigtaschen, die ein italienischer Koch dem Nabel der Venus nachempfunden haben soll. Die kleinen rund gebogenen Taschen werden im Handel mit verschiedenen Füllungen angeboten, z. B. Spinat, Schinken, Ricotta, Fleisch. Tortellini gibt es bei uns als getrocknete Teigware oder im gekühlten Vakuumpack.

Bunter Reissalat

125 g parboiled Reis **250 ml Wasser** **Salz**	Reis in kochendem Salzwasser garen, abkühlen lassen.
ca. 4 EL Mayonnaise **etwas Gurkenessig** **etwas Mandarinensaft**	Mayonnaise, Gurkenessig und Mandarinensaft miteinander verrühren, zum abgekühlten Reis hinzugeben und vermischen.
2 Essiggurken **1 kl. Dose Mandarinen** **½ Dose Mais** **2–3 EL Erbsen**	Essiggurken in kleine Würfel schneiden, Mandarinen halbieren. Essiggurken, Mandarinen, Mais und Erbsen mit dem Reis vermischen.
Salz **Pfeffer**	Den Reissalat mit Salz und Pfeffer abschmecken, kühl stellen, gut durchziehen lassen. Danach nochmals abschmecken.
einige Mandarinenstücke **Petersilie**	Reissalat anrichten, mit Mandarinenstücken und Petersilie garnieren.

Dieses Rezept kann abgewandelt werden:
Weitere mögliche Zutaten:
- Apfel, gewürfelt
- ½ Paprika, gewürfelt
- gegarte Karottenwürfel
- Schinken-/Bratenwürfel
- kleine Schnittlauchröllchen
- statt Mayonnaise eine Essig-Öl-Marinade (s. S. 54) mit Rapsöl verwenden

Wissenswertes:

Rapsöl ist nicht nur ein Biotreibstoff, sondern hat auch in der gesundheitsbewussten Vollwert- und Feinschmeckerküche seinen Platz eingenommen.
Es ist reich an einfach und mehrfach ungesättigten Fettsäuren, Linolsäure, Linolensäure und Omega-3-Fettsäuren.
Die optimale Zusammensetzung wirkt sich positiv auf die Cholesterinregulierung sowie auf das Herz- und kreislaufsystem aus.
Rapsöl eignet sich zum Kochen, Dünsten, Backen und für Dressings.

Krabben-Spargel-Cocktail

100 g Joghurt **3 EL Mayonnaise** **etwas Sahne** **1 TL Senf** **Saft einer halben Zitrone** **Knoblauchzehe** **Salz, Pfeffer, Zucker**	Joghurt, Mayonnaise, Sahne, Senf und Zitronensaft miteinander vermengen. Knoblauch zerkleinern und dazugeben. Mit Salz, Pfeffer und Zucker abschmecken.
200 g Krabben	Krabben kurz unter kaltem Wasser abbrausen, einige zur Garnierung beiseitelegen.
Saft einer halben Zitrone	Krabben mit Zitronensaft marinieren.
1 Glas Spargelspitzen (185 g)	Spargelspitzen abtropfen lassen und in Stücke schneiden.
1 Orange	Orange waschen, schälen, filetieren und in Stücke schneiden.
2 Scheiben Ananas	Ananas in Stücke schneiden.
Salatblätter **Dill**	Alle vorbereiteten Zutaten mit der Cocktailsoße **vorsichtig** mischen. Abschmecken, in Dessertschalen anrichten, mit Salatblättern, Krabben und Dill garnieren.

Medaillons mit Speck und Pflaumen

10 Scheiben (100 g) Frühstücksspeck (Bacon)	Speckscheiben quer halbieren und ohne Fett knusprig ausbraten. Abtropfen, abkühlen.
2 Schweinefilets (ca. 750 g) **Salz** **weißer Pfeffer** **ca. 20 getrocknete Softpflaumen** **ca. 20 Cocktailspieße**	Schweinefilets waschen, evtl. erst häuten, abtupfen und in ca. 20 Medaillons schneiden. Im heißen Bratfett 3 Minuten pro Seite braten. Mit Salz und Pfeffer würzen und auskühlen lassen. Je eine Speckscheibe und getrocknete Pflaume auf die Medaillons stecken.
	Werden Medaillons kalt gegessen, serviert man dazu frische Brotsorten nach Wahl und Dipsoßen nach Belieben. Werden Medaillons warm serviert, passen am besten Kartoffelvariationen und frischer Salat der Saison dazu.

Donauwellen

Teig:
250 g weiche Butter
250 g Zucker
6 Eier
350 g Mehl
1 P. Backpulver

Butter und Zucker schaumig rühren.
Eier nach und nach zugeben.
Mehl und Backpulver mischen und unterrühren.

Die Hälfte des Teigs auf ein vorbereitetes Backblech streichen.

2 EL Kakao
1 EL Zucker nach Belieben

Kakao und Zucker unter den restlichen Teig rühren.
Die dunkle Masse nun auf den hellen Teig geben.

Belag:
1 Glas Sauerkirschen

Kirschen abtropfen lassen und auf dem Teig verteilen und leicht andrücken, backen.
Danach abkühlen lassen.

Creme:
1 P. Puddingpulver, Vanille
500 ml Milch
60–80 g Zucker
250 g weiche Butter

Puddingpulver mit Zucker und Milch nach Anweisung kochen, abkühlen lassen.
Butter und Zitronensaft schaumig rühren,
Pudding löffelweise unterrühren.
Wichtig: Fett und Pudding müssen die gleiche Temperatur haben, sonst gerinnt die Creme!
Creme auf den abgekühlten Kuchen streichen, kühl stellen.

200 g Vollmich-kuvertüre

Kuvertüre im heißen Wasserbad schmelzen und gleichmäßig über die Creme ziehen.
Trocknen lassen.

So wird der Herd eingestellt:

Einschubhöhe	2. Blech		Einschubhöhe	2. Blech
Temperatur	160 °C	oder	Temperatur	180 °C, vorgeheizt
Backzeit	ca. 30 – 35 Minuten		Backzeit	ca. 30 – 35 Minuten

Dieses Rezept kann abgewandelt werden:
Statt der Creme 3 Becher Schlagsahne mit 3 P. Sahnesteif und Puderzucker nach Belieben steif schlagen.
Auf den erkalteten Kuchen streichen.
400 g Butterkekse gleichmäßig auf der Sahne verteilen.
Kekse mit Kirschsaft tränken und mit Schokoguss überziehen.
Schmeckt leichter als die Creme, spart Zeit und das Aufschneiden bereitet weniger Mühe.

Ananas-Marzipankuchen

200 g Marzipan-Rohmasse 175 g Margarine 175 g Zucker 1 P. Vanillezucker 3 Eier	Marzipan, Margarine, Zucker, Vanillezucker und Eier schaumig rühren.
300 g Mehl 2 gestr. TL Backpulver	Mehl dazugeben und mit Backpulver unter die Schaummasse rühren.
200 g Ananas	Ananas ganz fein schneiden, unter den Rührteig heben.
	In eine gefettete oder mit Papier ausgelegte Kastenform füllen, backen.
Guss: 1 P. Schokoladenguss	Guss schmelzen, den erkalteten Kuchen damit überziehen.

So wird der Herd eingestellt:

Einschubhöhe			oder	Einschubhöhe	
Temperatur		145–175 °C		Temperatur	175–200 °C
Backzeit		60–70 Minuten		Backzeit	60–70 Minuten

Wissenswertes:

Marzipan ist nicht gleich Marzipan. Man unterscheidet zwischen dem eigentlichen Marzipan und der Marzipanrohmasse, die aus Mandeln und Zucker hergestellt wird. Marzipan besteht aus gleichen Teilen Rohmasse und Zucker. Als Qualitätskriterium dient der Zucker- und Mandelanteil:
z. B.   einfaches Marzipan   ca. 50 % Rohmasse und ca. 50 % Zucker
           Lübecker Marzipan   ca. 70 % Rohmasse und ca. 30 % Zucker
Persipan ist ein marzipanähnliches Erzeugnis, das neben Mandeln auch Pfirsich- oder Aprikosenkerne enthält und preiswerter ist.
Angebrochene Packungen werden am besten kühl und trocken aufbewahrt.

Käsekuchen mit Mandelhaube

Teig:
200 g Mehl
½ P. Backpulver
75 g Zucker
65 g Butter, zimmerwarm
1 Ei

Backpapier in Springform einklemmen, Rand fetten. Anschließend alle Zutaten der Reihe nach in eine Rührschüssel geben.
Mit den Knethaken des Rührgeräts zu einem glatten Teig kneten.
Den Teig gleichmäßig in die Springform drücken.
Der Teigrand sollte etwa 3 cm hoch sein.

Käsefüllung:
250 g Magerquark
2 Becher Schmand
⅛ l Milch
⅛ l Öl
150 g Zucker
2 EL Vanillezucker
1 P. Vanillepudding
3 Eigelb

Alle Zutaten verrühren und auf den Teig gießen.
Teigrand darf nicht höher als die Füllung sein, gegebenenfalls etwas hinunterdrücken.
Kuchen erstmals 40 bis 45 Minuten backen.

Mandelhaube:
3 Eiklar
3 EL Zucker
50 g Mandelblättchen

Eischnee schlagen, Zucker dazugeben, weiterschlagen, bis die Masse glänzt.
Masse mit einem Esslöffel auf den gebackenen Kuchen streichen.
Mit Mandelblättchen bestreuen. Kuchen nochmals 10 bis 15 Minuten backen.
Kuchen in der Form einen Tag im Kühlschrank durchziehen lassen.

So wird der Herd eingestellt:

Einschubhöhe	2, Rost		Einschubhöhe	2, Rost
Temperatur	175 °C	oder	Temperatur	200 °C, vorgeheizt
1. Backzeit	40–45 Minuten		1. Backzeit	40–45 Minuten
2. Backzeit	10–15 Minuten		2. Backzeit	10–15 Minuten

Zitronencharlotte

Biskuitteig:
5 Eier
125 g Puderzucker
2 EL Vanillezucker

Backblech mit Backpapier auslegen. Zutaten etwa 5 Minuten schaumig rühren, bis die Masse cremig ist und die Farbe deutlich heller wird.

100 g Mehl
50 g Stärke
½ TL Backpulver

Zutaten auf die Schaummasse sieben, unterheben.
Teig auf das vorbereitete Blech streichen.
In der vorgeheizten Röhre backen.

So wird der Herd eingestellt:

Einschubhöhe	2, Blech		Einschubhöhe	2, Blech
Temperatur	180 °C	oder	Temperatur	200 °C, vorgeheizt
Backzeit	10–15 Minuten		Backzeit	10–15 Minuten

So wird eine Biskuitrolle verarbeitet:

Soll der gebackene Biskuit zu einer Rolle weiterverarbeitet werden, muss er elastisch sein. Deshalb sollte vorzugsweise Ober- und Unterhitze zum Backen verwendet werden. Der Teig trocknet dabei weniger aus.

Biskuit auf Geschirrtuch (mit Zucker bestreut) stürzen. Backpapier mit kaltem Wasser bestreichen, Papier abziehen.

200 g Johannisbeergelee geschmeidig rühren. Teigplatte damit bestreichen und mithilfe des Geschirrtuchs aufrollen. Teigrolle auskühlen lassen.

Zitronencreme:
8 Blatt Gelatine

Gelatineblätter in einen kleinen Topf geben. Mit kaltem Wasser bedecken, 10 Minuten einweichen.

Grundmasse:
2 Becher Sahne
750 g Magerquark
150 g Zucker
4 EL Vanillezucker
Saft von 2 Zitronen

Sahne in einer Rührschüssel schlagen.
Restliche Zutaten dazugeben, einmal gut durchrühren.
Einweichwasser der Gelatine abgießen. Gelatine lösen – sie darf dabei nicht kochen! Temperaturausgleich machen.
Anschließend die gelöste Gelatine unter ständigem Rühren (Handrührgerät) in die Grundmasse geben.
Biskuitrolle in 1 cm breite Scheiben schneiden und eine runde, glatte Schüssel damit auskleiden. Zitronencreme einfüllen.
Mit den restlichen Biskuitscheiben bedecken.
Charlotte abgedeckt im Kühlschrank schnittfest werden lassen – möglichst einen Tag im Kühlschrank durchziehen lassen.

Tipp: Anstelle von normalem Zucker wird in Konditoreien für den Biskuitteig oft Puderzucker verwendet. Dieser löst sich beim Schlagen der Schaummasse sofort auf. Dadurch wird das Gebäck feinporiger und stabiler. Auch ein gründliches Schlagen der Schaummasse ist Grundvoraussetzung für ein gelungenes Gebäck.

Vollkornsemmeln aus Quark-Öl-Teig

100 g Magerquark **1 Ei** **5 EL Öl** **½ TL Salz**	Zutaten mischen.
300 g Vollkornmehl **1 P. Backpulver**	Mehl und Backpulver mischen, sieben und mit dem Handrührgerät unterkneten.
etwas Milch	Milch nach Bedarf zugeben. Es soll ein fester Teig entstehen.
1 EL Sonnenblumenkerne **1 TL Sesam** **1 TL Leinsamen**	Sonnenblumenkerne, Sesam und Leinsamen zugeben und alles mit der Hand durchkneten.
etwas Milch	Teig portionieren, Semmeln formen, auf ein vorbereitetes Blech geben. Mit Milch bestreichen.

So wird der Herd eingestellt:

Einschubhöhe			Einschubhöhe	
Temperatur	180 °C	**oder**	Temperatur	200 °C, vorgeheizt
Backzeit	ca. 20–25 Minuten		Backzeit	ca. 35 Minuten

Tipp: Die noch heißen Brötchen mit heißem Wasser bepinseln, damit sie einen Glanz bekommen.

Als weitere Brotsorten für ein Büfett eignen sich:
- Baguette S. 33
- Vollkorn-Stangenbrot S. 34
- Dinkelbrötchen S. 34

Bei der Zubereitung von Quark-Öl-Teig ist zu beachten:
- Es ist ein einfach herzustellender Teig, der in süßer oder salziger Variante verwendet werden kann. Alle Gebäckarten, die sich aus Hefeteig herstellen lassen, können auch mit Quark-Öl-Teig zubereitet werden.
- Für den süßen Quark-Öl-Teig gibt man nur eine Prise Salz und 80 g Zucker dazu (s. S. 98).
- Flüssiges Fett lässt sich einfacher unterkneten als das bei Mürbeteig notwendige harte Fett.
- Eine Gehzeit ist nicht erforderlich.
- Bei der Zubereitung mit der Küchenmaschine sollte der Knethaken verwendet werden, sehr gut lässt sich der Teig aber auch von Hand kneten.
- Die Auswahl sollte auf Magerquark fallen, diesen dann ausdrücken und abtropfen lassen.
- Sonnenblumenöl ist geschmacksneutral und gut für Quark-Öl-Teig zu verwenden.
- Das fertige Gebäck sollte auf Platten ohne Unterlage gegeben werden, da das Öl etwas auslaufen kann (es wird beim Abkühlen nicht fest).

2.5 Feste feiern rund ums Jahr

Du kannst neu dazulernen,
- typische Weihnachtsgewürze in ihrer Vielfalt kennenzulernen,
- den geschichtlichen Hintergrund traditioneller Speisen am Heiligen Abend kennenzulernen,
- den traditionellen Hintergrund von Bratäpfeln, Stollen und Lebkuchen zu erfahren,
- überlieferte Rezepte zu analysieren und traditionelle Gerichte zu Weihnachten zuzubereiten,
- gemeinsame Entscheidungen hinsichtlich der Zutaten und Gerichte zu treffen,
- traditionelle Weihnachtsmenüs kennenzulernen und sachgerecht zuzubereiten,
- Kennzeichen eines Festmenüs herauszustellen,
- Grundsätze bei der Zusammenstellung eines Festmenüs zu beachten,
- Speisen im Tellerservice professionell zu servieren,
- Fleischarten je nach Verwendungszweck zu verarbeiten,
- Gerichte selbstständig und fachgerecht zuzubereiten und abwandeln zu können,
- Menü- und Tischkarten zu erstellen,
- Informationen aus dem Internet in Bezug auf die religiösen Feste zu Weihnachten und Ostern einzuholen (andere Kulturkreise),
- Rezepte und Gepflogenheiten anderer Kulturkreise zu ergründen und in das Unterrichtsgeschehen mit einzubringen.

Arbeitsauftrag:
Was fällt dir zu folgenden Stichpunkten ein?

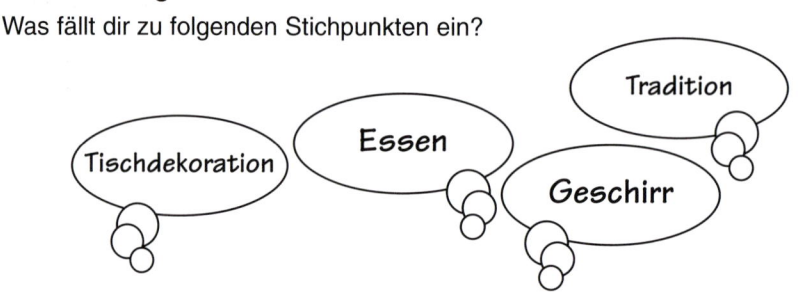

- Tischdekoration
- Essen
- Tradition
- Geschirr

Weihnachten

Alle Jahre wieder: die Düfte der Weihnachtszeit!

Auch in der heutigen modernen Zeit gehört zur Weihnachtszeit der unvergleichliche Duft von Gewürzen und Aromen. Die ersten Rezepte der Weihnachtsbäckerei, wie Honigkuchen, Lebkuchen und Printen, stammen aus dem Mittelalter. Die weihnachtliche Backtradition wurde damals besonders in Klöstern gepflegt. Die vielfältigen exotischen Gewürze wurden aus dem Orient importiert. Man bezeichnete sie alle als Pfeffer. Daraus entwickelte sich für den würzigen Honigkuchen der Name Pfefferkuchen. Zu dieser Zeit war Honig das einzige Süßungsmittel.
In der dunklen Jahreszeit hat der Genuss von „Süßigkeiten" (in Maßen) positive Auswirkungen auf den Körper und auf die Psyche.

Parcours der Gewürze

Um sich der Einzigartigkeit der einzelnen Gewürze bewusst zu werden, ist es zunächst einmal wichtig, etwas über die jeweiligen Gewürze zu wissen. Zahlreiche Erfahrungen über Sehen, Riechen und Schmecken festigen das Wissen und fördern die Unterscheidungsfähigkeit.
Wer mehr wissen will:
- Gewürze immer nur in kleinen Mengen einkaufen, da das Aroma sehr schnell verloren geht.
- Gewürze dunkel, trocken und luftdicht verschlossen aufbewahren (z. B. kleine Gläser).
- Die einzelnen Gewürze immer getrennt voneinander aufbewahren (Aromavermischung).
- Aus hygienischen Gründen zum Dosieren der Gewürze immer einen kleinen Löffel bzw. eine Messerspitze verwenden.

Muskatnuss und Muskatblüte

Die Frucht des Muskatnussbaums enthält innen einen Kern, die Muskatnuss. Diese ist von der unregelmäßig geschlitzten Muskatblüte und dem Fruchtfleisch umgeben. Da das Fruchtfleisch lediglich schützende Funktion hat, wird es nach der Ernte entfernt. Anschließend wird die Muskatblüte von der Nuss abgetrennt. Die Gewürze werden getrocknet und kommen ganz oder gemahlen in den Handel.
Geschmacklich sind sich Muskatnuss und -blüte ähnlich. Letztere weist jedoch ein feineres Aroma auf, das leicht an Zimt erinnert. Da bei der Ernte immer weniger Muskatblüte als Nuss anfällt, ist Muskatblüte relativ teuer. In der Küche sollten nur ganze Muskatnüsse Verwendung finden. Nur die frisch gemahlene Muskatnuss hat ihr optimales Aroma.

Arbeitsauftrag:
Reibe etwas Muskatnuss. Vergleiche den Geruch der frisch geriebenen Muskatnuss mit käuflichem Muskatnusspulver!

Nelken

Bei Nelken handelt es sich um die Blütenknospen des Nelkenbaums. Kurz vor dem Aufblühen werden die Knospen geerntet und getrocknet. Getrocknete Gewürznelken erinnern in ihrem Aussehen an kleine Nägel. Daher wurden die Nelken im Mittelalter Nägelein genannt. Die Qualität von Gewürznelken kann mit dem sogenannten Schwimmtest überprüft werden. Gute Nelken „stehen" senkrecht im Wasser oder gehen unter. Nelken schlechter Qualität liegen waagerecht auf der Wasseroberfläche.

Arbeitsauftrag:
Überprüfe die Qualität der Nelken mit dem Schwimmtest. Beschreibe das Ergebnis!

Koriander

Koriander ist eines der ältesten Gewürze. Bereits frühzeitig erkannte man die gesundheitsfördernde Wirkung. Erwiesen ist, dass Koriander gegen Magen- und Darmbeschwerden hilft. Neben Anis, Fenchel und Kümmel wurde Koriander damit zum klassischen Brotgewürz.
In der Weihnachtsbäckerei wird Koriander zum einen für Lebkuchen, andererseits vor allem für Aachener Printen verwendet. Diese zählen neben Spekulatius zu den einfachen, leicht herb-würzig schmeckenden Weihnachtsplätzchen.

Arbeitsaufträge:
1. Zerstoße 1/2 TL Korianderkörner im Mörser. Vergleiche den Geruch dieses Korianders mit käuflichem Brotgewürz. Was stellst du fest?
2. Probiere ein Stück Aachener Printen. Was ist für den typischen Geschmack verantwortlich?

Piment

Piment wird auch als Nelkenpfeffer bezeichnet, da es sich um die Beeren des Nelkenpfefferbaums handelt. In getrockneter Form kommen sie ganz oder gemahlen in den Handel. Piment findet man nicht nur in weihnachtlichem Gebäck, sondern beispielsweise auch in Sauerbraten, Essiggurken und Leberknödeln.
Da sich in Piment viele Würzeigenschaften verbinden, wird es auch Allgewürz genannt: Es erinnert an Gewürznelken, Muskat, Zimt und hat gleichzeitig den scharfen Geschmack des Pfeffers. Piment sollte möglichst ungemahlen gekauft werden. Die getrockneten Beeren lassen sich mit einer Pfeffermühle oder im Mörser zerkleinern.

Arbeitsaufträge:
1. Zerstoße im Mörser einige Pimentkörner!
2. Vergleiche den geschroteten Piment anschließend mit dem Geruch von Nelken, Zimt, Muskat und Pfeffer!
Welchem Gewürz ist Piment deiner Meinung nach am ähnlichsten?

Zimtrinde und Zimtstange

Zur Gewinnung von Zimt wird die Innenrinde des Zimtbaums verwendet. Grundsätzlich unterscheidet man zwei Arten:

Zimtrinde
– ausgewachsene Zimtbäume
– dicke Zimtrinde
– mittelbraune Farbe
– würzig-kräftiges Aroma

Zimtstange
– junge Zimtbäume
– dünne Zimtrinde
– mild-süßliches Aroma
– je nach Herkunft unterscheidet sich die Farbe

Zimtrinde kann als Tee aufgegossen werden und findet Verwendung bei Appetitlosigkeit und leichten Beschwerden im Magen-Darm-Bereich.
Zimtrinde wird häufig als Zusatz in Kosmetika verwendet. Bei Überdosierung kann es zu allergischen Reaktionen kommen.
Cassiazimt ist die am meisten verwendete und preiswerteste Zimtvariante, die jedoch den für Kleinkinder bedenklichen Inhaltsstoff CUMARIN enthält. Diese Zimtart kommt wie im Zimtpulver auch in vielen Fertigprodukten (z. B. Zimtsterne) vor und sollte deshalb nicht in größeren Mengen verzehrt werden. Eine Kennzeichnung der Zimtsorte in Fertigprodukten ist bisher nicht vorgeschrieben.
Reiner Ceylon-Zimt dagegen enthält nur ganz geringe Mengen Cumarin, die gesundheitlich unbedenklich sind.
Zimtstangen werden aus Ceylon-Zimt hergestellt. Eine Zimtstange besteht aus bis zu 10 dünnen Innenrinden, die ineinandergeschoben werden. Der gemahlene Zimt wird aus der Zimtrinde hergestellt. Da er von minderer Qualität ist, wird er mit Ceylon-Zimt veredelt. Gute Qualität ist somit immer an einer hellen Farbe des Zimtpulvers zu erkennen.

Arbeitsaufträge:
1. Informiere dich im Internet über die Herkunft und Verwendung der Zimtarten.
2. Zerbrösele eine halbe Zimtstange. Vergleiche den Geruch der zerbröselten Zimtstange mit gemahlenem Zimt! Was stellst du fest?

dunkles Zimtpulver
helles Zimtpulver

Anis und Sternanis

Die Besonderheit der Aniskörner ist der hohe Gehalt an ätherischen Ölen. Aufgrund ihrer verdauungsfördernden Wirkung finden die Körner Verwendung bei der Herstellung von Spirituosen. Am wohl bekanntesten ist der griechische Aperitif Ouzo – ein Anisbranntwein.

Ferner verhindert Anisöl die Entstehung von Schimmelpilzen. Neben der Geschmackgebung ist dies der entscheidende Grund für die Verwendung von Anis beim Brotbacken und in der Weihnachtsbäckerei.

Anis ist im Geschmack süßlich-würzig und äußerst intensiv. Sein typisch anisartiger Geschmack ist auch nach dem Backen unverfälscht herauszuschmecken.

Arbeitsaufträge:

1. Probiere ein Anisplätzchen!
2. Vergleiche den Geruch von ganzem und gemahlenem Anis! Warum wird für Anisplätzchen grundsätzlich der ganze Anis verwendet?

Von Adventsgestecken ist der äußerst dekorative Sternanis bekannt. In der Küche wird er nur noch selten verwendet, z. B. für Kompott, Glühwein, Marmeladen. Da Sternanis und herkömmlicher Anis nicht von derselben Pflanze abstammen, unterscheiden sie sich auch deutlich in Geruch und Geschmack.

3. Vergleiche den Geruch von Anis und Sternanis! Welchen Unterschied stellst du fest?

Ingwer

Ingwer ist eine knollige Wurzel, die sich unterirdisch verzweigt. Diese Verzweigungen werden geerntet und kommen als Ingwerwurzel frisch oder getrocknet in den Handel. Daneben ist Ingwer auch in gemahlenem Zustand erhältlich. Ingwerpulver hat jedoch den Nachteil, dass sich das Aroma sehr schnell verflüchtigt und das Gewürz dann nur noch widerlich scharf schmeckt. Praktischerweise verwendet man in der Küche getrocknete Ingwerwurzeln, die sehr lange haltbar sind. Diese werden bei Bedarf auf der Muskatreibe frisch gerieben.

Ingwer wird aufgrund seiner appetitanregenden Wirkung geschätzt und ist vorrangig in der asiatischen Küche beheimatet. Eine Sonderform der industriellen Verarbeitung ist kandierter Ingwer. Er wird in der Süß- und Backwarenindustrie verwendet. In England findet die exotische Wurzel ihre Anwendung bei der Herstellung von Ginger Ale (= Kräuterlimonade).

Arbeitsaufträge:

1. Probiere ein Stück kandierten Ingwer!
2. Wähle die Geschmacksbeschreibungen aus, die deiner Meinung nach am ehesten zutreffen!

- brennend scharf
- erfrischend
- zitronig
- aromatisch
- bitter
- würzig
- süßlich

Kardamom

Kardamom ist eines der teuersten Gewürze. Bei uns findet es hauptsächlich in der Weihnachtsbäckerei Verwendung, traditionellerweise im Gewürzspekulatius.
Gewonnen wird das Gewürz aus der getrockneten Fruchtkapsel. Diese gibt es als Kardamomkapsel zu kaufen. Das typische Aroma liefern die Kerne im Kapselinneren. Diese werden in gemahlener Form als Kardamompulver verkauft.

Da es sehr aufwendig ist, die Kapsel zu entkernen, wird Kardamom häufig im Ganzen gemahlen – dann muss die Packung folgende Aufschrift tragen: „Kardamom, in der Schale gemahlen".

Arbeitsaufträge:

1. Vergleiche folgende Packungsaufschriften. Erkläre, warum es sich bei Packung A um das hochwertigere Gewürz handelt.
2. Öffne eine Kardamomkapsel. Zerkaue langsam einen Kern. Mit welchem der folgenden Begriffe würdest du den Geschmackseindruck umschreiben?

B) Kardamom, in der Schale gemahlen

A) Kardamom, gemahlen

- mild
- stechend
- brennend
- erfrischend
- eukalyptusartig
- parfümiert
- feurig-würzig

3. Für den Gewürzspekulatius wird neben Zimt und Nelkenpulver in relativ hoher Menge Kardamom verwendet. Dies kannst du überprüfen, indem du einen Spekulatius kaust und anschließend durch den Mund tief einatmest.

Zitronat und Orangeat

Bei Zitronat und Orangeat handelt es sich jeweils um die Schalen von Zitronen und Orangen. Beide Arten werden nicht aus den üblichen Früchten hergestellt, sondern aus eigens dafür angebauten. Zitronat gewinnt man aus der Schale der 1 bis 2 kg schweren Zedrazitrone, für Orangeat verwendet man die Pomeranze oder Bitterorange. Die Schalen werden in einer hoch konzentrierten Zuckerlösung gekocht. Im Handel erhält man sie meist als Würfel. Spezielle Gewürz- und Gemüsegeschäfte bieten auch ganze Schalenstücke an.

Arbeitsaufträge:

1. Zitronat und Orangeat als gewürfelte Ware ist härter als die jeweiligen Schalenstücke. Überprüfe dies durch Drücken der kandierten Früchte.
2. Für Mutige:
   Probiert jeweils ein kleines Stück! Weshalb verwenden Feinschmecker bevorzugt Zitronat und Orangeat aus ganzen Schalenstücken?
3. Erstelle Steckbriefe der verwendeten Gewürze in der Weihnachtsbäckerei. Informiere dich im Internet und gestalte ein Plakat.

Das Essen am Heiligen Abend

Bratwürste
In vielen Haushalten wurde früher einen Tag vor dem Weihnachtsfest ein Schwein geschlachtet und zu Blut- und Leberwürsten, Presssack, Geräuchertem usw. verarbeitet. In Bayern nannte man das eigens dafür geschlachtete Schwein den Weihnachter oder die Mettensau, weil sie in der Heiligen Nacht nach dem Kirchgang (Christmette) aufgetischt wurde. Zunächst gab es die Blut- und Leberwürste mit Sauerkraut und Bratkartoffeln. Erst am darauffolgenden Tag wurde dann der Festbraten – ein Schweinebraten – serviert. Würste mit Sauerkraut und Kartoffeln läuteten damit immer ein Festessen ein. Und dies ist bis heute so geblieben. In der Pfanne gebraten oder in einem sauren Sud gegart, zählen Bratwürste bis heute zum traditionellen Essen am Heiligen Abend.

Fisch
Früher war die Adventszeit eine strenge Fastenzeit. Man bereitete sich so auf die Ankunft Christi vor. Speziell am 23. und 24. Dezember hat man nur Brotsuppe und getrocknetes Brot gegessen. Die einzige erlaubte Fastenspeise war Fisch, da er eine Sühnefunktion hat. Dadurch konnten begangene Sünden wiedergutgemacht werden. Aus diesem Grund ist es mancherorts heute noch üblich, am Heiligen Abend Karpfen zu essen.

Siedewurst mit Kartoffelsalat
In der Region um Stuttgart ist es Tradition, am Heiligen Abend Kartoffelsalat zu essen. Hierzu werden Pellkartoffeln gekocht, die noch heiß geschält und auf einer Raffel grob gerieben werden. Die Marinade besteht aus Fleischbrühe, Essig, Salz, Pfeffer, Zwiebeln und Öl. Laut Überlieferung sollte der Kartoffelsalat so fest sein, dass ein Löffel darin aufrecht stehen bleibt. Dazu gibt es Siedewürste: Wiener, Frankfurter, Knacker.

Neunerlei
Das Neunerlei ist das Traditionsessen im Erzgebirge. Dabei müssen es nicht exakt 9 Speisen oder Gänge sein. Neunerlei meint einfach eine Vielzahl an Gerichten.
Bratwürste und Sauerkraut gehören in jedem Fall dazu, denn man bleibt gesund, wenn man es gerade am Heiligen Abend isst. Weiterhin müssen Tiere aus den 3 Reichen verzehrt werden: Wasser (Karpfen oder Hering), Luft (Gans), Erde (Schwein). Dazu gibt es Selleriesalat und Rotkraut. Ganz wichtig sind die grünen Klöße, sie bedeuten „das große Geld". Als besonderer Glücksbringer sind einige davon mit einem Stück Bratwurst gefüllt. Ebenso darf „das kleine Geld" nicht fehlen. Dafür reicht man quellende Speisen wie Hirse, Linsen oder Reisbrei als Symbol für Wohlergehen und Gesundheit. Dazu gibt es Kompott aus Backobst, Heidel- oder Preiselbeeren. Den Abschluss bildet die Semmelmilch. Viele Nüsse gehören hinein. In ihnen ist neues Leben verborgen – wie auch im Apfel. Deshalb muss jedes Familienmitglied im Laufe des Heiligen Abends einen essen, um an diesen Lebenskräften teilzuhaben. Brot und Salz als wichtigste Nahrungsmittel dürfen bei diesem Festmahl nie fehlen. Beides bleibt im Tischtuch eingewickelt die ganze Heilige Nacht auf dem Tisch liegen, damit der Segen im Hause bleibt und nie Mangel herrscht.

Äpfel
Die rote Frucht ist nicht nur Symbol für Fruchtbarkeit – sie soll auch Gesundheit verheißen. Aus diesem Grund wird der Weihnachtsbaum mit Äpfeln geschmückt. Zahlreiche Apfelspeisen um die Weihnachtszeit sind darauf zurückzuführen. Der bekannteste Vertreter ist der Bratapfel.

Arbeitsaufträge:

1. Informiere dich im Internet, wie in anderen Ländern Weihnachten gefeiert wird! Formuliere kurze Merksätze zu
   - Kochen und Backen sowie deren
   - Sitten und Gebräuche.
2. Großbritanniens Weihnachtstraditionen gehen auf mehrere Jahrhunderte zurück. Versuche in Kooperation mit deinem Englischunterricht die Traditionen und Zeremonien näher aufzuzeigen und stelle sie unseren Gebräuchen gegenüber.

Das Festmenü

Vorbereitungsarbeiten für das Weihnachtsmenü

Für ein festliches Essen ist es nicht damit getan, einzig und allein das Menü zu kochen. Bereits die Präsentation der jeweiligen Gänge erfordert einen größeren Aufwand. Zudem sind umfangreichere Arbeiten im Bereich der Tischgestaltung und des Servierens zu erledigen. Dies ist von einer Person allein nicht zu bewältigen. Zwar kann bereits im Vorfeld einiges aus dem Menü zubereitet werden, können Getränke bereitgestellt und der Tisch gedeckt sein. Im entscheidenden Moment – nämlich wenn die Gäste eintreffen – wird gleichzeitig jemand zum Bewirten und Unterhalten der Gäste, aber auch für die Fertigstellungsarbeiten in der Küche benötigt. Während in der Familie einzelne Familienmitglieder Arbeiten übernehmen, hat es sich in der Gastronomie bewährt, beide Bereiche strikt voneinander zu trennen. Das Küchenteam ist ausschließlich für Zubereiten, Anrichten und Garnieren der Speisen zuständig. Das Serviceteam kümmert sich hingegen um den gedeckten Tisch, das Servieren der Speisen und den Ausschank von Getränken.

Arbeitsauftrag:

Festliche Menüs sind immer äußerst zeit- und arbeitsaufwendig. Wodurch kann Stress vermieden werden?

Zusammenstellen festlicher Menüs: Grundsätze

Generell besteht ein Menü mindestens aus drei Gängen – nämlich Vorspeise, Hauptspeise, Nachspeise. Die meisten Gestaltungsmöglichkeiten bietet die Vorspeise. Von Suppe über Salat, Gemüse, leichte Nudel- und Fischgerichte sowie Snacks kann alles gereicht werden. Es können auch zwei Vorspeisen sein. Allgemein gilt die Reihenfolge: von kalt nach warm. Den Hauptgang stellt normalerweise das Fleischgericht dar – es sei denn, es handelt sich um ein vegetarisches Menü. Abschließend folgt nach angemessenem Abstand das Dessert. Danach kann Kaffee oder Espresso angeboten werden. Diese zählen jedoch nicht als eigenständiger Menügang. Keinesfalls gibt es dazu ein Stück Kuchen oder Torte – allenfalls Konfekt, Plätzchen oder Petits Fours (= Konfektgebäck). Die Kunst einer gelungenen Menüzusammenstellung besteht in der Beachtung folgender Punkte:

- **Der Trick mit der Menge:**

Häufig schrecken die Gäste in einem Restaurant davor zurück, ein Menü zu bestellen, da sie befürchten, es mengenmäßig nicht bewältigen zu können.
Wenn mehrere Speisen zu einem Menü komponiert werden, ist darauf zu achten, dass der einzelne Gang nicht zu üppig ausfällt. Die Portionen werden schlichtweg halbiert. Damit das Ganze dann letztlich auf dem Teller nicht zu leer aussieht, ist für das Anrichten und Garnieren einiges zu berücksichtigen.
Dies beginnt bereits bei der richtigen Wahl der Teller: Groß sollten sie sein und kaum gemustert. Viele Köche der feinen Küche bevorzugen Weiß oder Schwarz; dies bringt die Farben der Speisen gut zur Geltung. Nun fehlt noch der Blickfang für das Auge, die Garnitur. Sie sollte einfach, aber wirkungsvoll sein, z. B.
– Karottenwürfel in der Suppe (Menü klassisch)
– Grapefruitfilets zum Salat (Menü originell)
– schwarze Oliven auf Nudeln (Menü exklusiv)

Um einerseits wirkungsvoll dekorieren und andererseits die Menge wirklich begrenzt halten zu können, wird im Tellerservice angerichtet.

● Das Gesetz der Abwechslung:

Damit die Speisenfolge nicht zum eintönigen Geschmackseinerlei wird, sollten sich die Speisen grundsätzlich in ihrem Mundgefühl unterscheiden. Das heißt, auf einen knackigen Salat kann ohne Weiteres Fleisch mit cremig-nussiger Soße und körnigem Reis folgen (siehe Menü originell).

Um Wiederholungen zu vermeiden, darf jedes Lebensmittel innerhalb einer Menüfolge nur einmal verwendet werden. Für das klassische Menü wäre anstelle der Pfannkuchensuppe auch eine Kartoffelsuppe denkbar. Dies scheidet jedoch aufgrund der Fächerkartoffeln im Hauptgericht aus.

Bei Grenzfällen, wie z. B. Grapefruit in der Vorspeise und Orangen im Dessert (Menü originell), ist unbedingt darauf zu achten, dass sich beide Lebensmittel in der Form unterscheiden. In beiden Fällen die Filets aus den Zitrusfrüchten zu lösen wäre nicht denkbar. Ebenso wenig sollten zur Formgebung von Speisen dieselben Gefäße verwendet werden, z. B. Timbaleförmchen für Reis im Hauptgang und Parfait im Dessert.

Das Gesetz der Abwechslung gilt letztendlich auch für die Farbe. Hierfür muss das Menü in seiner Gesamtheit (alle drei Gänge) betrachtet werden. Ungünstig wären beispielsweise die Pfannkuchensuppe und das Mangosorbet im selben Menü.

● Das Geheimnis des Geschmacks:

Die Geschmacksrichtungen der jeweiligen Gänge eines Menüs sollten sich spürbar voneinander unterscheiden. Nur so bleibt ein Menü für den Gaumen bis zuletzt interessant. Deshalb wäre folgende Zusammenstellung mit durchgängig fruchtiger Geschmacksrichtung negativ zu bewerten:
        Chinakohl mit Speck an Grapefruit (Menü originell)
        Schweinefilet mit Pfirsichen und Pfeffer (Menü exklusiv)
        Mangosorbet auf Orangen mit gebratenen Bananen (Menü originell)

Äußerst ungünstig wirkt es sich aus, wenn bereits die Vorspeise sehr scharf und deftig ist, z. B. Gulaschsuppe. Dadurch werden die Geschmacksrichtungen der folgenden Speisen überdeckt – feinere geschmackliche Abstufungen können nicht mehr wahrgenommen werden.

Arbeitsaufträge:

1. a) Lies obigen Text!
   b) Notiere in Stichpunkten, was bei der Zusammenstellung von Menüs zu beachten ist!
2. Warum sind die Menüvorschläge auf S. 86 und 87 für ein Muttertagsmenü ungeeignet?
3. Stell dir folgende Situation vor:
   Zu Weihnachten kommen die Großeltern zu Besuch – es soll festlich gekocht werden. Für welches Menü (S. 86 und 87) würdest du dich entscheiden? Begründe deine Wahl!

Wir erkennen:

Für ein gelungenes Menü muss Folgendes berücksichtigt werden:
- ● Grundsätze zur Menüzusammenstellung
- ● Lebensmittel der Saison
- ● Zielgruppe, z. B. ältere Menschen, Familie, Freunde

Vorschläge für Festtagsmenüs

Menü klassisch

Traditionellerweise wird als Vorspeise eine Suppe serviert, gefolgt vom Hauptgang aus Fleisch. Den Abschluss bildet eine cremige Mousse. Der zartherbe Schokoladengeschmack trifft mit den Kokostrüffeln und Preiselbeeren auf ein krönendes Gegenüber.

Gemüsebrühe mit Kräuterpfannkuchen

Filet traditionell mit Fächerkartoffeln und Rosenkohl

Schokoladenmousse mit Kokostrüffel an Preiselbeeren

Menü originell

Die Speisenfolge überzeugt durch interessante Kombination der Zutaten und ungewöhnliche Zubereitungen. Ein leicht angedünsteter Salat bildet den Auftakt. Die exotisch scharfe Soße des Hauptgerichts wird durch die Nachspeise fruchtig abgerundet. Das halbgefrorene Sorbet konkurriert dabei mit leicht temperiertem Obst.

Chinakohl mit Speck an Grapefruit

Schweinefilet mit Erdnuss-Sojasoße, Safranreis und Zuckerschoten

Mangosorbet auf Orangen mit gebratenen Bananen

Menü exklusiv

Anders als bei uns sind in Italien Nudelgerichte als Vorspeise üblich. Erlesene Zutaten machen die Speisen zwar edel, aber auch etwas teurer. Das Hauptgericht setzt sich mit seinem fruchtigen Pfirsichgeschmack gut vom Pesto der Vorspeise ab. Ein honigsüßes Parfait bildet das kühle Finale.

Nudeln mit Pesto

Schweinefilet mit Pfirsichen und Pfeffer, Herzoginkartoffeln und Brokkoli

Tannenhonigparfait mit Karamellsoße

Arbeitsauftrag:
Woran ist erkennbar, dass es sich bei obigen Menüvorschlägen um festliche Menüs handelt?

2.6 Rezepte für das Festmenü

Schweinefilet mit Erdnuss-Sojasoße

150 g Schweinefilet 3 EL Sojasoße 3 EL Sojaöl	Filet, wenn nötig, häuten. Fleisch mit Sojasoße und Sojaöl begießen und 15 Minuten durchziehen lassen.
2 EL Sojaöl 1/8 l Wasser 1/2 TL Brühe 1 TL Zucker 1 TL Tabasco 2 EL Sojasoße	Fleisch in Sojaöl von allen Seiten kräftig anbraten. Mit Brühe aufgießen und die restlichen Geschmackszutaten zugeben. 15 Minuten bei kleinster Hitze köcheln lassen.
1 EL Erdnusscreme 2 EL ungesalzene Erdnusskerne	Filet in Scheiben schneiden. Erdnusscreme in die Soße rühren. Erdnusskerne über das angerichtete Filet streuen.

Schweinefilet mit Pfirsichen und Pfeffer

1 Schweinefilet **Salz** **Butterschmalz**	Fleisch salzen und in heißem Fett kräftig von allen Seiten anbraten.
1 EL grüner Pfeffer (eingelegt) **⅛ l Brühe** **⅛ l Pfirsichsaft**	Pfefferkörner mit der Brühe und dem Pfirsichsaft zum Fleisch geben. Alles 15 Minuten bei niedrigster Herdeinstellung köcheln lassen.
1 gestr. EL Stärke **3 EL flüssige Brühe**	Filet in Scheiben schneiden. Stärke mit Flüssigkeit klumpenfrei anrühren, Soße damit binden.
4 Pfirsichhälften (Dose) **knapp ½ Becher Sahne**	Pfirsichhälften in der Mikrowelle erwärmen. Soße abschmecken, Sahne zugeben, Soße nicht mehr kochen lassen!

Schweinemedaillons mit Sahnesoße

8 Schweinemedaillons à 75 g **Salz, Pfeffer**	Fleisch mit Salz und Pfeffer würzen.
2 EL Öl	Öl in einer Pfanne erhitzen, Medaillons darin anbraten.
⅛ l Brühe	Brühe zugießen, Medaillons 8 Minuten garen, herausnehmen, warm stellen.
200 ml Sahne	Sahne in die Pfanne geben, aufkochen.
2 EL Soßenbinder hell	Soßenbinder einrühren, nochmals aufkochen lassen.
etwas Muskat	Mit Muskat abschmecken.
Petersilie	Petersilie darüberstreuen.

Schokoladenmousse mit Kokostrüffel an Preiselbeeren

Mousse au Chocolat ist unbestritten der absolute Spitzenreiter unter den Desserts. Aufgrund ihrer schaumig-luftigen Beschaffenheit und des süß-herben Geschmacks wurde sie zum Klassiker der Nachspeisen. Für das Gelingen des Schokoladenschaums ist es wichtig, dass die Eimasse im Wasserbad gut abgeschlagen wird. Sie darf jedoch keinesfalls zu hoch erhitzt werden, da das Ei sonst gerinnt. Das Abschlagen der Masse muss unbedingt von Hand mit dem Schlagbesen durchgeführt werden. Im Gegensatz zum elektrischen Handrührgerät bilden sich dadurch sehr viele kleine Luftporen, die für die luftig-leichte Beschaffenheit des Schokoladenschaums verantwortlich sind.

Schokoladenmousse:	
150 g Schokolade, zartbitter (Kakaogehalt mindestens 50 %)	Schokolade mit dem Messeraufsatz eines Stabmixers fein hacken.
2 Blatt Gelatine	Gelatineblätter in eine Schüssel geben. Mit kaltem Wasser bedecken, 10 Minuten einweichen.
1/8 l Milch 1 Ei 1 EL Puderzucker	Milch mit Ei und Puderzucker im Wasserbad aufschlagen. Masse vom Herd nehmen, dabei weiterschlagen. Schokolade unterrühren. Gelatine aus dem Wasser nehmen, ausdrücken. Direkt in die heiße Schokomasse einrühren. Gelatine muss sich dabei völlig auflösen. Masse etwas abkühlen lassen.
1 Becher Sahne	Sahne schlagen, unter die abgekühlte Schokomasse ziehen. Kühl stellen.
Kokostrüffel: 100 ml Sahne 1 Tafel weiße Schokolade	Schokolade zerbröckeln, mit der Sahne im Wasserbad schmelzen.
50 g Kokosraspel	Kokosraspel unter die Trüffelmasse rühren. Mindestens 6–8 Stunden zugedeckt im Kühlschrank durchziehen lassen. Trüffelmasse zu kleinen Kugeln formen.
Anrichten des Nachspeisentellers: Puderzucker Preiselbeeren	Mit 2 Esslöffeln Nocken von der Schokoladenmousse abstechen. Kokostrüffel und Preiselbeeren auf dem Teller anrichten. Mit Puderzucker besieben.

Arbeitsaufträge:
1. Beschreibe, wie Gelatine sachgerecht verarbeitet wird.
2. Sowohl die Schokoladenmasse als auch die Kokostrüffel werden im Wasserbad zubereitet. Begründe!

Die Trüffelmasse kann bereits Tage vorher vorbereitet werden und im Kühlschrank durchziehen. Da die geformten Kugeln leicht austrocknen, empfiehlt es sich, diese erst einige Zeit vor dem Verzehr herzustellen. Es ist empfehlenswert, die Mousse in das Gefrierfach zu stellen, damit die Masse schneller fertig wird.
Beachte: zwischendurch umrühren!

Tannenhonigparfait mit Karamellsoße

Parfait ist Halbgefrorenes, das im Gegensatz zu Sorbet und Eiscreme beim Gefriervorgang nicht gerührt werden muss. Dadurch kann es bereits in der Form eingefroren werden, in der es später auch serviert wird. Durch den hohen Anteil an Sahne und Eigelb bilden sich beim Einfrieren nur kleine Eiskristalle. Obgleich das rohe Eigelb ein Parfait äußerst cremig macht, erhöht es die Salmonellengefahr.

Parfait:	
50 g Mandeln, gestiftelt 100 ml Milch 50 g Tannen- oder Waldhonig 1 TL Rosenwasser	Mandeln mit einem Stabmixer fein hacken. Mandeln mit Milch, Honig und Rosenwasser in einer Schüssel verrühren.
½ Becher Schlagsahne	Sahne schlagen, unter die Mandelmasse ziehen. Masse in vier Timbaleförmchen füllen, im Gefrierfach 6–8 Stunden einfrieren.
Karamellsoße: 2 EL Zucker ½ Becher Sahne	In einem Topf Zucker trocken erhitzen, bis er schmilzt und eine goldbraune Farbe annimmt (= karamellisieren lassen). Sahne zugeben und aufkochen lassen, bis sich der karamellisierte Zucker vollständig gelöst hat.
Zum Anrichten: Krokant Kakao Physalis	Parfait 20 Minuten vor dem Servieren auf Teller stürzen. Karamellsoße seitlich zugießen. Parfait mit wenig Kakao besieben und mit Krokant bestreuen. Physalis seitlich anrichten.

Wissenswertes:

Physalis – auch Kapstachelbeere und Andenbeere genannt – wird hauptsächlich zu Dekorationszwecken verwendet. Ursprünglich in Südamerika beheimatet, wird sie heute ganzjährig aus Neuseeland und Südafrika importiert. Die Beerenfrucht ist von papierartigen, bräunlichen Blütenblättern umgeben. Physalis schmeckt leicht säuerlich und ähnelt im Geschmack der Stachelbeere. Die orangefarbene Frucht hat ihr optimales Aroma dann erreicht, wenn sie gelbliche Farbe annimmt: gegebenenfalls zu Hause bei Zimmertemperatur nachreifen lassen.

Kartoffelnudeln

500 – 600 g Kartoffeln	Kartoffeln waschen, als Pellkartoffeln im Dämpfeinsatz des Dampfdrucktopfs zubereiten. Garzeit 15 Minuten (Intensivgaren, 2. Ring). Kartoffeln pellen, noch heiß durch die Kartoffelpresse drücken, dabei flach auf dem Backbrett verteilen. Völlig auskühlen lassen.
80 g Mehl	Mehl über die Kartoffeln geben, abbröseln.
¼ TL Salz **etwas Muskat** **1 Ei**	Salz und Muskat über die Kartoffeln geben. Aus den Kartoffeln eine Grube bilden, Ei mit der Gabel einrühren. Teig rasch mit den Händen zusammendrücken. Eine Rolle von etwa 5 cm Durchmesser formen. Mit einem Messer etwa 1 cm dicke Scheiben abschneiden, diese zu Kartoffelnudeln formen.
etwas Schweinefett	Fett in einer Pfanne zerlassen. Fingernudeln portionsweise bei mäßiger Hitze backen. Kartoffelnudeln sofort servieren.

Dazu werden traditionell Sauerkraut, Apfelmus und/oder Bratwürste serviert.

Die durchgepressten Kartoffeln können problemlos einige Stunden auskühlen. Der eigentliche Kartoffelteig darf jedoch erst unmittelbar vor der Verarbeitung hergestellt werden, da er schnell klebrig wird. Teig nicht unnötig kneten.

Sauerkraut

1 kleiner säuerlicher Apfel **1 kleine Zwiebel** **1 Scheibe durchw. Speck** **1 EL Schweinefett**	Apfel schälen, vierteln, entkernen und würfeln. Zwiebel und Speck in kleine Würfel schneiden. Fett im Dampfdrucktopf erhitzen, Speckwürfel und Zwiebeln andünsten. Apfelwürfel zugeben und kurz mitdünsten.
350 – 400 g Sauerkraut **¼ l Wasser** **¼ TL Kümmelpulver** **3 – 4 Wacholderbeeren**	Sauerkraut, Wasser und Gewürze zugeben. Dampfdrucktopf schließen. Garzeit: 15 Minuten (Intensivgaren, 2. Ring).

Feine Bratäpfel mit Lebkuchenhaube an Vanillesoße

Die Adventszeit wurde früher zur Vorbereitung auf die Ankunft Christi als strenge Fastenzeit begangen. Plätzchen, Lebkuchen und Stollen gab es erst zum Weihnachtsfest.
Einzig erlaubte Näscherei war gedörrtes Obst.
Typisch für die Adventszeit war aber auch der Bratapfel, da zu dieser Jahreszeit der Herd bzw. Kachelofen täglich angeschürt wurde.
Die Äpfel gab man meist ohne Füllung in den Backofen.

2 Lebkuchen (nicht schokoliert) 3 getrocknete Aprikosen 1 EL Rosinen 3 Tropfen Rumaroma 1 Msp. Anispulver 1 Msp. Zimt 1 Msp. Nelken	Lebkuchen und Aprikosen mit einem Stabmixer fein hacken. Rosinen und geschmackgebende Zutaten untermischen.
1 Eiklar 2 EL Walnüsse, gehackt	Eiklar zu Eischnee schlagen, mit den gehackten Walnüssen unter die Lebkuchenmasse heben.
2 große Äpfel	Äpfel schälen, halbieren. Kerngehäuse mit dem Kugelausstecher entfernen.
Auflaufform, gefettet Honig	Apfelhälften in eine gefettete Auflaufform legen, Füllung darauf verteilen. Mit Honig beträufeln. In der geschlossenen Auflaufform garen.

So wird der Herd eingestellt:

Einschubhöhe	2, Rost		Einschubhöhe	3, Rost
Temperatur	180 °C	oder	Temperatur	200 °C, vorgeheizt
Backzeit	20–30 Minuten		Backzeit	20–25 Minuten

Vanillesoße

¼ l Milch Mark einer Vanilleschote 1 EL Stärke 2 EL Zucker 1 Eigelb	Alle Zutaten in einen kleinen Topf geben. Mit dem Schneebesen unter ständigem Rühren aufkochen lassen – von der Herdplatte nehmen.

Außer zu den Bratäpfeln passt die Vanillesoße auch zu roter Grütze von S. 66.

Hefekloß mit Backobstkompott

Hefekloß:
½ Würfel Hefe
1 TL Zucker
1 TL Wasser

Hefe in eine Tasse bröckeln, mit Zucker und Wasser flüssig rühren.

30 g Butter
100 ml kalte Milch

Butter in einem kleinen Topf schmelzen, vom Herd nehmen, kalte Milch zugießen.

250 g Mehl
1 Prise Salz
2 EL Zucker
1 Ei

Zutaten der Reihe nach in eine Rührschüssel geben. Flüssig gerührte Hefe und Butter-Milch-Gemisch zugießen.
Mit den Knethaken des Handrührgeräts zu einem glatten Teig kneten.
Teig ca. 30 Minuten gehen lassen.

1 Geschirrtuch
Bindfaden

Hefeteig zu länglichem Laib formen und in das Geschirrtuch wickeln.
Enden bonbonartig zusammenbinden.
In leicht kochendem Wasser 30 Minuten gar ziehen lassen.
Geschirrtuch öffnen, Hefekloß mit einem Bindfaden in Scheiben schneiden.

Backobstkompott:
250 g Backobstmischung
¼ l Apfelsaft
⅛ l Wasser
2 EL Zucker
1 Zimtstange
1 Sternanis

Zutaten im geschlossenen Topf aufkochen lassen. 20 Minuten bei geringer Hitzezufuhr köcheln lassen.
Kompott auskühlen lassen, jedoch nicht kühl stellen.

Zum Anrichten:
1 EL Mohn
2 EL Butter

Mohn im Mörser mahlen. Butter schmelzen, Mohn zugeben.
Mohnbutter über die angerichteten Hefekloßscheiben gießen.

Arbeitsauftrag:

Der Hefekloß wird in der Serviette gegart. Beschreibe die Vorgehensweise!

Quarkstollen

Der Weihnachts- oder Christstollen zählt zu den Gebildbroten. Gebildbrot heißt, dass mit Teig etwas abgebildet wird. So soll die Stollenform die Futterkrippe darstellen, in die das Jesuskind gelegt wurde. Zu den Gebildbroten zählen weiterhin z. B. gebackene Osterlämmer, Nikoläuse oder Allerheiligenspitzel.

Typisch für den Stollenteig ist die ausschließliche Verwendung teurer und edler Zutaten, mit denen man beinahe verschwenderisch umging. Für das Weihnachtsfest nur das Beste! Neben Zitronat, Orangeat und Rosinen ist die hohe Menge gehackter Mandeln und Butter auffallend. Vor allem die Butter sorgt im Stollen dafür, dass er mehrere Wochen haltbar ist. Während der Lagerung bleibt er nicht nur saftig, sondern legt auch an Aroma zu. Zusätzlich verhindert die dicke Puderzuckerschicht das Austrocknen. Der weiß gepuderte Stollen soll im übertragenen Sinn an das in Tüchern eingeschlagene Wickelkind erinnern.

500 g Mehl **1 P. Backpulver** **175 g kalte Butter**	Mehl in einer Rührschüssel mit Backpulver mischen, Butter in Stücke schneiden und mit der Teigkarte in das Mehl einhacken.
200 g Zucker **1 EL Vanillezucker** **1 Prise Salz** **1 Msp. Zimt, gemahlen** **1 Msp. Kardamom, gemahlen** **1 Msp. Muskatblüte, gemahlen** **abgeriebene Schale** **einer Zitrone** **100 g blättrige Mandeln** **100 g gehackte Mandeln** **50 g Rosinen** **100 g Zitronat** **250 g Quark** **3 Tr. Rumaroma** **2 Eier**	Zutaten der Reihe nach auf das Mehl-Butter-Gemisch geben. Mit den Knethaken des Handrührgeräts gut durchkneten. Zuletzt mit den Händen zu einem glatten Teig formen. **So wird ein Stollen geformt:** Teig zu einem Rechteck ausrollen und längs zur typischen Stollenform übereinanderschlagen. In der vorgeheizten Röhre backen. Der Stollen bäckt besser durch, wenn beim Formen auf eine flache Form geachtet wird.
Nach dem Backen: **75 g Butter** **Puderzucker**	Butter zerlassen. Den gebackenen Stollen damit bestreichen. Dick mit Puderzucker besieben.

Dieses Rezept kann abgewandelt werden:
200 g Marzipan mit 70 g Puderzucker und 2 Tropfen Rumaroma verrühren, zu einer Rolle formen und in die Mitte des Stollens mit einschlagen.

So wird der Herd eingestellt:

Einschubhöhe	2, Blech
Temperatur	= 180 °C
Backzeit	1 ¼ Stunden

Stollen sollen nicht mit Umluft gebacken werden, da sie sonst austrocknen!

Elisenlebkuchen

5 Eier **320 g Puderzucker**	Eier und Zucker schaumig rühren.
100 g Orangeat **200 g Zitronat**	Orangeat und Zitronat fein würfeln.
2 Msp. Nelken, gemahlen **2 Msp. Muskatblüte, gemahlen** **2 TL Zimt** **2 TL abgeriebene Schale einer Zitrone** **200 g geh. Mandeln** **200 g geh. Haselnüsse** **25 g geh. Walnüsse**	Alle Zutaten zur Schaummasse geben und unterrühren.
	Teig auf die Oblaten setzen. Es gibt 2 Möglichkeiten, den Teig auf die Oblaten zu geben: Mit 2 Teelöffeln Masse abstechen und auf die Oblaten setzen oder mit Spritzbeutel ohne Tülle auf die Oblaten spritzen. Rand frei lassen!
<u>Beachte:</u>	Die Lebkuchen sind fertig, wenn sie am Rand eine braune Farbe bekommen. Innen sollen Lebkuchen nicht ganz durchgebacken sein, dann bleiben sie schön saftig.
<u>Schokoglasur:</u> **200 g Schokoladenglasur** **Mandelstifte** **Pistazien** **kandierte Früchte**	Schokoladenglasur im Wasserbad schmelzen und erkaltete Lebkuchen damit überziehen. Mit Mandelstiften, Pistazien und kandierten Früchten dekorieren.

So wird der Herd eingestellt:

Einschubhöhe	2, Blech
Temperatur	175 °C vorgeheizt
Backzeit	ca. 15 – 20 Minuten

Lebkuchen sollten nicht mit Umluft gebacken werden, da sie sonst austrocknen!

Ostern – Ostersymbole

Rund um das Ostergeschehen hat sich eine umfangreiche Symbolik entwickelt. Licht und Finsternis sind beides Ursymbole der Menschheit. Im Sinne der Auferstehung wird besonders Helligkeit als Symbol für ewiges Leben verstanden. Neben der Farbe Weiß hat auch die Farbe Rot eine besondere Bedeutung. Aus christlicher Sicht steht Rot für das Leiden und das Blut Christi. Nachfolgend werden die bekanntesten Symbole kurz erklärt:

Osterkerze

Die Osterkerze wird im Gottesdienst der sogenannten Osternacht entzündet.
Das Licht steht als Symbol für die Auferstehung. Tod und Finsternis sind damit besiegt. Die brennende Osterkerze soll die Gegenwart des Auferstandenen verdeutlichen.

Osterlamm

Um die Bedeutung des Osterlamms zu verstehen, muss man etwas über das Judentum wissen. Während wir Ostern feiern, begehen die Juden das Passahfest. Hier wird an die Befreiung der Juden aus der Knechtschaft in Ägypten gedacht. Am Vorabend des Auszugs schlachtete jeder Hausbesitzer ein Lamm und bestrich die Türpfosten des Hauseingangs mit dem Blut des Lamms. Auf diese Weise wurden die Juden vor dem Racheengel verschont, der die ältesten Söhne der Ägypter tötete. So wurde für die Juden das Lamm zu einem Tier, das Leben verheißt. Jesus – auch „Lamm Gottes" genannt – nimmt mit seinem Blut am Kreuz die Sünden der Menschen fort (Darstellung s. S. 97).

Osterhase

Der Hase gilt bereits seit dem Mittelalter als Zeichen der Wachsamkeit. Da er im Gegensatz zum Menschen kein Augenlid hat, schläft er sozusagen mit „offenen Augen". Aufgrund seiner großen Ohren wird ihm nachgesagt, er könne alles hören. Das Bild des Hasen will demnach verdeutlichen: Gott ist überall – er sieht und hört alles.

Osterstrauß

Noch heute ist es üblich, im zeitigen Frühjahr Zweige ins Haus zu holen, die dann zu Ostern blühen. Die aufblühende Natur im Frühling ist für die Christen ein Symbol der Auferstehung.

Osterkranz

Ein geflochtener Zopf aus Haaren gehörte früher als Haaropfer zum Totenzeremoniell. Wird der Zopf zum Kranz geflochten, wiederholt sich das Symbol des Alten und Absterbenden, das sich mit dem Neuen und Nachwachsenden zum ewigen Kreislauf verbindet (Darstellung s. S. 98).

Osterfladen und Osterbrot (Gebildbrot)

Einige Tage vor seinem Tod feierte Jesus mit seinen Jüngern das Abendmahl. Dabei brach er das Brot in Stücke und verteilte es an seine Jünger. Dazu sprach er folgende Worte: „So wie ich dieses Brot breche, so wird auch mein Leben für euch zerbrochen werden." Auf dieses Ereignis ist die Tradition des Osterfladens (s. S. 100) zurückzuführen. Mit Blick auf das Leiden Christi besteht das Fladenbrot – der Fastenzeit angemessen – nur aus Mehl, Wasser und Salz. In manchen Kirchengemeinden wird für die Feier des Abendmahls extra das ursprüngliche Fladenbrot gebacken. Im Gegensatz dazu werden für ein Osterbrot erlesene Zutaten verwendet. Durch diese Kostbarkeiten sollte die Osterfreude über die Auferstehung zum Ausdruck gebracht werden.

Osterei

Die Schale bedeutet das Grab. Aus ihr geht ein lebendiges Wesen hervor. Damit ist das Osterei (s. S. 97) ein Sinnbild für die Auferstehung schlechthin. Insbesondere das rote Osterei steht zudem für den Leidensweg Christi.

2.7 Rezepte für Ostern

Ostereier mit Naturfarben färben

Natürliche Färbemittel (Auswahl):

Zwiebelschalen:	braun	Aus den natürlichen Färbemitteln mit Wasser einen Sud herstellen und die Eier im Sud hart kochen.
Spinat:	grün	
Kurkuma:	gelb	
Malve:	rot	

Osterlämmchen

125 g Butter	Butter schaumig rühren.
100 g Zucker 1 P. Vanillezucker 2 Eier	Zucker mit Vanillezucker wechselweise mit Eiern zugeben und zu einer cremigen Schaummasse rühren.
10 Tr. Rumaroma Salz	Die Geschmackszutaten zugeben.
80 g Mehl 40 g Stärkemehl 1 TL Backpulver	Mehl mit Stärkemehl und Backpulver mischen und gründlich unterrühren.
	Teig in vorbereitete Form füllen.

So wird der Herd eingestellt:

Einschubhöhe	2, Rost		Einschubhöhe	2, Rost
Temperatur	160 °C	**oder**	Temperatur	180 °C, vorgeheizt
Backzeit	ca. 35 Minuten		Backzeit	ca. 35 – 45 Minuten

Nach dem Backen Lämmchen etwas abkühlen lassen, dann aus der Form lösen und mit Glasur überziehen.

Helles Lamm: Puderzucker und Kokosflocken
Dunkles Lamm: Schokoglasur und Schokoladenstreusel

Arbeitsauftrag:
Suche im Internet weitere Bedeutungen für die Ostersymbole!

Grundrezept Quark-Öl-Teig (süß)

150 g Quark 5 EL Milch 5 EL Öl 80 g Zucker 1 Ei 1 Prise Salz	Zutaten mischen und glatt rühren.
1 P. Backpulver 300 g Mehl	Backpulver und Mehl mischen. $2/3$ der Mischung mit dem Rührgerät und Knethaken, $1/3$ auf dem Backbrett mit den Händen unterkneten.

Hinweise für die Zubereitung von Quark-Öl-Teig s. S. 77

Osternester/Osterkranz

4–5 Eier	Die Eier in einem Topf mit kaltem Wasser zum Kochen bringen, Hitze zurückschalten, Eier in 4 Minuten weich garen.
1 P. Eiermalfarbe	Eier nach Packungsaufschrift färben.
$1/2$ Quark-Öl-Teig (Grundrezept)	$1/2$ Rezept Quark-Öl-Teig zubereiten und in 4–5 gleich große Stücke teilen. Aus jedem Teigstück 2 dünne Rollen formen, diese miteinander verdrehen und zum Kranz legen. Den Kranz auf ein vorbereitetes Backblech legen.
1 Ei	Ei verquirlen und Kränzchen damit bestreichen. In die Mitte des Kränzchens ein gefärbtes Ei setzen.

So wird der Herd eingestellt:

Einschubhöhe	2, Blech		Einschubhöhe	2, Blech
Temperatur	180 °C	oder	Temperatur	200 °C, vorgeheizt
Backzeit	ca. 15–20 Minuten		Backzeit	ca. 15–20 Minuten

Alternative:
- Eier 10 Minuten hart kochen und dann färben.
- Während des Backens in die Mitte des Kranzes eine gesäuberte eingeölte Eihälfte (Platzhalter) setzen. Nach dem Backen vorsichtig entfernen und ein gekochtes gefärbtes Ei einsetzen.

Vorteile:
- Das Ei hat eine genauere Garzeit (keine dunklen Ränder).
- Der Teig verfärbt sich nur sehr gering (Allergien).

Kleine Osterenten

½ **Grundrezept Quark-Öl-Teig**	Teig zubereiten, auf einem Backbrett ca. ½ cm dick ausrollen und 8–10 Kreise von 8 cm Durchmesser ausstechen.
etwas Marmelade	Marmelade auf jeden zweiten Kreis geben.
1 Ei	Ei trennen, jeweils verquirlen. Teigränder mit Eiklar bestreichen. Den zweiten Kreis darauflegen, „aufeinanderkleben".

Für die Köpfe aus dem restlichen Teig etwas kleinere Kreise ausstechen und Schnäbel formen. Beides an den Kleberändern mit Eiweiß bestreichen und an die größeren gefüllten Kreise drücken.

Osterenten mit dem verquirlten Eigelb bestreichen.

4–5 Rosinen	Rosinen als Auge eindrücken, auf ein vorbereitetes Backblech geben und backen.

So wird der Herd eingestellt:

Einschubhöhe	2, Blech		Einschubhöhe	2, Blech	
Temperatur	180 °C	**oder**	Temperatur	200 °C, vorgeheizt	
Backzeit	ca. 15 Minuten		Backzeit	ca. 15–20 Minuten	

Osterbrot

1 Würfel frische Hefe **1 TL Zucker**	Hefe zerbröckeln und mit dem Zucker in einer Tasse flüssig rühren.
80 g Butter **¼ l kalte Milch**	Butter in Stielkasserolle schmelzen, vom Herd nehmen, Milch zugießen.
500 g Mehl **1 gestr. TL Salz** **5 EL Zucker, 1 Ei** **¼ TL Zitronenschalenaroma**	Zutaten der Reihe nach in eine große Rührschüssel geben, Butter-Milch-Gemisch und gelöste Hefe zugeben. Teig so lange kneten, bis er sich vom Schüsselrand löst und völlig gleichmäßige Beschaffenheit hat. Teig zugedeckt lauwarm in einer Schüssel gehen lassen (ca. 30 Minuten), bis er die doppelte Größe erreicht.

Teig nach dem Gehen nochmals durchkneten. In zwei Stücke teilen, diese zu runden Brotlaiben formen. Auf ein vorbereitetes Backblech geben und nochmals 15 Minuten gehen lassen. Brote kreuzweise einschneiden.

zum Bestreichen: etwa 60 g Butter, zerlassen	Osterbrote vor dem Backen mit Butter bepinseln. Nach dem Backen nochmals dick mit Butter bestreichen.

So wird der Herd eingestellt:

Einschubhöhe	2, Blech		Einschubhöhe	2, Blech	
Temperatur	160 °C	**oder**	Temperatur	180 °C, vorgeheizt	
Backzeit	25–35 Minuten		Backzeit	25–35 Minuten	

Osterfladen (Messbrot)

Nachfolgendes Rezept wurde von Eveline Jilek in Zusammenarbeit mit Bäckermeister Bruno Steinwender, Salzburg, entwickelt. Dieses Rezept entspricht zwar nicht exakt dem Original aus biblischer Zeit, kommt ihm aber nahe.

1 Würfel Hefe
1 TL Zucker

Hefe zerbröckeln und mit dem Zucker in einer Tasse flüssig rühren.

500 g Mehl
1 TL Salz
1/16 l Öl
300 ml Wasser

Zutaten der Reihe nach in eine große Rührschüssel geben, gelöste Hefe zugeben. Teig so lange kneten, bis er sich vom Schüsselrand löst und völlig gleichmäßige Beschaffenheit hat.
Teig zugedeckt lauwarm in einer Schüssel gehen lassen (ca. 30 Minuten), bis er die doppelte Größe erreicht hat.

Eine besondere Bedeutung kommt dem Formen zu. Dabei wird wie folgt vorgegangen:

1. Teig in zwei Hälften teilen und zu zwei runden Scheiben ausrollen.
   Durchmesser 24 cm.
   Teigscheiben auf vorbereitete Backbleche legen.

2. In der Mitte der Teigscheibe einen Kreis ausschneiden.
   Es entsteht eine innere Scheibe und ein äußerer Ring.
   Beides bleibt auf dem Blech liegen.

3. Teig sternförmig einschneiden.
   Wichtig: nicht durchschneiden!

4. Auf jedem der 16 Teigteile ein Kreuz einschneiden.

5. Die 16 Teigteile mit einem Schaschlikspieß entsprechend der Zeichnung einstechen.
   Brot mit Wasser bestreichen.

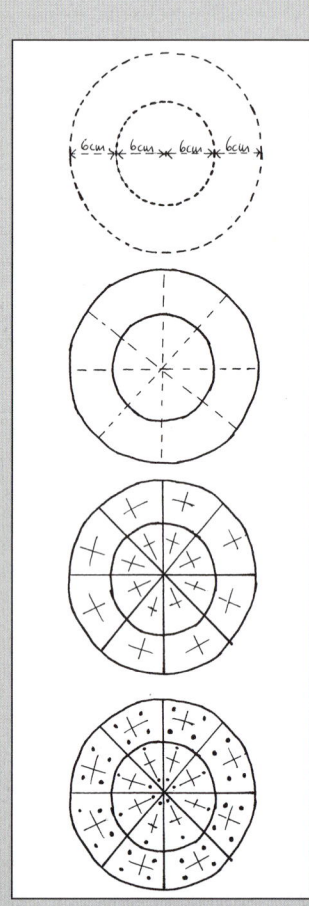

So wird der Herd eingestellt:

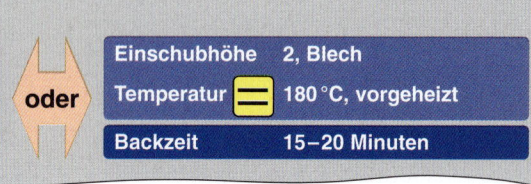

Einschubhöhe	2, Blech		Einschubhöhe	2, Blech
Temperatur	175 °C	oder	Temperatur	180 °C, vorgeheizt
Backzeit	15–20 Minuten		Backzeit	15–20 Minuten

2.8 Tischkultur (inkl. Servietten)
Anregungen zur Tischgestaltung

Anfallende Arbeiten vor dem und zum Tischdecken

- Tische und Stühle zu einer Tafel anordnen
- Tischdecken bügeln
- Besteck polieren
- Gläser bereitstellen, gegebenenfalls säubern
- Geschirr vorwärmen
- Servietten falten
- Tischdekoration auswählen und herstellen
- Getränke auswählen und ausprobieren
- Getränke am Tag des Festessens herstellen
- Den Tisch decken für

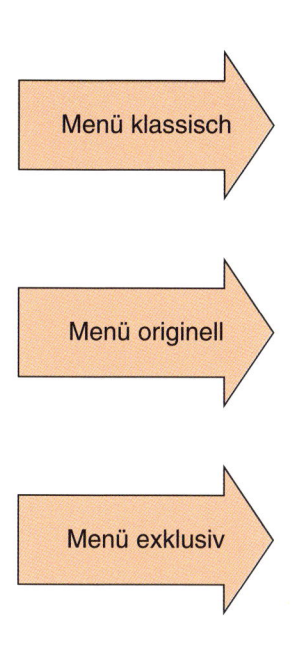

  Menü klassisch →

  Menü originell →

  Menü exklusiv →

- Getränke anbieten
- Menü servieren

Arbeitsaufträge:
1. Um planen zu können, muss zunächst entschieden werden, welche
   - Tischdekoration,
   - Serviettenfaltung,
   - Getränke gewählt werden.
2. Notiert, welche der anfallenden Arbeiten zum Tischdecken bereits eine Woche vorher vorbereitet werden können!

Servietten

In Europa gibt es erst seit etwa 300 Jahren richtige Servietten aus Stoff. Im Mittelalter wurde das bis auf den Boden reichende Tischtuch gleichzeitig als Serviette und Kleiderschutz benutzt. Ein hübsch gedeckter Tisch ist ein schöner Anblick. Eine Volksweisheit sagt: „Das Auge isst mit." Servietten zu verschiedenen kunstvollen Formen zu falten steht heute wieder hoch im Kurs. Dem Anlass und der Jahreszeit entsprechend lässt sich ein Tisch mit klassischen, extravaganten oder festlichen Serviettenformen stilvoll schmücken.

Bei Servietten unterscheidet man zwischen Stoff- und Papierservietten. Letztere werden aufgrund der niedrigeren Anschaffungskosten und des geringeren Arbeitsaufwandes bevorzugt. Im Gegensatz dazu wirken Servietten aus Stoff edel – zudem entsteht kein Abfall.

Die gefaltete Serviette wird entweder auf den Teller oder links neben das Besteck gelegt. Bei Tellerservice übernimmt die Serviette die Rolle eines Platzhalters für den Essteller.

Da die gefaltete Serviette neben dem Kleiderschutz auch als Mundtuch dient, ist auf Hygiene zu achten.

Die Seerose

1. Lege zwei Servietten übereinander und falte die Ecken zur Mitte.

2. Die entstandenen neuen vier Ecken erneut zur Mitte falten.

3. Die Servietten wenden und nochmals alle Ecken zur Mitte falten.

4. Mit dem Daumen auf die in der Mitte liegenden Ecken drücken und die unten liegenden vier Ecken hervorziehen.

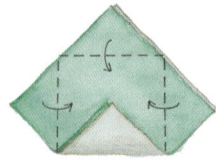

Der Osterhase

1. Die Serviette diagonal falten. Das entstandene Dreieck von der Bugkante zur Spitze aufrollen.

2. Die Serviette in der Mitte nach unten drücken. Die außen stehenden Enden als Ohren nach oben ziehen.

3. In der Mitte für ein hart gekochtes Ei (oder eine andere Überraschung) eine Mulde formen.

4. Die „Ohren" oberhalb des Rings mit einer Schleife zusammenbinden.

Die Dschunke

1. Lege zwei verschiedenfarbige Servietten aufeinander. Falte die Servietten diagonal nach oben und falze dann einen Knick in der Mitte. Öffne den Knick und wende die Form.

2. Lege die Serviette so, dass die offenen Spitzen zu dir zeigen.

3. Falte die offenen Spitzen diagonal nach oben.

4. Falte die beiden Seitenteile zur Mitte.

5. Die beiden überstehenden Flügel werden nach hinten gefaltet.

6. Nimm die Serviette in die Hand und halbiere sie so, dass die mittlere Bugkante zu sehen ist.

7. Ziehe die losen Spitzen vorsichtig nacheinander heraus.

Die Bischofsmütze

1. Halbiere die Serviette so, dass die Bugkante zu dir schaut. Dann falte die linke obere Ecke zur Mitte nach unten.

2. Anschließend die rechte untere Ecke zur Mitte nach oben falten. Es entsteht eine Raute.

3. Die Serviette um 45 Grad im Uhrzeigersinn drehen, dann wenden, sodass die Dreiecke unten liegen.

4. Nun die Raute in der Mitte nach oben falten (die Spitzen der Dreiecke sollten nach unten überstehen).

5. Das rechte Dreieck nach links halbieren und unter das linke Dreieck stecken.

6. Die Serviette wenden und Punkt 5 wiederholen.

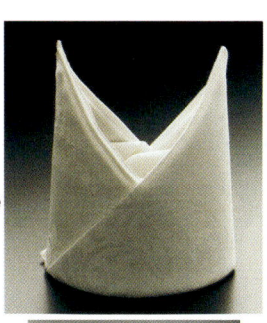

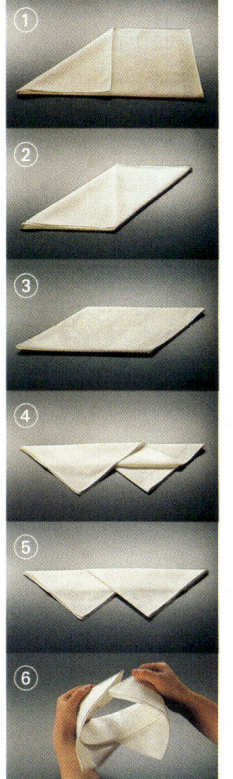

Grundsätze zum Anrichten und Servieren von Speisen:

Anrichten im Tellerservice:
Für die Anordnung der einzelnen Komponenten eines Gerichts wie
− Fleisch,
− Soße,
− Gemüse,
− Sättigungsbeilage (Kartoffeln, Reis, Nudeln)
gelten folgende Grundsätze:
- Fleisch liegt vorn auf dem Teller. Dadurch wird das Schneiden erleichtert, weil es gut zugänglich ist.
- Die Sättigungsbeilage liegt links über dem Fleisch, da Kartoffeln, Nudeln oder Reis grundsätzlich mit der Gabel aufgenommen werden.
- Rechts oben findet das Gemüse seinen Platz. Um zu verhindern, dass das Gemüse in der Fleischsoße schwimmt, wird diese grundsätzlich zwischen Fleisch und Sättigungsbeilage angerichtet.

Servieren von Speisen und Getränken:

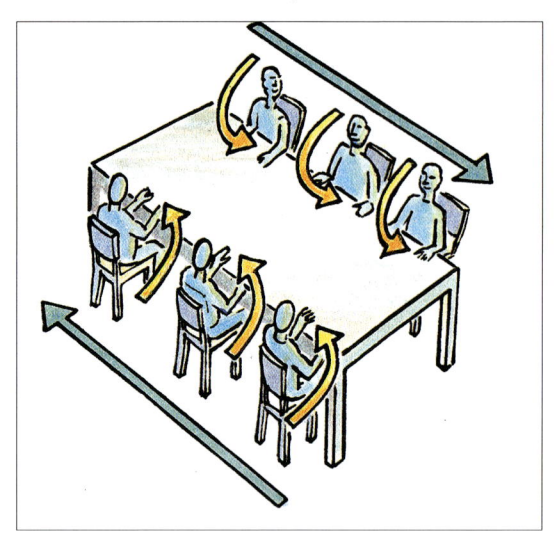

Mit dem Servieren wird erst begonnen, wenn die Gäste Platz genommen haben. Speisen und Getränke werden niemals über den Kopf des Gastes gehoben, sondern seitlich von rechts eingestellt.
So werden Getränke von rechts eingeschenkt und auf Tellern angerichtete Speisen (Tellerservice) von rechts gereicht.
Wenn die Speisen auf Anrichtegeschirr serviert werden (Plattenservice), so werden sie von links angeboten.

Bevor man zum nächsten Gang übergeht, wird abserviert. Voraussetzung dafür ist, dass jeder Essensteilnehmer das Essen beendet hat – erkennbar am parallel zusammengelegten Besteck.

Abserviert wird ebenfalls von rechts.
Um nicht jeden Teller einzeln in die Küche tragen zu müssen, wird eine zweite Person benötigt, die auf einem Tablett das benutzte Geschirr aufnimmt. In der Gastronomie wird diese Arbeit in der Regel von einer Person durchgeführt.

Arbeitsauftrag:
Erinnere dich an das Gelernte aus den Vorjahren:
Fasse noch einmal zusammen, wie Speisen angerichtet und serviert werden und nach welchen Regeln ein Tisch gedeckt wird.

2.9 EDV: Gestaltung von Texten

Du kannst neu dazulernen,
- Überschriften durch Gestaltung hervorzuheben,
- Texte durch das Einfügen von Cliparts ansprechend zu gestalten,
- Absätze durch das Einfügen von Sonderzeichen deutlich voneinander abzugrenzen,
- Beurteilungskriterien für eine gelungene Gestaltung aufzustellen.

Gestalten einer Menükarte

Bei nachfolgender Menükarte handelt es sich um eine Rohform, wie sie beispielsweise als Textvorlage zur weiteren Gestaltung auf Diskette abgespeichert ist. Durch Verwendung unterschiedlichster Gestaltungselemente lässt sich daraus eine ansprechende Menükarte erstellen.

Weihnachtsmenü

Aperitif:
Gewürzpunsch „on the rocks"

Menü:
Chinakohl mit Speck an Grapefruit

Schweinefilet mit Erdnuss-Sojasoße
Safranreis
Zuckerschoten

Mangosorbet auf Orangen mit gebratenen Bananen

Getränk zum Menü:
Ginger Ale

Arbeitsauftrag:

Entwickelt eine Einladung für Freunde zum asiatischen Menü mit einem Textverarbeitungs- und einem Grafikprogramm.

Gestaltung von Wörtern durch „WortArt"
Dies wird üblicherweise bei Überschriften und Titeln verwendet, um die Aufmerksamkeit des Lesers auf bestimmte Stellen zu lenken sowie einen bleibenden Eindruck zu hinterlassen.

Cliparts
Hierbei handelt es sich um Bilder, die themenbezogen ausgewählt und eingefügt werden. Ein Clipart sollte hinsichtlich Größe und Position dem Text angepasst werden.

Sonderzeichen
Dies sind Zeichen, die häufig gebraucht werden, jedoch nicht auf der Tastatur zu finden sind. Speziell für Menükarten werden sie benutzt, um Textpassagen voneinander abzugrenzen.
(Die genaue Vorgehensweise ist dem Benutzerhandbuch des entsprechenden Anwendungsprogramms zu entnehmen.)

Weihnachtsmenü

Aperitif:
Gewürzpunsch „on the rocks"

Menü:
Chinakohl mit Speck an Grapefruit

Schweinefilet mit Erdnuss-Sojasoße
Safranreis
Zuckerschoten

Mangosorbet auf Orangen mit
gebratenen Bananen

Getränk zum Menü:
Ginger Ale

Um einen harmonischen Gesamteindruck zu erreichen, ist es hilfreich,
- Unterüberschriften durch Schriftart und Schriftgröße, aber auch durch Fettdruck hervorzuheben,
- den gesamten Text zu zentrieren.

Wir erkennen:
- Für eine gelungene Menükarte ist eine gezielte Auswahl der Gestaltungselemente zu treffen. Ferner müssen die einzelnen Gestaltungselemente aufeinander abgestimmt werden.
- Auf gleiche Weise kannst du auch Geschenkanhänger, Rezepte und Tischplatzkarten gestalten.

Bist du fit

Bei folgenden Beispielen sind Schriftgestaltung und Clipart ungünstig aufeinander abgestimmt. Erläutere!

2.10 Rezepte

Gemüsebrühe mit Kräuterpfannkuchen

Kräuterpfannkuchen: 100 g Mehl 1/4 l Milch 1 P. TK-Kräuter (8-Kräuter-Mischung) 1 Prise Salz 2 Eier 1 EL Öl	Alle Zutaten mit einem Schneebesen in einer Rührschüssel klumpenfrei verrühren. 20 Minuten ausquellen lassen.
zum Ausbacken: wasserfreies Fett	Pfanne trocken erhitzen, danach Teig portionsweise als Pfannkuchen ausbacken. Pfannkuchen noch heiß aufrollen und als Rolle auskühlen lassen.
Gemüsebrühe: 1 Karotte 3/4 l Gemüsebrühe Salz etwas Pfeffer	Karotten schälen und in sehr kleine Würfel schneiden. Gemüsebrühe mit den Karottenwürfeln zum Kochen bringen, 5 Minuten leise köcheln lassen. Brühe sehr mild abschmecken.
	Erkaltete Pfannkuchenrollen in Scheiben schneiden. Pfannkuchenschnecken vorsichtig in Suppenteller legen, Suppe darübergeben. Sofort servieren!

Die Herstellung der Pfannkuchenrolle ist etwas für Geübte. Die Rollen gelingen umso besser, je dünner der Pfannkuchen ist und je enger er aufgerollt wird. Wichtig ist, dass die Pfannkuchenrolle vor dem Schneiden völlig ausgekühlt ist. Die Rolle kann auch gut eingefroren und nach dem Auftauen erst geschnitten werden.

Filet traditionell

150 g Schweinefilet Salz, Pfeffer	Filet evtl. häuten, mit Salz und Pfeffer würzen.
2 Scheiben durchw. Bauch, geräuchert 1 EL Butterschmalz gut 1/8 l Wasser 1/2 TL Brühe	Räucherbauch würfeln. In Butterschmalz anbraten. Filet zugeben und von allen Seiten kräftig anbraten. Wasser aufgießen, Brühe zugeben. 15 Minuten bei geringster Hitze köcheln.
1 EL flüssige Brühe 1 TL Stärke 1 EL Crème fraîche	Filet in Scheiben schneiden, abdecken und warm stellen. Stärke mit Flüssigkeit anrühren. In die kochende Soße einrühren, aufkochen lassen. Topf von der Herdplatte nehmen und Crème fraîche unterziehen.

Tomatensuppe mit Croûtons

1 Zwiebel	Zwiebel schälen, fein würfeln.
30 g Fett	Fett in einem Topf zergehen lassen. Zwiebel andünsten.
30 g Mehl	Mehl zugeben, kurz andünsten.
500 g pürierte Tomaten **750 ml Brühe**	Tomaten unter ständigem Umrühren mit dem Schneebesen zugeben. Brühe aufkochen lassen.
Salz **Pfeffer** **Thymian** **Zucker** **Tomatenmark**	Gewürzzutaten und Tomatenmark zugeben, abschmecken.
evtl. 2 EL Crème fraîche oder Schmand	Suppe mit Crème fraîche oder Schmand verfeinern.
Petersilie oder Schnittlauch	Kräuter vorbereiten, zerkleinern und über die Suppe streuen (Garnitur).

Croûtons

1 Semmel oder 2 Toastscheiben	Toastscheiben in gleichmäßige kleine Würfel schneiden.
20 g Fett	Fett in einer Pfanne erhitzen und Toastwürfel darin goldbraun anrösten.

Croûtons
Am besten extra zur Suppe servieren (weichen schnell auf)!

Festtagssuppe

Seit jeher soll es an einem Festtag etwas Besonderes zum Essen geben. Dies beginnt bereits bei der Suppe. Traditionellerweise enthält eine Festtagssuppe Grieß-, Mark- und Leberklößchen – aber auch Flädle aus Pfannkuchen. In Schwaben besteht man auf Maultaschen.

Knochenbrühe:

1,5 l Wasser	Rinderknochen waschen,
750 g Rinderknochen/ Beinscheibe	in kaltem Wasser im Dampfdrucktopf ansetzen. Gemüse grob zerkleinern,
1 Karotte	mit den Kräutern und Gewürzen zusammen zu den
1 Zwiebel mit Schale	Knochen geben.
1/4 Sellerieknolle	45 Minuten garen (Intensivgaren, 2. Ring).
2 EL eingesalzene Kräuter	Nach dem Öffnen des Dampfdrucktopfs Brühe abseihen.
2–3 Lorbeerblätter	Das Gemüse und die Knochen werden nicht weiter
1 EL schwarze Pfefferkörner	mitverwendet. Knochenbrühe abschmecken und, falls nötig, entfetten.

Anmerkung zu Rezeptmengen:

Die Knochenbrühe muss von jeder Kochgruppe zubereitet werden. Die Suppeneinlagen sind auf die jeweiligen Kochgruppen zu verteilen.

Suppeneinlagen

Grießklößchen:

1/8 l Milch 1 EL Butter, 1 Prise Salz	Milch mit Butter und Salz in einem kleinen Topf zum Kochen bringen.
50 g Grieß	Grieß in die kochende Milch einstreuen. Rühren, bis ein Teigklumpen entsteht. So lange weiterrühren, bis sich am Topfboden eine weiße Schicht bildet (= abbrennen).
1 Ei 1 Msp. Muskat	Teig in eine Schüssel geben. Mit dem Handrührgerät Ei und Muskat unterkneten, bis wieder ein glatter Teig entsteht. Mit nassen Händen kleine Klößchen formen. 20 bis 25 Minuten in schwach kochendem Salzwasser ziehen lassen.

Grünkernklößchen:

1/8 l Milch 1 EL Butter, etwas Salz 1/2 TL Curry	Milch, Butter und Gewürze zum Kochen bringen.
70 g Grünkernschrot	Grünkernschrot in die kochende Milch einstreuen. Rühren, bis ein Teigklumpen entsteht. So lange weiterrühren, bis sich am Topfboden eine weiße Schicht bildet (= abbrennen).
1 Ei	Teig in eine Schüssel geben. Mit dem Handrührgerät das Ei unterkneten, bis wieder ein glatter Teig entsteht. Mit nassen Händen kleine Klößchen formen. 20 bis 25 Minuten in schwach kochendem Salzwasser ziehen lassen.

Käsebiskuit:

4 Eier 1 Prise Zucker, ¼ TL Salz 2–3 Tropfen Zitronensaft	Backpapier in eine Springform einklemmen. Rand nicht fetten. Zutaten schaumig rühren, bis die Masse cremig ist und die Farbe deutlich heller wird.
8 EL Mehl 4 EL Parmesan, gerieben	Zutaten zur Schaummasse geben, unterheben. Teig in die vorbereitete Springform füllen und in der vorgeheizten Röhre backen. Käsebiskuit nach dem Backen in Würfel von etwa 1 cm Kantenlänge schneiden.
1 EL Schnittlauchröllchen	Suppe vor dem Servieren mit Schnittlauchröllchen bestreuen.

So wird der Herd eingestellt:

Einschubhöhe	2, Rost		Einschubhöhe	2, Rost	
Temperatur	180 °C	oder	Temperatur	200 °C, vorgeheizt	
Backzeit	8–10 Minuten		Backzeit	8–10 Minuten	

Käse-Dreispitzchen

250 g Mehl 125 g Margarine 1 TL Salz 1 Prise Zucker 1 Ei	Aus den angegebenen Zutaten einen Mürbeteig herstellen. Teig zwischen zwei Folien zu einer 3 mm dünnen Teigplatte auswellen.
20 g gek. Schinken 20 g Gouda 1 EL Crème fraîche ¼ TL Kräutersalz	Schinken und Käse mischen. Die Masse mit Crème fraîche und Kräutersalz abschmecken.
	Gleiche Anzahl von Teigkreisen mit 6 cm Durchmesser und 1 cm Durchmesser ausstechen. Etwas Schinkenmasse in die Mitte der 6 cm großen Kreise setzen.
Beachte:	Nicht zu viel Masse verwenden, da sie sonst herausquillt.
1 Eiweiß	Plätzchenränder mit Eiweiß bestreichen, Plätzchen zu einem Dreispitz formen. Die Mitte ebenfalls mit Eiweiß bestreichen. Die kleinen Plätzchen in die Mitte setzen.
1 Eigelb 1 TL Milch	Eigelb mit Milch verquirlen, Plätzchen damit bestreichen.
2 TL Sesam	Plätzchen mit Sesam bestreuen, auf ein vorbereitetes Backblech setzen, backen.

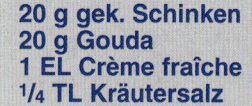

So wird der Herd eingestellt:

Einschubhöhe	2, Blech		Einschubhöhe	2, Blech	
Temperatur	180 °C	oder	Temperatur	200 °C	
Backzeit	ca. 15–20 Minuten		Backzeit	ca. 15–20 Minuten	

Lachsfilet in Wirsing-Blätterteigmantel mit Meerrettichsahne

1P. TK-Blätterteig (450 g)	Blätterteig nach Angaben auftauen, ca. 1/3 des Teigs für die spätere Garnitur beiseitelegen. Rest auf einer leicht bemehlten Arbeitsfläche übereinanderlegen und auf 30 x 30 cm ausrollen.
1 kl. Kopf Wirsing (ca. 750 g)	Wirsing putzen, waschen und in Streifen schneiden.
1 Zwiebel **2 EL Margarine** **Salz, Pfeffer, Muskat**	Zwiebel schälen und fein würfeln. Wirsing und Zwiebeln in Margarine andünsten. Mit Salz, Pfeffer und Muskat würzen.
1/8 l Wasser	Wasser zugießen, ca. 8 Minuten garen, abschließend abtropfen lassen.
500 g Lachsfilet **2 EL Zitrone** **Salz, Pfeffer**	Lachsfilet waschen, trocken tupfen. Zitrone über das Lachsfilet träufeln. Mit Salz und Pfeffer würzen.
	Die Hälfte des Wirsings auf eine Teighälfte geben. Lachs und den Rest des Wirsings daraufgeben.
1 Ei	Ei trennen, beide Teile jeweils leicht verquirlen.
	Teigkanten mit Eiklar bestreichen, zweite Teighälfte darüberschlagen. Ränder gut andrücken. Backblech kalt abspülen und den Teig dann vorsichtig darauflegen.
	Rest des Blätterteigs leicht ausrollen, Figuren ausstechen. Mit Eiklar bestreichen, auf den Teig kleben. Alles mit dem verquirlten Eigelb bestreichen. **2 Löcher** in den Blätterteig ritzen, **im vorgeheizten Ofen backen.**
Meerrettichsahne **100 g Sahne** **1 EL Meerrettich** **Zitronensaft**	Sahne schlagen, Meerrettich unterheben, mit Zitronensaft abschmecken.

So wird der Herd eingestellt:

Einschubhöhe	2, Blech		Einschubhöhe	2, Blech
Temperatur	170 °C	oder	Temperatur	200 °C, vorgeheizt
Backzeit	ca. 40–60 Minuten		Backzeit	ca. 40–60 Minuten

Gebratene Entenbrust

2 Entenbrüste	Entenbrüste waschen und trocken tupfen.
Salz **Pfeffer**	Mit Salz und Pfeffer würzen.
1 Zwiebel **½ Bund Suppengrün/ Wurzelwerk**	Zwiebel und Suppengrün vorbereiten und würfeln.
etwas Wasser	Wasser und die gewürzten Entenbrüste mit der Fettseite nach unten in einen Bräter oder eine feuerfeste Form geben und in die vorgewärmte Backröhre schieben. Das Fett tritt aus und wird so zum Bratfett. Zwischendurch einmal wenden. Zwiebel und Suppengrün/Wurzelwerk zugeben und kurz mitbraten.
¼ l heiße Brühe	Heiße Brühe zugießen.
	Nach ca. 45 Minuten eine Garprobe durchführen und gegebenenfalls Fleisch aus der Röhre herausnehmen und zugedeckt 5–10 Minuten ruhen lassen.
2 TL Mehl **etwas Wasser**	Aus Wasser und Mehl Teiglein herstellen, Soße damit binden.
2–3 EL Crème fraîche, Schmand oder saure Sahne **1 EL Preiselbeeren**	Crème fraîche, Schmand und Preiselbeeren unterrühren.
Salz **Pfeffer**	Soße mit Salz und Pfeffer abschmecken.
	Entenbrust in Scheiben schneiden, anschließend auf einer vorgewärmten Platte anrichten.
½ Orange **Preiselbeeren**	Orangen in Scheiben schneiden. Entenbrust mit Orangenscheiben und Preiselbeeren garnieren.

So wird der Herd eingestellt:

Einschubhöhe	2, Rost		Einschubhöhe	2, Rost
Temperatur	180 °C	oder	Temperatur	200 °C
Backzeit	ca. 45 Minuten		Backzeit	ca. 45 Minuten

Rinderschmorbraten

1 Bund Suppengrün/ Wurzelwerk	Suppengrün vorbereiten, grob zerkleinern.
1 Zwiebel	Zwiebel schälen, grob in Würfel schneiden.
750 g Rindfleisch (z. B. Bug, Schulter, Keule)	Fleisch kurz kalt waschen, mit Küchenkrepp trocken tupfen.
Salz, Pfeffer, Paprika	Mit Gewürzen Fleisch von allen Seiten würzen.
20 g Fett (oder 1 EL Öl)	Fett im Dampfdrucktopf erhitzen, Fleisch auf allen Seiten anbraten.
	Suppengrün/Wurzelwerk und Zwiebel zugeben, anbräunen.
¼ l heiße Brühe	Mit Brühe aufgießen.
	Im Dampfdrucktopf ca. 30 Minuten garen.
Soße: 3–4 EL kaltes Wasser 1 EL Mehl	Wasser mit Mehl anrühren/Mehlteiglein herstellen. Brühe damit binden, aufkochen lassen.
	Fleisch gegen die Faser in dünne Scheiben schneiden, auf vorgewärmter Platte anrichten. Etwas Soße über das Fleisch geben, garnieren.
	Die restliche Soße in Soßenschüssel geben.

Dieses Rezept kann abgewandelt werden:
Die Soße kann statt mit Mehl und Wasser auch mit 2 Esslöffeln Rahm, Salz, Pfeffer und Würzmittel (Bratsaft) hergestellt werden. Rahm einfach zur Soße geben und mit Gewürzen abschmecken.

Verwendung von Rindfleischteilen

Bug
Gulasch
Ragouts
Schmorfleisch
Hackfleisch

Hochrippe
Braten
Schmorfleisch
Rinderkoteletts

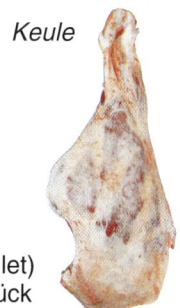

Keule
Rouladen
Steaks (Filet)
Schmorstück

Rindfleisch, gekocht

1 Bund Suppen-grün/Wurzelwerk	Suppengrün/Wurzelwerk vorbereiten, grob schneiden.
1 Zwiebel	Zwiebel schälen, grob in Würfel schneiden.
1 TL Salz 1½ l Wasser	Wasser und Salz hinzufügen und im Dampfdrucktopf alles zusammen aufkochen.
500 g Rindfleisch (z. B. Bug, Keule)	Fleisch kurz kalt waschen, in die kochende Brühe geben, garen.
	Garzeit: Kochtopf ca. 60–90 Minuten Dampfdrucktopf 30 Minuten
	Fleisch aus der Brühe nehmen, ca. 5 Minuten zugedeckt warm stellen.
	Fleisch quer zur Faser in ca. 1 cm dicke Scheiben schneiden. Fleisch vor dem Schneiden ruhen lassen, dadurch wird Saftverlust verhindert!
	Mit etwas heißer Brühe anrichten, garnieren.
	Brühe für Suppen oder Soßen verwenden!
	Dazu schmeckt gut: • Meerrettichsoße • Senfsoße • evtl. Tomatensoße • Pilzsoße

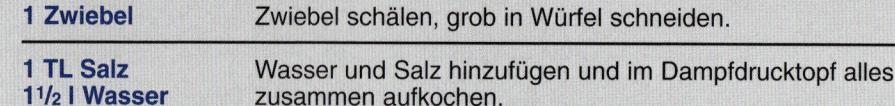

Tomatensoße/Meerrettichsoße/Senfsoße

½ Zwiebel	Zwiebel schälen, fein würfeln.
30 g Fett (Margarine)	Fett in einem Topf (Größe ca. 2 l) erhitzen. Zwiebel hinzugeben, glasig werden lassen.
30 g Mehl	Mehl darüberstäuben, etwas anrösten.
Je nach Soßenart: Tomatenmark, Meerrettich oder Senf zugeben, mitdünsten. **1 Dose (ca. 70 g) Tomatenmark oder 4 EL geriebener Meerrettich oder 4 EL Senf**	
½ l kalte Brühe	Brühe langsam unter ständigem Rühren mit dem Schneebesen zugeben, **mindestens 5 Minuten** durchkochen lassen.
½ TL Salz 1 Prise Zucker	Mit Salz und Zucker abschmecken.
2 EL Sahne	Sahne zum Verfeinern zugeben. In vorgewärmter Soßenschüssel anrichten.
	Als besondere Geschmackszutat kann Thymian nach Belieben zur Tomatensoße gegeben werden.

Pilzsoße

3 (ca. 150 g) Zwiebeln	Zwiebeln schälen, fein würfeln.
500 g frische Pilze, z. B. Champignons	Pilze waschen, putzen, in feine Scheiben schneiden (evtl. mit Eierschneider).
40 g Fett (z. B. Margarine)	Fett in einem Topf (Größe ca. 21 cm) erhitzen. Zwiebeln andünsten, Pilze zugeben, noch einmal zusammen dünsten.
30 g (ca. 3 EL) Mehl	Mehl darüberstäuben, durchrühren.
½ TL Salz **1 Prise Pfeffer**	Mit Salz und Pfeffer würzen.
½ l kalte Brühe	Brühe unter Rühren langsam zugießen.
	Bei schwacher Hitze **ca. 10 Minuten kochen.**
3 EL Sahne	Sahne zum Verfeinern zugeben, abschmecken.
1 EL (ca. 10 g) Petersilie	Petersilie fein hacken.
	In vorgewärmter Soßenschüssel anrichten, mit Petersilie garnieren.
Tipp	Passt gut zu Serviettenkloß/Semmelknödel, Schweinemedaillons, allem kurz gebratenen Fleisch und zu Nudeln.

Wissenswertes:

Zuchtchampignons
Die kleinen und mittelgroßen Champignons werden im Ganzen oder zerkleinert gebraten.
Beim Einkauf sollte man darauf achten, dass die Pilze möglichst dickfleischig sind. Nicht zu empfehlen sind beschädigte, verschrumpelte, schmierige und fleckige Champignons. Frische Champignons sollten erst kurz vor der Zubereitung mit einem feuchten Küchenpapier oder unter fließendem Wasser gereinigt werden. Anschließend trocken tupfen, damit sie kein Wasser ziehen.
Champignons enthalten Vitamin B_2 und reichlich Kalium.

Kartoffelklöße, gekocht

1 kg mehlig kochende Kartoffeln	Kartoffeln mit Schale kochen, pellen und durch eine Kartoffelpresse drücken. Anschließend abgedeckt abkühlen lassen.
100 – 150 g Mehl/ Kartoffelmehl 2 Eier Salz Pfeffer Muskat	**Beachte:** Die Mehlmenge sollte von der Bindefähigkeit der Kartoffel abhängig gemacht werden. Mehl und Eier zu den Kartoffeln geben, rasch zu einem Teig verkneten. Mit Salz, Pfeffer und Muskat abschmecken.
20 g Semmelwürfel Butter	Semmelwürfel mit Butter goldgelb rösten.
4 l Salzwasser	Salzwasser in einem großen flachen Topf zum Kochen bringen.
	Einen Probekloß füllen und formen, garen, evtl. noch etwas Mehl unterkneten. Restlichen Teig auf einem bemehlten Brett zu einer dicken Rolle formen, in 8 – 10 Scheiben schneiden. Einige Brotwürfelchen auf die Scheiben legen, Kartoffelteig rundherum zusammendrücken und mit bemehlten Händen daraus gleichmäßige runde Klöße formen. Ins kochende Salzwasser gleiten lassen, kurz aufkochen, anschließend **herunterschalten**. Mit halb aufgelegtem Deckel 15 – 20 Minuten **gar ziehen** lassen. Die fertigen Klöße mit einer Schaumkelle herausnehmen, abtropfen lassen. In eine vorgewärmte Schüssel eine umgedrehte Untertasse geben (das Restwasser kann so gut ablaufen). Die Klöße darin servieren.
geh. Petersilie	Mit Petersilie garnieren.

Dieses Rezept kann abgewandelt werden:
Die Klöße können zusätzlich mit gerösteten Zwiebeln und Kräutern gefüllt werden.

Semmelknödel

8 altbackene Semmeln	Semmeln in feine Scheiben schneiden, in eine Schüssel geben.	
½ TL Salz	Salz zugeben.	
½ l Milch	Milch erhitzen, über die klein geschnittenen Semmeln geben, wenden, zugedeckt durchziehen lassen.	
1 kleine Zwiebel	Zwiebel schälen und fein würfeln.	
½ Bund Petersilie	Petersilie fein hacken.	
20 g Fett	Fett in der Pfanne erhitzen, Zwiebel und Petersilie darin andünsten, anschließend abkühlen lassen.	
3 Eier	Eier zu dem Teig geben, Zwiebel und Petersilie hinzufügen, mit Knethaken zu einem Teig verarbeiten.	
Salz Muskat	Mit Salz und Muskat abschmecken.	
ca. 2 l Salzwasser	Salzwasser in einem breiten Topf zum Kochen bringen.	
	Mit nassen Händen einen Probeknödel formen und garen.	
Semmelbrösel	Semmelbrösel bei Bedarf zugeben.	
	Teig portionieren, mit nassen Händen Knödel formen und ins kochende Wasser geben. **15–20 Minuten im halb offenen Topf gar ziehen.** Mit einem Schaumlöffel herausnehmen, abtropfen lassen und auf einer vorgewärmten Platte servieren.	
Petersilie	Mit gehackter Petersilie garnieren, sofort servieren.	

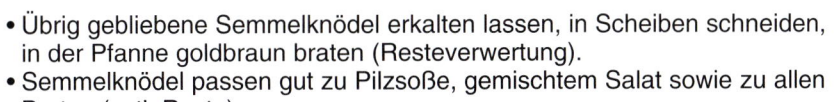

- Übrig gebliebene Semmelknödel erkalten lassen, in Scheiben schneiden, in der Pfanne goldbraun braten (Resteverwertung).
- Semmelknödel passen gut zu Pilzsoße, gemischtem Salat sowie zu allen Braten (evtl. Reste).

Serviettenkloß

4 altbackene Semmeln	Semmeln würfeln.
1/8 – 1/4 l heiße Milch	Milch darübergießen, ziehen lassen.
1 kleine Zwiebel **1/2 Bund Petersilie**	Zwiebel und Petersilie vorbereiten, fein würfeln/ hacken.
30 g Butter	Butter in der Pfanne erhitzen, Zwiebel und Petersilie darin andünsten, etwas abkühlen lassen, zu den Semmeln geben.
100 g Mehl **1/4 l Milch, 2 Eier** **etwas Salz, Muskatnuss**	Aus Mehl, Milch und Eiern Pfannkuchenteig herstellen, mit Salz und Muskat abschmecken. Teig mit den Semmeln vorsichtig vermischen, ca. 1/2 Stunde ruhen lassen.
Mikrowellenfolie	Masse je nach Durchmesser des Topfs teilen. In doppelte Mikrowellenfolie einwickeln. An den Enden verzwirbeln und nach unten schlagen.
reichlich Salzwasser	Salzwasser zum Kochen bringen, Masse 20 – 30 Minuten leicht köcheln lassen, zwischendurch einmal wenden.
	Mit einem Schaumlöffel herausnehmen, ein verzwirbeltes Ende abschneiden, vorsichtig auf eine vorgewärmte Platte gleiten lassen, in Scheiben schneiden.
Petersilie	Mit Petersilie garnieren.

Herzoginkartoffeln

500 – 600 g Kartoffeln **1/4 l Wasser** **etwas Salz**	Kartoffeln waschen, schälen, längs vierteln. Im Dämpfeinsatz des Dampfdrucktopfs 15 Minuten garen (Intensivgaren, 2. Ring).
1 EL Butter **1 Ei** **etwas Muskat**	Salzwasser abgießen. Kartoffeln mit der Butter in eine Rührschüssel geben und mit den Rührbesen des Handrührgeräts zu einem glatten Teig rühren. Ei und Muskat zugeben, nochmals durchrühren. Die Masse in einen Spritzbeutel füllen. Auf ein vorbereitetes Blech sofort Kartoffelrosetten spritzen. Im vorgeheizten Backrohr backen. **Wichtig:** sofort servieren!

Tipp: Ist der Kartoffelteig fertig, müssen sofort die Rosetten auf das Blech gespritzt werden. Anschließend kann man jedoch noch eine gute Stunde mit dem Backen warten.

So wird der Herd eingestellt:

Einschubhöhe	3, Blech		Einschubhöhe	3, Blech
Temperatur	180 °C	**oder**	Temperatur	200 °C, vorgeheizt
Backzeit	20 – 25 Minuten		Backzeit	20 – 25 Minuten

Petersilienkartoffeln

4–8 Kartoffeln Salz	Kartoffeln waschen, schälen, vierteln. Kartoffeln in einen Topf geben. Mit Wasser bedecken, salzen, 20 Minuten garen.
1 EL Butter 1–2 EL frisch gehackte Petersilie	Wasser abgießen. Butter und Petersilie zugeben. Kartoffeln bei geschlossenem Topf in Butter und Petersilie schwenken.

Safranreis

1 Tasse Reis 2 Tassen Wasser 1 Prise Salz etwas Safran	Zutaten in einem kleinen Topf zum Kochen bringen, 10 Minuten köcheln lassen. Bei Restwärme 10 Minuten ausquellen lassen.
zum Anrichten: 4 Tassen oder Timbaleförmchen Margarine	Tassen oder Timbaleförmchen mit Margarine sorgfältig einfetten, warmen Reis einfüllen, gut andrücken, 15–20 Minuten warm halten (Backröhre bei 100 °C), Reis auf Teller stürzen und anrichten.

Zuckerschoten

100 g Zuckerschoten	Fäden der Zuckerschoten abziehen, waschen.
1 EL Butter 1 Prise Zucker	Butter in einem Topf zerlaufen lassen, tropfnasse Zuckerschoten mit einer Prise Zucker dazugeben. 4 Minuten auf niedrigster Stufe dünsten. Dabei Topfdeckel nicht öffnen. Garzeit nicht überschreiten, da die Schoten sonst an Aroma verlieren und glitschig werden.
	Dieses Rezept kann abgewandelt werden: Zuckerschoten durch Erbsen ersetzen.

Wissenswertes:

Zuckerschoten werden als feinste Erbsensorte gehandelt. Aufgrund ihres süßlichen Aromas waren sie früher dem Adel vorbehalten und werden daher auch Kaiserschoten genannt. Noch heute zählt dieses Gemüse zur feinen Küche. Im Gegensatz zu anderen Erbsen wird es grundsätzlich in der Schote verzehrt. Bei uns werden die Zuckerschoten von Juni bis August geerntet.

Rosenkohl

250 g Rosenkohl   Rosenkohl putzen. Strunk kreuzweise einschneiden.

¼ l Wasser   In das Wasser Salz und Muskatnuss geben.
½ TL Salz   Rosenkohl im Siebeinsatz des Dampfdrucktopfs garen.
1 Prise Muskatnuss   Garzeit 5 Minuten (Schongaren, 1. Ring).

Wissenswertes:

Rosenkohl überzeugt als kleinster Vertreter der Kohlfamilie durch sein fein-herbes Aroma. Als typisches Wintergemüse ist die Hauptsaison von Dezember bis März. Gelbe und welke Außenblätter sowie geöffnete Röschen deuten beim Einkauf auf mindere Qualität hin. Zu Hause sollte Rosenkohl im Kühlschrank gelagert werden, jedoch nicht länger als zwei bis drei Tage.

Schonendes Garverfahren
Wird Rosenkohl im Wasser gekocht, besteht die Gefahr, dass sich während des Garvorgangs die äußeren Blätter lösen.
Bei Brokkoli muss darauf geachtet werden, dass der Garpunkt nicht überschritten wird. Weitaus schonender ist es, das Gemüse über Wasserdampf zu garen.
Um dem Gemüse zusätzlich Aroma zu verleihen, können dem Wasser Gewürze und Kräuter zugegeben werden.
In diesem Fall spricht man von Aromagaren.
Dieses schonende Garverfahren sollte genauso bei Brokkoli angewendet werden.

Brokkoli

250 g Brokkoli   Brokkoli putzen, in Röschen teilen, Strunk in Stücke
¼ l Wasser   schneiden.
½ TL Salz   Brokkoli im Siebeinsatz des Dämpftopfs etwa
  20 Minuten garen.

Wissenswertes:

Brokkoli ist der aromatischere Verwandte des Blumenkohls. Im Gegensatz zum Blumenkohl werden bei Brokkoli neben den Röschen auch die geschälten Stiele mit verzehrt. Gerade Letztere weisen ein feines Spargelaroma auf. Beim Einkauf sollte auf dunkelgrüne und fest geschlossene Blütenknospen geachtet werden. Eine gelblich grüne Verfärbung der Blütenknospen deutet auf überlagerte Ware und damit schlechte Qualität hin.

Blaukraut, gedünstet (Rotkohl)

1 kg Blaukraut	Blaukraut putzen, waschen, halbieren, vierteln, hobeln oder in feine Streifen schneiden. Den Strunk dabei nicht wegschneiden, da er die einzelnen Blätter beim Schneiden zusammenhält.
Beachte:	Schneller geht es mit der Küchenmaschine, dabei muss der Strunk allerdings vorher entfernt werden.
2 Äpfel	Äpfel waschen, schälen, Kerngehäuse entfernen und klein schneiden.
1 Zwiebel	Zwiebel vorbereiten und fein würfeln.
20 g Fett	Fett im Topf erhitzen, darin Zwiebeln und Äpfel andünsten. Blaukraut hinzufügen und alles zusammen andünsten.
1 EL Zucker **3 EL Essig** **¼ l Brühe**	Zucker, Essig und Brühe zugeben und weiterdünsten.
1 Zwiebel **3 Nelken** **2 Lorbeerblätter**	Zwiebel mit Lorbeerblatt und Nelken spicken **oder** alles zusammen in ein Mullsäckchen geben, fest zubinden und mitdünsten. Garen und anschließend das Säckchen herausnehmen. **Garzeit:** Kochtopf ca. 45 Minuten, Dampfdrucktopf ca. 8 Minuten
Salz, Essig Zucker, Piment	Alle Zutaten mit Salz, Essig, Zucker und Piment abschmecken und in einer vorgewärmten Schüssel anrichten.

Bohnen im Speckmantel

125 g Prinzessbohnen **Salzwasser** **etwas Bohnenkraut**	Bohnen waschen, putzen. Salzwasser mit Bohnenkraut zum Kochen bringen, Bohnen darin etwa 10–12 Minuten garen. Abseihen, kurz mit kaltem Wasser überbrausen.
4 Scheiben durchwachsener Speck **4 Zahnstocher**	Speck auf einen Porzellanteller geben. Abgedeckt in der Mikrowelle eine halbe Minute auf höchster Stufe erwärmen. Bohnen zu 4 Bündeln aufteilen, jeweils mit einem Speckstreifen umwickeln. Speck mit einem Zahnstocher feststecken. Bohnenbündel vor dem Servieren nochmals in der Mikrowelle erwärmen.

Wissenswertes:

Prinzessbohnen zählen zu den feinsten Vertretern unter den Bohnen, weil sie eine sehr dünne und zarte Schote aufweisen. Bohnen lassen sich schlecht lagern. Welke Bohnen schmecken ziemlich fade. Frische Bohnen dürfen keine Flecken aufweisen. Die Schoten müssen fest und knackig sein. Sie dürfen sich nicht biegen lassen, ohne dabei zu brechen. Rohe Bohnen enthalten den Giftstoff Phasin. Dieser wird nach einer Kochzeit von 10 Minuten zerstört.

Grundrezept Gemüsesalate

ca. 1 kg Gemüse: z. B. Sellerie, Gelbe Rüben, Rote Bete, …	Gemüse putzen (vorbereiten), zerkleinern und bissfest garen.
Marinade: 2 EL Essig 1/8 l Brühe 1 Prise Zucker Salz Pfeffer 1/2 Zwiebel	Zwiebel vorbereiten, fein würfeln. Alle Zutaten miteinander vermischen.
	Marinade vorsichtig über das Gemüse geben, gut durchziehen lassen und abschmecken.
2 EL Öl	Öl über den Salat geben, anrichten, garnieren.

Blumenkohlsalat

1 Blumenkohl	Blumenkohl putzen, waschen, in gleichmäßige Röschen zerteilen. Röschenstrunk kreuzförmig einschneiden.
reichlich Salzwasser	Salzwasser zum Kochen bringen.
	Blumenkohlröschen in kochendem Salzwasser ca. 20 Minuten bissfest kochen. Anschließend das Wasser abgießen und mit der Marinade (siehe unten) mischen. Alles gut durchziehen lassen, abschmecken und anrichten.
	Wasser kann evtl. zu einer Suppe weiterverarbeitet werden.
Marinade: 4 EL Essig 1/2 TL Zucker 1/2 TL Salz etwas Pfeffer	Essig, Zucker, Salz und Pfeffer vermischen.
1 Zwiebel	Zwiebel schälen, fein würfeln und hinzufügen.
4 EL Öl	Öl kurz vor dem Anrichten zum Salat geben.

Grundrezept Mürbeteig

200 g Mehl **1 Msp. Backpulver** **1 Prise Salz** **50 g Zucker**	Mehl evtl. sieben. Alle Zutaten in einer Rührschüssel mischen.
100 g Butter/Margarine	Butter in dünnen Scheiben hinzugeben.
1 Ei	1 Ei zugeben.
	Zutaten mit Knethaken (Rührgerät) zu einem Teig verarbeiten, abschließend mit den Händen nochmals durchkneten.
	Tipp: Immer kalte Zutaten verwenden! Teig vor der weiteren Verarbeitung kalt stellen! Mürbeteig kann für Obstkuchen, Obsttörtchen und Kleingebäck verwendet werden.

Gedeckter Apfelkuchen

300 g Mehl **2 TL Backpulver** **100 g Zucker** **150 g Butter/Margarine** **1 Ei**	Mit Mehl, Backpulver, Zucker, Butter/Margarine und Ei einen Mürbeteig herstellen. Den Teig anschließend kalt stellen.
750 g Äpfel	Äpfel waschen, schälen, Kerngehäuse entfernen und in kleine Stücke schneiden.
Saft einer Zitrone	Zitronensaft über die Äpfel träufeln.
50 g Rosinen	Rosinen waschen und zu den Äpfeln geben.
2 EL Zucker	Zucker unter die Äpfel mischen.
Puderzucker	Mit ²/₃ des Teigs einen vorbereiteten Springformboden auslegen, Teig am Rand hochziehen. Apfelmasse auf den Teig geben. Restlichen Teig auf Backpapier bzw. Folie ausrollen. Springformgröße ausschneiden, anschließend auf die Äpfel legen. Papier/Folie abziehen.
	Puderzucker auf den erkalteten Kuchen streuen.

So wird der Herd eingestellt:

Einschubhöhe	2, Blech		Einschubhöhe	2, Blech
Temperatur	170 °C	**oder**	Temperatur	180 °C, vorheizen
Backzeit	ca. 40 Minuten		Backzeit	ca. 40 Minuten

Lauchquiche

250 g Weizen oder Weizenvollkornmehl, fein gemahlen
125 g kalte Butter
1 Ei
2 – 3 EL Wasser oder Sahne
½ TL Salz
etwas Paprikapulver

Zutaten zum Mürbeteig verkneten, eine vorbereitete Springform damit auslegen, Teig am Rand etwas hochziehen, vorbacken.

So wird der Herd eingestellt (Vorbacken):

Einschubhöhe			Einschubhöhe	
Temperatur	180 °C	oder	Temperatur	200 °C, vorgeheizt
Backzeit	10 Minuten		Backzeit	10 Minuten

ca. 700 g Lauch
2 EL Olivenöl
3 EL Sahne
3 Eier
150 g ger. Käse
1 Msp. Meersalz
1 Msp. Kurkuma
½ TL Majoran

Lauch vorbereiten, waschen, in Stücke schneiden, kurz im Öl andünsten.

Sahne, Eier, Käse miteinander verrühren, mit Salz, Kurkuma, Majoran abschmecken und unter den Lauch rühren.

Füllung auf den vorgebackenen Quicheboden geben und backen.

So wird der Herd eingestellt (Hauptbackeinstellung):

Einschubhöhe	2, Rost		Einschubhöhe	2, Rost
Temperatur	180 °C	oder	Temperatur	200 °C, vorgeheizt
Backzeit	30 – 40 Minuten		Backzeit	30 – 40 Minuten

Dieses Rezept kann abgewandelt werden:

Pilzquiche
Statt des Lauches können 400 g Pilze und 2 – 3 große Zwiebeln – beides kurz angeröstet – verwendet werden.

Gewürze
Eier
Sahne
Käse

Die Zutaten und Zubereitung wie bereits bei der Lauchquiche beschrieben.

Tipp: Etwas pikanter wird die Quiche durch die Zugabe von 100 g gewürfeltem Schinken (unter die Lauch-Käse-Masse mengen).

Apfeltorte mit Apfelsaft

¾ l Apfelsaft 2 P. Vanillepuddingpulver 1 P. Vanillezucker Zucker nach Belieben Saft einer Zitrone	Mit Apfelsaft, Vanillepuddingpulver, Vanillezucker, Zucker und Zitronensaft einen Pudding kochen und abkühlen lassen.
1 kg Äpfel	Äpfel schälen, Kerngehäuse entfernen, in feine Scheiben oder Streifen schneiden und mit der Puddingmasse mischen.
125 g Butter/Margarine 125 g Zucker 250 g Mehl, 1 Ei 1 P. Vanillezucker 1 TL Backpulver	Aus Butter, Zucker, Mehl, Ei, Vanillezucker und Backpulver einen Mürbeteig herstellen und eine vorbereitete Springform damit auslegen. Teig am Rand hochziehen und Apfel-Pudding-Masse einfüllen, gegebenenfalls Rand angleichen, backen.
	Kuchen gut auskühlen lassen.
1 Becher Sahne Kakao oder Zimt oder gehobelte Mandeln	Sahne steif schlagen, auf dem Kuchen verteilen und Kakao, gehobelte Mandeln oder Zimt darübersieben.

So wird der Herd eingestellt:

Einschubhöhe	2, Rost		Einschubhöhe	2, Rost
Temperatur	160 °C	oder	Temperatur	180 °C
Backzeit	50–60 Minuten		Backzeit	50–60 Minuten

Ambrosiacreme

5 Blatt weiße, 1 Blatt rote Gelatine 200 ml saure oder süße Sahne 300 ml Joghurt 1 P. Vanillezucker 3 EL Zucker ½ Zitronensaft	Gelatine in kaltem Wasser 10 Minuten quellen lassen und dann ausdrücken. Gelatine in einer Tasse/ Schöpfkelle im Wasserbad oder für ca. 20 Sekunden in der Mikrowelle bei 600 Watt auflösen.
Beachte:	**Gelatineverarbeitung S. 238**
	Sahne, Joghurt, Vanillezucker, Zucker und Zitronensaft in einer Rührschüssel schaumig rühren und abschmecken.

Gelatine mit etwas Masse mischen, dann die lauwarme Lösung unter Rühren zur restlichen Masse geben. Alles gut durchschlagen und Masse zum Ansteifen in den Kühlschrank stellen.

1 Becher Sahne	Sahne steif schlagen, etwas für die Garnitur zurückstellen. Sobald die Masse zu steifen beginnt, die Schlagsahne unterziehen. In Portionsgläser füllen und mit restlicher Sahne garnieren.

Großmutters Knusperchen

400 g Mehl
250 g Butter
100 g Zucker
4 Eidotter

Aus den Zutaten einen Mürbeteig herstellen, ca. 1 Stunde kühl stellen.

1 Glas Himbeermarmelade

Teig ca. ½ cm dick auf ein vorbereitetes Backblech ausrollen und mit Marmelade bestreichen.

4 Eiweiß
200 g Zucker
200 g gemahlene Nüsse

Eiweiß zu steifem Schnee schlagen, Zucker einrieseln lassen und gemahlene Nüsse unterheben, die Masse auf den Boden streichen.

So wird der Herd eingestellt:

Einschubhöhe	2, Blech
Temperatur	180 °C
Backzeit	ca. 30 Minuten

oder

Einschubhöhe	2, Blech
Temperatur	200 °C, vorgeheizt
Backzeit	ca. 30 Minuten

Den noch warmen Kuchen in ca. 6 cm lange und 2 cm breite Streifen schneiden.

In luftdicht verschlossenen Dosen aufbewahren!

Florentiner

Mürbeteig:
300 g Mehl
200 g Butter
100 g Zucker
1 Ei

Mehl in eine Rührschüssel geben, Butter in Stücke schneiden und in das Mehl einhacken.
Restliche Zutaten zugeben, alles mit den Knethaken des Rührgeräts zu einem glatten Teig kneten. Teig gleichmäßig auf vorbereitetem Blech ausrollen, kühl stellen.

Belag:
100 g Zucker
50 g Butter
⅛ l Sahne
150 g Mandelblättchen

Zucker langsam in einem Topf schmelzen.
Wenn der Zucker goldbraun ist (= karamellisieren), Butter und Sahne zugeben und kochen lassen, bis sich die Karamellmasse gelöst hat. Mandelblättchen zugeben, die Masse durchrühren und auf den ausgewellten Teig streichen.
Gebackene Teigplatte auskühlen lassen, mit einem scharfen Messer in Quadrate oder Rechtecke schneiden.
Es ist auch möglich, die Florentiner mit einer Ausstechform auszustechen.

So wird der Herd eingestellt:

Einschubhöhe	2, Blech
Temperatur	180 °C
Backzeit	15–20 Minuten

oder

Einschubhöhe	2, Blech
Temperatur	200 °C, vorgeheizt
Backzeit	15–20 Minuten

Walnuss-Aprikosen-Konfekt

125 g getr. Aprikosen	Aprikosen in sehr kleine Würfelchen schneiden.
2 EL Aprikosen-marmelade	Aprikosenmarmelade erhitzen, hinzufügen und ca. 2 Stunden ziehen lassen.
200 g Marzipan	Marzipan mit dem Handrührgerät unterrühren.
100 g Puderzucker	Puderzucker unterkneten, aus der Masse etwa 2 cm dicke Rollen formen. Anschließend in ca. 1 1/2 cm dicke Scheiben schneiden.
100 g Kuvertüre	Kuvertüre im Wasserbad schmelzen lassen, jedes Marzipanstückchen eintauchen und abtropfen lassen. Auf Alufolie setzen.
Walnusshälften	Gleich die Scheiben mit Walnusshälften belegen, etwas andrücken.

Tipp: Evtl. das Konfekt noch einmal umsetzen, damit es keine „Füßchen" bekommt!

Am besten eignen sich Softaprikosen

Raffaelos

100 g Butter	Butter schaumig rühren.
3 Tropfen Rumaroma oder 1 EL Orangensaft	Rumaroma oder Saft dazugeben.
200 g weiße Schokolade	Schokolade zerkleinern und im Wasserbad schmelzen, etwas abkühlen lassen.
200 g Kokosflocken Puderzucker nach Bedarf	Ausgekühlte Schokolade, Kokosflocken und gesiebten Puderzucker unter die schaumige Butter rühren.
Kokosflocken	Sobald die Masse genügend fest ist, Kugeln formen und in Kokosflocken wenden.

Nusstrüffel

75 g Butter **75 g Puderzucker** **1 P. Vanillezucker**	Alle Zutaten schaumig rühren.
200 g Zartbitter- **schokolade**	Schokolade in kleine Stückchen brechen, anschließend in einem Wasserbad zu einer geschmeidigen Masse verrühren. Etwas abkühlen lassen, Schokolade unter die Butter-Zucker-Masse rühren.
100 g gemahlene **Haselnüsse**	Haselnüsse in einer trockenen Pfanne rösten, 1/2 Menge unter die Masse rühren, kalt stellen. Aus der Masse kleine Kugeln formen, diese in den restlichen Haselnüssen wälzen. **Kühl aufbewahren!**
evtl. Pralinenförmchen	In Pralinenförmchen servieren.

Trüffelspitzen

150 g Zartbitter- **schokolade** **100 g Vollmilch-** **schokolade** **200 ml Sahne**	Schokolade in kleine Stücke brechen, mit Sahne unter Rühren langsam erhitzen.
100 g Kokosfett	Kokosfett in kleinen Stücken zugeben und weiterrühren, bis eine glatte Masse entstanden ist. Einmal kurz aufkochen lassen, in eine Schüssel geben.
200 g Nussnugat	Nugat in kleinen Stücken zugeben. So lange rühren, bis eine einheitliche Masse entstanden ist, anschließend kalt stellen, ab und zu durchrühren.
Pralinenförmchen	Die erkaltete Masse mit dem Rührgerät schaumig schlagen. Kleine Mengen in einen Spritzbeutel mit gezackter Tülle geben. In Pralinenförmchen spritzen.
gehackte Pistazien	Mit Pistazien garnieren.
	Kühl aufbewahren!

Getränke

Jedem Menü geht der sogenannte Aperitif voraus. Seine Aufgabe ist es, den Appetit anzuregen und auf das Essen einzustimmen. Zudem kann so die Zeit bis zum ersten Gang des Festmenüs überbrückt werden. Ein Aperitif ist mengenmäßig begrenzt – grundsätzlich wird nicht nachgeschenkt.

Das Begleitgetränk darf den Eigengeschmack der jeweiligen Speisen nicht übertrumpfen. Ebenso sollte das Getränk nicht zu stark sättigend sein, wie dies z. B. bei einem Milchshake der Fall wäre. Bei der Wahl der Getränke ist darauf zu achten, dass sie von vorwiegend wässriger Beschaffenheit sind – Fruchtsäfte also stets verdünnt reichen! Der ideale Begleiter für jedes Menü ist das Mineralwasser: kalorienfrei, neutral im Geschmack, durstlöschend. Soll nicht auf käufliche Produkte zurückgegriffen werden, bieten nachfolgende Rezepte eine Auswahl.

Alkoholfreier Caipirinha (1 Glas)

½ Limette	Limette heiß waschen und vierteln.
2 TL brauner Zucker	Zucker hinzugeben, mit einem stumpfen Gegenstand zerdrücken und in ein Glas geben.
ca. 300 g Eiswürfel	Eiswürfel im Eiscrasher oder im Gefrierbeutel mit einem Fleischklopfer zerkleinern. Das Glas mit dem Eis füllen.
Apfelsaftschorle Strohhalm	Glas bis 2 cm unterm Rand mit Apfelschorle auffüllen und mit einem Strohalm servieren.

Zum Abseihen der Getränke ist ein einfaches Sieb nicht ausreichend. Im Glas serviert, sind dann winzige Teilchen von Gewürzen, Tees oder Fruchtsäften sichtbar. Deshalb sollte zum Abseihen ein Papierfilter verwendet werden.

Kirschmund

½ l Wasser	Wasser zum Kochen bringen.
4 Beutel Malventee	Teebeutel mit Wasser übergießen, ca. 15 Minuten ziehen lassen. Tee abkühlen lassen.
¼ l Kirschsaft	Kirschsaft zugeben.
Zitronensaft Zucker	Mit Zitronensaft und Zucker abschmecken.
	In Gläser verteilen.
Sauerkirschen Spieße	Einige Sauerkirschen ins Glas geben, einige auf ein Spießchen stecken und über das Glas als Dekoration legen.

Tipp: Damit Getränke frischer schmecken, werden sie häufig mit Eiswürfeln serviert. Die Menge der Eiswürfel ist abhängig von der Art des Getränks. Zum Kühlen wässriger Getränke reichen zwei Eiswürfel. Bei dickflüssigen, sirupartigen Getränken serviert man diese „on the rocks". Das Glas wird mit fünf bis sieben Eiswürfeln gefüllt – nur so viel Flüssigkeit aufgießen, dass die Eiswürfel nicht bedeckt sind.

Tropical Cocktail

1/2 l Ananassaft 1/4 l Maracujasaft 1/4 l Mineralwasser Eiswürfel 1 Zitrone	Gekühlte Getränke miteinander mischen. Eiswürfel in die Gläser geben. Mit Zitronenscheiben garnieren.

Pussycat

Etwas Wasser oder Saft Zucker	Mit Wasser Glasrand anfeuchten, dann in Zucker eintauchen, sodass ein Zuckerrand entsteht.
1/4 l Ananassaft 1/4 l Pfirsichsaft 1/2 l Mineralwasser 1/16 l Grenadinesirup Eiswürfel	Säfte, Mineralwasser und Sirup miteinander mischen. Eiswürfel zerkleinert in Gläser geben, mit dem Getränk auffüllen.
Minzeblätter	Minzeblätter zur Garnierung beigeben.

Teepunsch

1/2 l schwarzer Tee	Tee nach Anleitung zubereiten.
1 ungespritzte Zitrone 4 ungespritzte Orangen	Schale der Zitrone abreiben, Orangen auspressen.
3/4 l Apfelsaft etwas Zucker	Apfelsaft mit den restlichen Zutaten erhitzen, mit Zucker abschmecken. Heiß servieren.

3 Gesundheit – ein käufliches Produkt?!

Du kannst neu dazulernen,

- einen Einblick in die vielfältigen Angebote von Novel-Food-Produkten (Light-Produkte, Functional Food, Wellnessprodukte) zu bekommen,
- sich beispielhaft auseinanderzusetzen mit herkömmlichen Lebensmitteln im Vergleich zu Novel-Produkten im Hinblick auf
  – Zusatzstoffe/Inhaltsstoffe
  – den gesundheitlichen Wert
  – Kosten-Nutzen-Faktor
  – Bewertung,
- aktuelle wirtschaftliche Erwägungen zu hinterfragen und aktuelle Medien mit einzubeziehen,
- wie du dich auf natürliche Art energiebewusst ernähren kannst.

3.1 Novel Food

Unter dem Begriff Novel Food sind neuartige Lebensmittel zu verstehen, die unter Verwendung neuer Rohstoffe oder unter Anwendung neuer Verarbeitungsverfahren hergestellt wurden.
Nach der EU-weiten Novel-Food-Verordnung müssen sie entsprechend gekennzeichnet werden. Die Hersteller garantieren die Gefahrlosigkeit für Mensch und Tier.
Zu den neuen Lebensmitteln gehören (u. a.):

- Functional Food
- Light-Produkte
- Wellnessprodukte…

Functional Food
Der Begriff „Functional Food" bedeutet übersetzt funktionelle (zweckmäßige) Lebensmittel. Funktionelle Lebensmittel sind Lebensmittel, die Körperfunktionen zielgerichtet derart beeinflussen, dass positive Effekte auf physiologische Funktionen aufgrund der enthaltenen Inhaltsstoffe entstehen, die zu einer Verbesserung der Gesundheit führen (Definitionsvorschlag der Expertengruppe des EU-Forschungsprojekts „Functional Food Science in Europe" 1998). Sie haben den Herstellern zufolge zusätzlich zu ihrem Nährwert eine positive gesundheitliche Wirkung.
Zur Gruppe „Functional Food" gehören:

- pre-/probiotische Milchprodukte
- Light-Produkte
- diätetische Lebensmittel
- Sportgetränke/Energy-Getränke
- angereicherte Lebensmittel

Merkmale für Functional Food

Functional Food oder funktionelle Lebensmittel sind für den Konsumenten aufgrund spezifischer Merkmale durchaus erkennbar.

Funktionelle Lebensmittel

- können äußerlich nicht von herkömmlichen Lebensmitteln unterschieden werden,
- sind keine Tabletten, Kapseln oder Pulver, sondern Lebensmittel,
- werden verändert durch Zugabe/Entfernung bestimmter Stoffe/Zutaten,
- sollen über ihre ernährungsphysiologische Bedeutung hinaus gesundheitsfördernde Eigenschaften aufweisen,
- geben ihren speziellen gesundheitlichen Nutzen auf der Verpackung bekannt.

Beispiele für „Functional Food" in Anlehnung an den Ernährungskreis der DGE

Lebensmittelgruppe	Beispiele
Getreide/ Getreideerzeugnise	Omega-3-Brot Brot und Backwaren mit jodiertem Speisesalz
Gemüse	ACE-Gemüsemischungen
Getränke	Energy-Drinks Sport-Drinks ACE-Getränke
Milcherzeugnisse	pre-/probiotische Joghurts, Käse
Wurst, Eier	Wurstwaren mit jodiertem Speisesalz
Fett	Fettersatzstoffe

Arbeitsauftrag:
Tragt weitere Beispiele für „Functional Food" zusammen!

Ernährungsphysiologische Bedeutung

Da „funktionelle Lebensmittel" durch die Zugabe/Entfernung bestimmter Stoffe/Zutaten verändert werden, bringen sie über ihre ernährungsphysiologische Bedeutung hinaus dem Verbraucher spezielle gesundheitliche Nutzen bzw. Vorteile:

- Prävention ernährungsbedingter Krankheiten
- Erhaltung/Verbesserung des Wohlbefindens
- positiver Einfluss auf geistige und körperliche Leistungsfähigkeit

Beispiel: Die ernährungsphysiologische Bedeutung eines Joghurts besteht darin, dass er den Körper mit wichtigen Nährstoffen versorgt, z. B. Calcium, Eiweiß. Ein sogenannter „angereicherter Joghurt" hat eine zusätzliche funktionelle Eigenschaft: Bestimmte Arten von zugesetzten Milchsäurebakterien üben durch ihre speziellen Stoffwechselaktivitäten einen positiven Einfluss auf die Gesundheit aus.

Arbeitsaufträge:
1. Was ist mit dem Begriff „Functional Food" gemeint?
2. Vergleiche beide Joghurts!
   Ist der probiotische Joghurt seinen Preis wert? Begründe deine Meinung!

1,25 €	40% der enthaltenen Milchsäurebakterien kommen lebend im Darm an und können ihre fördernde Wirkung entfalten.
1,00 €	30% der enthaltenen Milchsäurebakterien kommen lebend im Darm an und können ihre fördernde Wirkung entfalten.

3.2 Light-Produkte

Der Begriff „Light-Produkte" bezeichnet Lebensmittel und Getränke, denen bestimmte Stoffe wie beispielsweise Zucker, Fett, Alkohol oder Koffein entzogen wurden.

„Light" oder „leicht" – das suggeriert Schlankheit, Gesundheit, Fitness, Schönheit – alles in allem eine Ernährung mit wenig Zucker und Fett und dadurch wenig Kalorien.

Der Begriff „light" bedeutet übersetzt „leicht" und kann neben fettarm bzw. fettreduziert auch leicht bekömmlich, leicht verdaulich oder locker und luftig bedeuten.

> **Wissenswertes:**
>
> Reduktionskost ist eine Kostform zur Verringerung des Körpergewichts, indem die tägliche Energiezufuhr niedriger ist als der Bedarf. Dabei sollten solche Lebensmittel bevorzugt werden, die wenig Energie enthalten und länger sättigen. Dazu gehören die meisten ballaststoffreichen Gemüse und Getreideprodukte sowie fettarme tierische Lebensmittel. Vorteilhaft sind diese Lebensmittel auch deshalb, weil sie relativ viel Vitamine und Mineralstoffe enthalten und somit eine Bedarfsdeckung erreicht wird.

Wie werden Light-Produkte leicht?

- Fett wird durch Wasser ausgetauscht

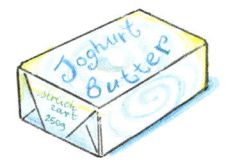

Bei Wurst, Käse, Butter wird ein Teil des Fettes schlichtweg durch Wasser ersetzt. Halbfettbutter oder Halbfettmargarine darf über 50 % Wasser enthalten. Geschmacksverstärker, Emulgatoren und Farbstoffe werden zugesetzt, um in Geschmack, Farbe und Konsistenz dem Original nahezukommen.

Arbeitsaufträge:

1. Markenbutter und Halbfettbutter im Vergleich: Stelle Unterschiede heraus!

Zutaten: Butter

Zutaten:
Markenbutter,
Wasser,
Buttermilch (10 %),
Speisegelatine,
Emulgator Monoglycerid,
Speisesalz (0,25 %),
Konservierungsstoff Sorbinsäure,
Säureregulator Zitronensäure,
Aroma, Farbstoff Carotin

2. Halbfettbutter sowie Halbfettmargarine sind nicht geeignet zum Kochen, Braten und Backen. Erkläre!
3. Finde heraus, inwieweit Light-Produkte Bestandteil einer Reduktionskost sein können.

- Fett wird durch Eiweiß ausgetauscht

Bei Desserts, Eiscremes, Milchprodukten sowie Dressings und Mayonnaisen wird ein Teil des Fettes durch Eiweiß ersetzt. Einziges Manko: Eiweiß schmeckt längst nicht wie Fett.

Doch das lässt sich beheben. Die Eiweißteilchen werden unter hohem Druck in winzigste Kügelchen von einigen tausendstel Millimetern Durchmesser gespalten. Diese Minikügelchen sind nicht fest miteinander verbunden, sondern gegeneinander verschiebbar. Dadurch nimmt sie unsere Zunge nicht mehr als Eiweiß wahr, sondern als cremige, sahnige Masse – die perfekte Sinnestäuschung.

Das Eiweiß für dieses Verfahren gewinnt man aus Hühnereiweiß, Magermilch oder Molke (= Abfallprodukt aus der Käseherstellung). Auf der Zutatenliste eines entsprechenden Produktes kann man den Fettersatzstoff nicht ohne Weiteres erkennen. So deuten beispielsweise harmlose Begriffe wie Milcheiweiß, Molkeeiweiß oder Molkeeiweißerzeugnis auf Fettersatzstoffe hin. Und in Käse sowie anderen Milchprodukten müssen diese Begriffe überhaupt nicht auf der Zutatenliste erscheinen.

Arbeitsaufträge:

1. Lies die Zutatenliste genau durch!
   An welchen Begriffen ist zu erkennen, dass hier Fett ersetzt worden ist?

   Zutaten:
   Wasser, pflanzliches Öl, Dextrose, Branntweinessig, Zucker, modifizierte Stärke, Eigelb, Speisesalz, Milcheiweiß, Milchzucker, Säuerungsmittel Zitronensäure, Verdickungsmittel Xanthan, Aromen, Gewürze

2. Warum findet sich in dieser Zutatenliste kein Hinweis, dass hier Fett ersetzt wurde?

   Käse, weitere Zutaten:
   Konservierungsstoff Natriumnitrat,
   Farbstoff Carotin

- Fett wird durch Stärke ausgetauscht

Herkömmliche Stärke wird chemisch vorbehandelt. Es entsteht modifizierte Stärke, die Speisen cremiger und sämiger schmecken lässt. Modifizierte Stärke ist in sehr vielen Produkten der Lebensmittelindustrie enthalten.

Arbeitsaufträge:
1. Was ist der Unterschied zwischen modifizierter Stärke und herkömmlicher Stärke?
2. Probiere die beiden Salatcremes im Vergleich. Ist ein entscheidender Unterschied im Hinblick auf Mundgefühl und Geschmack feststellbar?

Zutaten:
pflanzliches Öl,
Wasser,
Branntweinessig,
Zucker, Stärke,
Speisesalz,
Obstessig, Eigelb,
modifizierte Stärke,
Gewürze,
Verdickungsmittel
 (Johannisbrot-
 kernmehl,
 Guarkernmehl),
Farbstoff Carotin

Zutaten:
Wasser,
pflanzliches Öl,
Zucker,
modifizierte Stärke,
Branntweinessig,
Obstessig,
Eigelb,
Speisesalz,
Gewürze,
Verdickungsmittel
 Xanthan,
Farbstoff Betacarotin

3. Vergleiche den Fettgehalt der beiden Produkte!
Erkläre, warum die Light-Version mit geringerem Fettgehalt trotzdem so cremig schmecken kann!

● Zucker wird durch Süßstoffe ausgetauscht

Bei Getränken, Gebäck, Obstkonserven, Desserts u. v. a. m. wird der Zucker durch verschiedene Süßstoffe bzw. Süßstoffmischungen ersetzt. Dadurch lässt sich der süße Geschmack abrunden und zuckerähnlicher gestalten.

Arbeitsaufträge:
1. Teste Cola und Cola-Light im Vergleich!
Ist ein geschmacklicher Unterschied feststellbar?
2. Erstelle mithilfe des Internets ein Plakat über den gesundheitlichen Wert (Vorteile/Nachteile) von Süßstoffen.

Süßstoffe – ein Ersatz für Zucker?

„Süßstoff macht das süße Leben leichter!" „Viel Geschmack und dabei keine Kalorien!"
Mit diesem Werbeversprechen konnte der Süßstoff seinen Siegeszug antreten.

Auffallend am Süßstoff ist seine extrem hohe Süßkraft. Er übertrifft den Zucker um ein Vielfaches (siehe Tabelle).

Süßkraft von Süßstoffen im Vergleich zu Zucker:

Süßstoffe	Cyclamat	Aspartam	Acesulfam	Saccharin	Neohesperidin – Dihydrochalcon	Thautamin
Süßkraft stärker als Zucker	30-mal	200-mal	200-mal	500-mal	300- bis 1500-mal	3000-mal

Trotz der unterschiedlichen Süßkraft finden alle Süßstoffe Verwendung. Vor allem Süßstoffmischungen haben sich bewährt. Dadurch lässt sich der süße Geschmack abrunden und zuckerähnlicher gestalten. Speziell bei Saccharin wird der metallische Eigengeschmack abgemildert.

Light-Produkte: Lösung aller Gewichtsprobleme?

Mittlerweile ist die Industrie in der Lage, Fette in Lebensmitteln zu ersetzen, ohne dass damit eine geschmackliche Beeinträchtigung verbunden ist. Selbst im direkten Vergleich von Lebensmitteln mit vollem und verringertem Fettgehalt ist der Unterschied nicht immer feststellbar. Dies weiß jeder, der einen Geschmacksvergleich durchgeführt hat.

Ein Light-Produkt hat meist deutlich weniger Kalorien als das entsprechende normale Lebensmittel. Eigentlich eine gute Voraussetzung zum Abnehmen – doch der Körper lässt sich nicht betrügen. Er bemerkt den „Fett-Schwindel". Je mehr man versucht, mit Light-Produkten Fett einzusparen, desto größer wird der Appetit auf fettreiche Lebensmittel. Erwiesenermaßen können Light-Produkte herkömmliche Lebensmittel nicht ersetzen. Fettreiche Speisen werden zusätzlich verzehrt.

Ein weiteres Problem spielt sich im Gehirn des Menschen ab. Da die Fettersatzstoffe wie Fett schmecken, werden bereits während des Verzehrs Signale an das Gehirn gesandt. Von dort aus wird alles bereitgestellt, um das Fett verdauen zu können. Kommt nur Fettersatz, ist ein Heißhunger auf richtiges Fett die Folge. Gierig werden ganze Tafeln Schokolade, Sahnetorten, Chips oder Ähnliches verschlungen. Ein „Rückfall" in vertraute Koch- und Essgewohnheiten ist vorprogrammiert. Wiener Schnitzel und Co werden jetzt erst recht – wenn auch mit schlechtem Gewissen – gegessen.

Arbeitsaufträge:
1. Wie wirkt sich der Verzehr von Fettersatz auf den Körper aus?
2. Warum kann man mit Light-Produkten nicht abnehmen?
3. Wie könnte dagegen eine echte Reduktionskost aussehen?

Wir erkennen:

Die zahlreichen Naschereien zwischendurch sowie der ständige Genuss von Limonaden werden überflüssig, wenn Zucker gezielt eingesetzt wird:
- Nur einmal täglich naschen!
- Süßes geschickt in den täglichen Speiseplan einbauen (z. B. Nachtisch).
- Anstelle von „Süßem" Obst bevorzugen!
- Fett kann in Lebensmitteln ersetzt werden durch
  · Wasser,
  · Eiweiß,
  · Stärke.

In den jeweiligen Produkten ist dies jedoch geschmacklich nicht immer feststellbar.

3.3 Lebensmittel auf dem Prüfstand

Typisch für „funktionelle Lebensmittel" sind funktions- oder gesundheitsbezogene Aussagen auf der Verpackung oder in der Werbung:
- … leistet einen aktiven Beitrag für Ihr Wohlbefinden (Wellness)
- … regt die Stoffwechselfunktion an
- … trägt zur cholesterinbewussten Ernährung (Ballaststoffe) bei
- … ist gut für Ihre Gesundheit

u. v. a. m.

Allgemeine Bewertung

Bei einer modernen Ernährung mit „funktionellen Lebensmitteln" wird der gesundheitliche Aspekt sehr unterschiedlich bewertet. Führt eine Pro-und-Kontra-Diskussion!

Pro Argumente **für**	**Kontra** Argumente **wider**
Funktionelle Lebensmittel geben dem Konsumenten das gute Gefühl, dass seine Gesundheit durch Essen und nicht durch Weglassen bestimmter Lebensmittel beeinflusst wird.	Die Wirkung isoliert zugesetzter Stoffe auf die Gesundheit fehlt nach wissenschaftlichen Erkenntnissen häufig noch bzw. ist nicht ausreichend erforscht.
Funktionelle Lebensmittel können alternativ zu herkömmlichen Lebensmitteln verzehrt werden.	Funktionelle Lebensmittel sind verglichen mit herkömmlichen Lebensmitteln teurer.
Der Zusammenhang zwischen Lebensmitteln/Ernährung und Erkrankungen kann durch funktionelle Lebensmittel bewusst gemacht werden.	Der Konsument könnte sich von einer vollwertigen Ernährung abwenden und sich auf die versprochenen Wirkungen der funktionellen Lebensmittel verlassen.
Eine unausgewogene Ernährung kann mit funktionellen Lebensmitteln ausgeglichener und vollwertiger werden.	Bei den Verbrauchern könnte der Eindruck entstehen, dass es „gute" (funktionelle) Lebensmittel gibt und „schlechte" (herkömmliche).

Wir erkennen:

Eine abwechslungsreiche und vollwertige Kost mit frischem Obst und Gemüse ist besser/gesünder als Functional Food.

Die 10 Regeln der DGE auf S. 164 helfen dabei.

Arbeitsauftrag:

Beurteile Light-Produkte mithilfe entsprechender Lebensmittel, des Internets, von Zeitschriften in Bezug auf
- Preis,
- Energiegehalt,
- Zusatzstoffe.

Wie beeinflussen diese Lebensmittel unsere Essgewohnheiten?
Informiere dich in (Fach-)Zeitschriften oder im Internet!

3.4 Rezepte

Hühnersuppe mit Nudeleinlage, Gemüse und Eierstich

1 – 1,5 kg Suppenhuhn oder 0,8 – 1 kg Hähnchen	Fleisch innen und außen mit kaltem Wasser waschen und sichtbare Fettpolster entfernen.
1 l Wasser	Huhn/Hähnchen in den Kochtopf oder Dampfdruckkochtopf geben und mit Wasser auffüllen.
1 Zwiebel Salz Pfeffer	Zwiebel, Salz und Pfeffer hinzufügen und garen: **Dampfdrucktopf** ca. 30 Minuten Huhn ca. 20 Minuten Hähnchen **Kochtopf** ca. 80 – 120 Minuten.
½ Bund Suppengrün/ Wurzelwerk	Suppengrün/Wurzelwerk vorbereiten und zerkleinern.
	Dampfdrucktopf vorschriftsmäßig öffnen und Huhn/Hähnchen herausnehmen. Brühe in einen anderen Topf seihen, aufkochen lassen, zerkleinertes Wurzelwerk zugeben und garen.
ca. 40 g Suppennudeln	Nudeln zugeben und garen, abschmecken.
½ Bund Petersilie	Petersilie waschen, fein hacken und kurz vor dem Servieren zugeben.
Eierstich	Eierstich zubereiten (s. S. 139) und vor dem Servieren zugeben.

Das Hähnchen ist dem Suppenhuhn vorzuziehen, weil
- das Fleisch schneller gar ist (das Suppenhuhn ist wegen des Alters nicht genau kalkulierbar),
- das Fleisch saftiger und zarter ist.

Das Fleisch kann entweder klein geschnitten als Suppeneinlage verwendet werden oder es kann zu Hühnerfrikassee weiterverarbeitet werden.

Gemüsejulienne

½ Bund Suppengrün/ Wurzelwerk	Suppengrün/Wurzelwerk vorbereiten und in feine dünne Streifen schneiden, 5 Minuten in der fertigen kochenden Brühe garen.

Eierstich

2 Eier **100 ml Milch** **Salz**	Eier, Milch und Salz miteinander verquirlen.
1 glattwandige feuerfeste Form **10 g Fett**	Die Form ausfetten.
	Eiermilch in die gefettete Form gießen, mit Alufolie fest abdecken. Im Wasserbad bei geringer Hitze garen. **Garzeit:** je nach Höhe des Gefäßes ca. 30–45 Minuten.
Beachte:	Die Form darf nicht auf den Kochtopfboden gestellt werden. Evtl. einen Ring aus Alufolie formen und unterlegen. Die Form muss mindestens bis zur Hälfte im Wasser stehen. Das Wasser darf nicht kochen, da der Eierstich sonst zu grobporig wird.
	Eierstich auf ein Schneidebrett stürzen, zuerst in fingerdicke Scheiben, anschließend in Rauten schneiden.
	Dieses Rezept kann abgewandelt werden: • Eierstich mit gehacktem Spinat oder gehackter Petersilie grün einfärben. • Mit Paprikapulver oder Tomatenmark rot einfärben.

Turiner Lauchsuppe

1–2 Stangen Lauch	Die Lauchstangen putzen, dann der Länge nach spalten und unter kaltem fließenden Wasser sehr gründlich waschen, damit der Sand herausgespült wird. Dann die Stangenhälften in 1 cm breite Halbringe schneiden.
1 Zwiebel **1 EL Margarine** **3/4 l Brühe**	Die Zwiebel schälen und in feine Halbringe schneiden. Den Lauch und die Zwiebelringe in der Margarine andünsten, mit Brühe aufgießen und 5 Minuten kochen.
1 Ecke Sahneschmelzkäse **1/16 l Brühe** **1/4 TL Zucker**	Den Schmelzkäse in Flocken mit dem Schneebesen einrühren, Brühe und Zucker zugeben, 20 Minuten köcheln lassen.
evtl. etwas Salz **etwas Kümmelpulver** **1/2 Becher Sahne**	Suppe nochmals abschmecken, Sahne einrühren, danach darf die Suppe nicht mehr kochen.

Semmelklößchen

2 Eier	Eier sehr gut verrühren.
4 EL Semmelbrösel **1/2 TL Salz** **1 Msp. Muskat** **etwas Pfeffer** **1/2 TL Petersilie**	Semmelbrösel, Salz, Muskat, Pfeffer und Petersilie zugeben, gut mischen, ca. 10 Minuten quellen lassen. Teig zu Klößchen formen – mit 2 Löffeln oder – mit nassen Händen, dann in die kochende Brühe oder kochendes Salzwasser geben. **Garzeit:** ca. 15 – 20 Minuten ziehen lassen.

Gefüllte Tomaten oder Gurkentürmchen

4 Tomaten	Tomaten waschen, Strunk entfernen, 1/3 der Tomate als Deckel abschneiden.
Beachte:	Dabei muss sich der Strunkansatz an der Tomatenunterseite befinden. Salatgurke waschen, in ca. 5 cm
oder 1 Salatgurke	lange Stücke schneiden. 3/4 der Gurke aushöhlen und einen ca. 3 mm breiten Rand stehen lassen.
1 kleine Zwiebel **20 g Fett**	Mit Zwiebel, Fett, Brühe, Salz und Pfeffer gedünsteten Reis zubereiten. **Garzeit:** ca. 20 Minuten.
60 g Langkornreis **etwas Brühe** **Salz** **Pfeffer**	Reis abkühlen lassen.
1 EL Naturjoghurt **2 EL Crème fraîche** **1 TL Ananassaft** **20 g Gouda** **1/2 Scheibe Ananas** **2 EL Mandarinen**	Joghurt, Crème fraîche und Saft miteinander verrühren. Gouda, Ananas, Mandarinen in kleine Stücke schneiden. Mit der Marinade und dem abgekühlten Reis vermischen.
Salz **Pfeffer** **Curry**	Mit Salz, Pfeffer und Curry abschmecken.
Salatblätter	Masse in die vorbereiteten Tomaten oder Gurkenstücke füllen, auf Salatblättern anrichten.
	Gefüllte Tomaten und Gurkentürmchen eignen sich besonders als Vorspeise oder auf einem Büfett.

Strudelteig – Grundrezept

250 g Mehl	Mehl sieben, eine Mulde hineindrücken.
1 Prise Salz **2 EL Öl** **⅛ l lauwarmes Wasser** **1 Ei**	Salz, Öl, Wasser und Ei verquirlen, in die Mulde geben. Alle Zutaten vermischen, Teig kneten, bis er sich vom Schüsselrand löst, auf einem Backbrett so lange kräftig schlagen, bis er **Zungen** wirft (ca. 10 Minuten.) Je „schlechter" er behandelt wird, desto besser wird er!
	Teig zu einer Kugel formen, mit Öl bestreichen, anschließend mit einer **feuchtwarmen Schüssel** zudecken. Schüssel vorher mit heißem Wasser ausspülen, nicht abtrocknen. Den Teig ca. 30 Minuten ruhen lassen.
Öl	In der Zwischenzeit die Füllung herstellen. Fettpfanne vorbereiten.
Weiterbearbeitung:	Die Teigkugel ausrollen, anschließend mit beiden Händen auf einem sauberen, mit Mehl bestäubten Geschirrtuch den Teig sehr dünn ausziehen. Dabei am Anfang mit beiden Händen unter den Teig greifen, ihn von der Mitte nach außen über den Handrücken ziehen und dabei vorsichtig dehnen. Ringsherum fortfahren, bis der Teig so groß wie das Tuch ist und sein Muster durchscheint. **Entstandene Löcher mit Teig schließen!** Anschließend mit der vorbereiteten Füllung füllen.

So wird der Herd eingestellt:

Einschubhöhe	2, Blech		Einschubhöhe	2, Blech	
Temperatur	175 °C	**oder**	Temperatur	200 °C, vorgeheizt	
Backzeit	ca. 35 Minuten		Backzeit	ca. 35 Minuten	

Beachte:
Die Naht des Strudels muss sich nach dem Aufrollen immer auf der Unterseite befinden, da sie sonst aufgeht und der Strudel sich aufrollt.

Quarkstrudel

1 Rezept Strudelteig	Strudelteig nach Anleitung zubereiten und ausziehen.
Füllung: 30 g Butter/Margarine 200 g Zucker 4 Eigelb	Butter oder Margarine mit Zucker und Eigelb schaumig rühren.
1 kg Quark ½ abger. Zitronenschale ½ B. Sauerrahm	Quark, Zitronenschale und Sauerrahm unterrühren.
evtl. 50 g Rosinen	Rosinen waschen, abtropfen lassen, unterrühren.
4 Eiklar 1 Prise Salz	Eiklar zu sehr steifem Eischnee schlagen und Salz vorsichtig unterheben.
	Füllung auf dem ausgezogenen Strudelteig verteilen, die Teigränder einschlagen. Den Strudel mithilfe des Tuches aufrollen, anschließend in die vorbereitete Fettpfanne geben.
30 g weiche Butter	Den Strudel mit Butter bestreichen und in den Ofen schieben.
	Strudel herausnehmen, kurz ruhen lassen und aufschneiden.
Puderzucker	Puderzucker über den Strudel streuen, vorsichtig anrichten.

So wird der Herd eingestellt:

Einschubhöhe	2, Blech		Einschubhöhe	2, Blech
Temperatur	170 °C	oder	Temperatur	200 °C
Backzeit	ca. 45–60 Minuten		Backzeit	ca. 45–60 Minuten

Wissenswertes:

Getrocknete Weintrauben nennt man **Rosinen** oder **Korinthen.** Die Herstellung geht auf eine Vorratshaltung von Trauben vor ca. 2000 Jahren zurück. Dafür werden besonders süße, weichschalige Tafeltrauben verwendet. Trauben für die Weinherstellung sind dafür nicht geeignet. Herstellerländer sind vor allem die USA, Australien, Südafrika und einige Mittelmeerländer. Die Trauben werden nach der Ernte in der Sonne getrocknet. Je nach Temperatur kann der Vorgang 2 bis 4 Wochen dauern. Der Wassergehalt reduziert sich von ca. 75 % auf ca. 16 %. **Korinthen** werden aus kernlosen Trauben hergestellt. Sie sind klein und fast schwarz. Ihr Name ist auf die griechische Stadt Korinth zurückzuführen. **Rosinen** werden aus Trauben mit Samenkernen hergestellt. Damit ihre hellbraune Farbe und ihre Haltbarkeit länger gewährleistet sind, werden sie häufig vor dem Trocknen geschwefelt.

Gemüsestrudel

1 Rezept Strudelteig	Strudelteig nach Anleitung zubereiten und ausziehen.

Gemüsefüllung:
500 g Gemüse,
   z. B. Karotten,
   Brokkoli,
   Blumenkohl,
   Lauch,
   Mangold…
	Gemüse putzen, waschen und fein schneiden.

1 Zwiebel **2 EL Öl**	Zwiebel schälen und würfeln. Öl in einem Topf erhitzen, Zwiebel und Gemüse darin glasig dünsten.
Salz, Pfeffer	Mit Salz und Pfeffer würzen.
50 g Butter	Butter zerlassen.
Semmelbrösel oder geriebener Käse	Ausgezogenen Strudelteig mit der Butter bestreichen. Semmelbrösel oder geriebenen Käse aufstreuen. Die Füllung darauf verteilen, dabei rundum einen Rand frei lassen. Die Teigränder nach innen über die Füllung einschlagen und den Strudel mithilfe des Tuches aufrollen. Den Strudel vorsichtig auf das vorbereitete Blech legen, dabei soll die Naht unten liegen.
2 Eigelb **2 EL Milch**	Eigelb mit Milch verquirlen und den Strudel damit bestreichen.

Tipp: Ein Gemüsestrudel ist eine besonders raffinierte Methode, um Reste zu verpacken. Alle Sorten von Gemüse sind geeignet, die nicht zu viel Wasser ziehen. Geriebener Käse oder Semmelbrösel geben der Füllung Halt.

So wird der Herd eingestellt:

Einschubhöhe	2, Blech		Einschubhöhe	2, Blech
Temperatur	180 °C	**oder**	Temperatur	200 °C
Backzeit	45–60 Minuten		Backzeit	45–60 Minuten

Hackfleischstrudel

Teig:
250 g feines Vollkornmehl
(Dinkel oder Weizen)
½ TL Meersalz
4 EL Sonnenblumenöl
8–10 EL Wasser

Mehl, Salz, Öl und Wasser zu einem ebenmäßigen Teig verkneten. Anschließend so lange auf ein Brett schlagen, bis der Teig glatt und seidig glänzend geworden ist.
In Folie verpackt ca. ½ Std. an einem warmen Ort ruhen lassen.

Tipp: Der Teig sollte nicht zu fest sein, da es schwer ist, nachträglich noch Wasser einzuarbeiten.

Füllung:
2 mittlere Zwiebeln
1 Knoblauchzehe
1 gelbe Paprika
1 rote Paprika
400 g gemischtes Hackfleisch
1 Ei
3 EL Kräuter
1 TL Senf
1 EL Tomatenmark
Salz
Pfeffer (frisch gem.)

Zwiebeln putzen, fein würfeln.
Knoblauchzehe durch die Presse drücken, Paprika fein würfeln.
Alles mit Hackfleisch, Ei, Kräutern, Senf und Tomatenmark vermischen, anschließend mit Salz und Pfeffer abschmecken.

etwas zimmerwarme Butter
1 Eigelb

Butter und Eigelb vermischen und den Strudel damit bestreichen.

Backpapier

Beim **Umluftherd** auf 180 °C, bei **Ober-/Unterhitze** auf 200 °C vorheizen. Das Backblech mit Backpapier auslegen.

200 g grob geriebener oder gewürfelter Emmentaler

Den Teig auf einem bemehlten Tuch dünn ausrollen oder ausziehen, leicht mit Butter bepinseln.
Die Füllung ca. 2–3 cm vom Rand entfernt auf den Teig verteilen.
Den Käse darüberstreuen, die Ränder einschlagen, Strudel aufrollen und mit der Naht nach unten auf das Blech legen.

So wird der Herd eingestellt:

Einschubhöhe	2, Blech	oder	Einschubhöhe	2, Blech
Temperatur	180 °C		Temperatur	200 °C, vorgeheizt
Backzeit	ca. 45–60 Minuten		Backzeit	ca. 45–60 Minuten

Schlemmerfilettopf

1 Zwiebel 100 g Schinken 200 g Champignons	Zwiebel und Schinken würfeln, Champignons in Scheiben schneiden.
1 Schweinelende (ca. 300 g) etwas Butterschmalz oder Rapsöl	Filet evtl. häuten, in 1,5 cm dicke Scheiben schneiden, plattieren. In heißem Butterschmalz oder Rapsöl von beiden Seiten stark anbraten.
etwas Salz etwas Pfeffer	Medaillons aus der Pfanne nehmen, salzen, pfeffern und in eine kleine Auflaufform setzen.
1 geh. EL Mehl 1 Becher Sahne 1 Prise Salz etwas Pfeffer etwas Paprikapulver, edelsüß	Zwiebel in der Pfanne andünsten, Champignons zugeben, mitdünsten, Schinken untermengen. Mit Mehl stauben, durchrühren, Sahne zugießen. Aufkochen lassen, von der Herdplatte nehmen, würzen.
2 EL Emmentaler, gerieben	Soße über den Medaillons verteilen, mit Käse bestreuen. In der Röhre überbacken.

So wird der Herd eingestellt:

Einschubhöhe	2, Rost		Einschubhöhe	2, Rost
Temperatur	200 °C	**oder**	Temperatur	220 °C, vorgeheizt
Backzeit	15–20 Minuten		Backzeit	15–20 Minuten

Dazu passen:
Salzkartoffeln oder Spätzle, S. 47.

Schlemmerfilettopf, angerichtet

Arbeitsaufträge:

Informiere dich auf S. 237!

1. Was versteht man unter einem Medaillon?

2. Die Medaillons werden vor dem Anbraten plattiert.
   a) Was ist damit gemeint?
   b) Aus welchem Grund wird dies gemacht?

Grünkernbratlinge

100 g Grünkern, geschrotet **⅛ l Gemüsebrühe** **1 Lorbeerblatt**	Grünkern, Gemüsebrühe und Lorbeerblatt unter Rühren aufkochen und 10 Minuten ausquellen lassen.
1 Zwiebel **etwas Butter**	Zwiebel schälen, fein würfeln, in Butter hellgelb andünsten, zur Masse geben.
100 g geriebener Gouda **1 Ei** **1 gestr. TL Senf** **Majoran** **Kräutersalz** **Paprika, edelsüß**	Gouda, Ei und Senf unter die abgekühlte Masse rühren, mit Majoran, Kräutersalz und Paprika abschmecken.
<u>**Beachte:**</u>	Der Teig muss so fest sein, dass mit nassen Händen kleine Frikadellen/Bratlinge geformt werden können!
	Teig in 8 Teile portionieren und mit feuchten Händen zu 1 ½ cm dicken runden Bratlingen formen.
Paniermehl	Bratlinge im Paniermehl wenden.
Öl	Öl in einer Pfanne erhitzen und Bratlinge darin von beiden Seiten hellbraun braten.

Dazu passen: Schnittlauchjoghurt oder verschiedene Quarkdips (s. S. 149, 150).

Wissenswertes:

Als **Grünkern** wird das unreif geerntete und gedarrte Korn des Dinkels bezeichnet, es ist olivgrün, glänzend, aromatisch duftend. Die Grünkernherstellung ist eine Spezialität in Süddeutschland. Es werden daraus Suppen, Klößchen/Frikadellen/Bratlinge und Aufläufe zubereitet. Grünkern ist ein fester Bestandteil der vegetarischen Vollwertküche.

Zucchiniröllchen, überbacken

3 Karotten **Salz, Zucker**	Karotten schälen, halbieren und jeweils in 4 Stifte schneiden. Wasser mit etwas Salz und Zucker zum Kochen bringen. Karottenstifte 15 Minuten garen. Mit einem Seihlöffel herausnehmen, abtropfen lassen.
1 Zucchini	Zucchini vorbereiten, mit dem Gurkenhobel in 8 dünne Längsstreifen hobeln. Kurz in kochendes Wasser geben – mit einem Seihlöffel vorsichtig herausnehmen, abtropfen lassen.
8 Scheiben Lachsschinken **8 Zahnstocher**	Zucchinischeiben mit je einer Scheibe Lachsschinken belegen. 3 Karottenstifte an ein Ende legen. Zucchinistreifen aufrollen und mit Zahnstochern feststecken.
Soße: **1 EL Butterschmalz** **1 gestr. EL Mehl** **1/8 l Brühe**	Butterschmalz erhitzen, Mehl zugeben und anschwitzen (= Mehlschwitze). Topf kurz von der Kochstelle nehmen. Flüssigkeit nach und nach unter Rühren zur Mehlschwitze geben, aufkochen lassen.
50 g Gouda, geraspelt **etwas Salz, Pfeffer, Muskat**	Gouda zugeben, bei Restwärme schmelzen. Soße würzen und abschmecken.
zum Legieren: **1/2 Becher Sahne** **1 Eigelb**	Eigelb mit Sahne verquirlen, in die Soße rühren. Soße darf nicht mehr aufkochen!
Anrichten: **Petersilie, fein gewiegt**	Soße in eine Gratinform gießen, Zucchiniröllchen daraufsetzen. In der Röhre gratinieren. Danach die Zucchiniröllchen mit fein gewiegter Petersilie bestreuen.

So wird der Herd eingestellt:

Einschubhöhe	1, Rost		Einschubhöhe	1, Rost
Temperatur	180 °C	oder	Temperatur	200 °C, vorgeheizt
Backzeit	20–25 Minuten		Backzeit	20–25 Minuten

Beim Herstellen einer Mehlschwitze ist die Gefahr der Klumpenbildung gegeben. Durch folgende Küchentricks kann dem entgegengewirkt werden.
- Zum Aufgießen den Topf von der Herdplatte nehmen.
- Stets mit kalter Flüssigkeit aufgießen. Heiße Flüssigkeit beschleunigt die Klumpenbildung!
- Befinden sich dennoch Klumpen in der Soße, so kann durch sofortiges Pürieren eine sämige Beschaffenheit erzielt werden.

Kleine Kartoffelkunde

Kartoffeln werden in drei unterschiedliche Kochtypen eingeteilt:

Kochtyp	Kocheigenschaften	Verwendung
festkochend	fest, feinkörnig und feucht, platzen nicht auf	Salate, Bratkartoffeln, Gratins
vorwiegend festkochend	mäßig feucht und feinkörnig, platzen wenig auf	als Beilage für Gerichte mit Soße (Salzkartoffeln, Pellkartoffeln)
mehlig kochend	trockener, grobkörnig, platzen stärker auf	zum Zerstampfen, Pürieren und Zerkleinern (Püree, Suppen, Eintöpfe, Klöße)

Wusstest du schon, dass
… die Kartoffeln nicht die Dickmacher der Nation sind (85 kcal/100 g).
… laut Statistik pro Jahr jeder Deutsche etwa 2 Zentner Kartoffeln isst.
… die Deutschen nicht nur mit Begeisterung Pommes frites verzehren, sondern auch Rösti, Klöße, Püree an Beliebtheit zunehmen.
… die braune Knolle leicht verdauliche Kohlenhydrate, wertvolles pflanzliches Eiweiß, kaum Fett, viel Vitamin C und Stoffwechselvitamine der B-Gruppe, Mineralstoffe und Ballaststoffe enthält.

Kartoffelsalat

500 g Kartoffeln	Kartoffeln als Pellkartoffeln 15 Minuten im Dampfdrucktopf dämpfen (Intensivgaren, 2. Ring).
2 Stangen Staudensellerie	Staudensellerie waschen, putzen und in feine Scheiben schneiden.
3 EL Mayonnaise **½ TL Salz** **etwas Pfeffer** **4 EL Weißweinessig** **1 EL frischer Dill** **½ TL Senf, mittelscharf**	Zutaten der Marinade in einer großen Schüssel vermischen. Geschnittenen Sellerie zugeben. Kartoffeln pellen, in Scheiben schneiden und mit der Marinade vermengen. Kartoffelsalat mindestens 30 Minuten durchziehen lassen. Vor dem Anrichten nochmals gut durchrühren und abschmecken.
zum Anrichten: **1 kleine Karotte** **Kresse**	Karotte sehr fein würfeln. Kartoffelsalat mit Karottenwürfeln und Kresse bestreut servieren.

Dieses Rezept kann abgewandelt werden:
Anstelle von Staudensellerie können auch Gewürzgurken verwendet werden. Der Weißweinessig kann durch Gurkenwasser/-essig ersetzt werden.

Folienkartoffeln mit verschiedenen Dips

4 große festkochende Kartoffeln

Kartoffeln gründlich waschen, bürsten, in Alufolie einwickeln, backen. Anschließend die Alufolie mit einem Messer einmal längs und einmal quer einschneiden.
Die Kartoffel von unten etwas auseinanderdrücken, in der Folie servieren.

So wird der Herd eingestellt:

Einschubhöhe	2, Rost
Temperatur	190 °C
Backzeit	ca. 60 Minuten

oder

Einschubhöhe	2, Rost
Temperatur	220 °C, vorgeheizt
Backzeit	ca. 60 Minuten

Kräuterquark

250 g Magerquark
½ B. Sahne
½ TL Kräutersalz
2 Msp. Paprika

Quark, Sahne, Salz und Paprika mit einem Schneebesen vermischen.

3 EL zerkleinerte Kräuter (Petersilie, Dill, Schnittlauch…)

Mit Kräutern abschmecken.

Crème fraîche mit Tomaten und Kresse

ca. 200 g abgezogene Tomaten

Tomaten entkernen, Fleisch fein würfeln.

1 B. Crème fraîche
1 EL Zitronensaft
Salz
Pfeffer

Crème fraîche, Zitronensaft, Salz und Pfeffer miteinander verrühren.
Tomatenwürfel unterziehen.

1 Kressebeet

Kresse mit der Schere vom Beet schneiden, unter die Masse ziehen, abschmecken.

Delikater Quarkdip

¼ l Buttermilch
125 g Sahnequark
1 EL mittelscharfer Senf
1 EL süßer Senf
2 EL feingehackter Schnittlauch
Zucker
Salz
Pfeffer
Zitronensaft

Alle Zutaten gut vermischen und pikant abschmecken.

Dieser Dip schmeckt besonders gut zu einer bunten Salatplatte und Folienkartoffeln.

Herzhafter Kräuterdip

125 g Edelpilzkäse	Edelpilzkäse mit einer Gabel zerdrücken.
100 g Butterkäse	Butterkäse klein würfeln und zu dem Edelpilzkäse hinzufügen.
75 g Walnüsse	Walnüsse klein hacken, die Hälfte davon unter die Käsemasse mischen.
⅛ l Milch oder saure Sahne	Milch dazugießen und gut verrühren, damit eine cremige Masse entsteht.
½ Bund Petersilie **½ Bund Schnittlauch**	Petersilie und Schnittlauch waschen und zerkleinern. 1 EL davon abnehmen, den Rest unter die Soße mischen.
	Den Dip kühl stellen und vor dem Servieren mit den restlichen Walnüssen und Kräutern garnieren. Gegebenenfalls mit etwas Kräutersalz und Cayennepfeffer abschmecken.
	Zu Folienkartoffeln servieren und mit Gurken- und Karottensticks anrichten.

Hühnerfrikassee

1 gekochtes Huhn/Hähnchen	Gekochtes Fleisch (siehe hierzu **Hühnersuppe**) auslösen und in gleichmäßige, mundgerechte Stücke schneiden.
Mehlschwitze: **1 kleine Zwiebel**	Zwiebel schälen und fein würfeln.
30 g Fett	Fett erhitzen und die Zwiebel darin andünsten.
30 g Mehl	Mehl hinzugeben, goldgelb rösten.
ca. ½ l kalte Flüssigkeit (Hühnerbrühe)	Die Flüssigkeit langsam unter ständigem Rühren mit einem Schneebesen aufgießen und dabei zum Kochen bringen. Anschließend ca. 3 Minuten köcheln lassen.
1 kl. Glas Champignons **1 kl. Glas Spargelabschnitte**	Champignons und Spargel abtropfen lassen und mit dem Hühnerfleisch in die Soße geben, aufkochen lassen.
Zitronensaft **Salz** **Pfeffer**	Mit Zitronensaft, Salz und Pfeffer abschmecken.
evtl. 2 EL Sahne	Zur Verfeinerung Sahne hinzufügen.

Dazu passen: Reisvariationen oder Reisrand s. S. 51.

Kartoffelschnee

Eine luftige, kalorienarme Kartoffelbeilage

500 g Kartoffeln (festkochend) **Salz**	Kartoffeln mit etwas Salz im Dampfdrucktopf garen, anschließend pellen und noch heiß durch eine Kartoffelpresse in eine vorgewärmte Schüssel drücken.

Putensteak „Mailänder Art"

4 Putensteaks	Steaks unter fließendem Wasser abspülen, trocken tupfen.
Salz **Pfeffer** **(frisch gemahlen)**	Steaks von beiden Seiten mit Salz und Pfeffer würzen.
2 – 3 El Öl	Öl in der Pfanne erhitzen, Steaks darin in 10 – 12 Minuten gar braten. Die Steaks anschließend aus der Pfanne nehmen und auf einer feuerfesten Platte oder Form warm halten.
1 Knoblauchzehe	Knoblauchzehe vorbereiten und in sehr feine Würfelchen schneiden oder pressen.
100 g Champignons	Champignons vorbereiten und in Streifen schneiden.
80 g Schinken **80 g abgezogene Tomaten**	Schinken und Tomaten in Streifen schneiden. Im verbliebenen Fett zunächst Knoblauch, Schinken- und Champignonstreifen andünsten, danach die Tomatenstreifen hinzufügen.
Salz **Pfeffer**	Mit Salz und Pfeffer würzen.
	Die angedünsteten Streifen auf die Putensteaks verteilen.
50 g frisch geriebener Parmesan	Parmesan darüberstreuen, bei **Oberhitze oder mit dem Grill** überbacken.

So wird der Herd zum Überbacken eingestellt:

Einschubhöhe	2, Rost		Einschubhöhe	2, Rost
Temperatur	175 °C	**oder**	Temperatur	200 °C, vorgeheizt
Backzeit	ca. 35 Minuten		Backzeit	ca. 35 Minuten

Dazu passen: Als Beilage eignen sich knackige Salate und Nudeln!

Fitnesssalat

ca. 150 g Blattsalat der Saison 1 kl. Kohlrabi 1 Karotte ½ Bund Radieschen	Salat putzen, waschen, anschließend entweder schleudern oder gut abtropfen lassen. Kohlrabi vorbereiten, mit Karotte und Radieschen grob raspeln.
100 g Champignons	Champignons putzen, dann vierteln oder in Scheiben schneiden.
½ Salatgurke	Salatgurke vorbereiten, in Scheiben schneiden.
	Salat mischen.
2 EL Sojabohnensprossen	Sprossen dazugeben.
4 EL Sonnenblumenkerne	Sonnenblumenkerne ohne Fett in der Pfanne kurz anrösten.
2 EL Essig 1 TL Senf 2 EL kalt gepresstes Olivenöl 1 Prise Salz 1 Prise Pfeffer etwas Zucker	Essig, Senf, Öl mit einem Schneebesen etwas aufschlagen, Salz, Pfeffer, Zucker hinzufügen. **Kurz vor dem Servieren** mit dem Salat gut vermischen.
	Salat anrichten, Sonnenblumenkerne darüberstreuen.

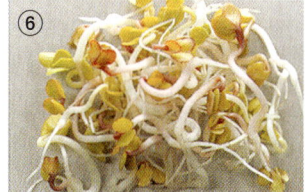

Arbeitsaufträge:
1. Trage Informationen in der Fachliteratur oder aus dem Internet über Sprossen zusammen.   - Welche Arten von Sprossen gibt es?
    - Welche Verwendungsarten gibt es?
    - Worauf ist bei der Verwendung von Sprossen in einem Singlehaushalt besonders zu achten?
    - Warum stellen Sprossen eine sinnvolle Ergänzung zur Kantinenverpflegung dar?
2. Welche Sprossen sind oben in der Abbildung zu sehen? Lösung auf S. 255.

Fenchelsalat mit Orangenmarinade

Marinade: **Saft von 1 Orange** **150 g Sauerrahm** **2 EL Öl** **1 TL Senf** **1 Msp.Curry** **Salz**	Orangensaft, Sauerrahm, Öl und Senf miteinander verrühren. Mit Curry und Salz abschmecken.
500 g Fenchel	Fenchel vorbereiten, fein raspeln, mit der Marinade vermengen.
1 Banane	Banane in kleine Stückchen schneiden, zum Salat geben.
8 Walnüsse	Walnüsse hacken, zum Salat geben, abschmecken und portionieren.
Orangenspalten **Petersilie oder** **Fenchelgrün**	Mit Orangenspalten und Petersilie oder Fenchelgrün garnieren.

- Liebhaber genießen Fenchel als Salat, als gegartes oder als geschmortes aromatisches Gemüse.
- Dieser Salat kann als Vorspeise oder auch gut zu Fisch und Fleisch gereicht werden.

Wissenswertes:

Fenchel hat einen anisähnlichen Geschmack. Er wird nicht von jedermann geschätzt, war aber bereits bei den alten Römern und Griechen bekannt und galt als Heilpflanze. Er wirkt gegen Blähungen und Husten.
Das zarte Fenchelgrün in der Mitte der Knolle kann zum Würzen sowie als Garnitur verwendet werden.

Einkauf/Lagerung:
- Fenchelknollen müssen fest und weiß sein.
- Sie dürfen keine braunen Stellen aufweisen, da diese schnell faulen.
- Im Kühlschrank ist er bis zu 2 Wochen haltbar.
- Gegen das Austrocknen sollte er in Folie verpackt werden.
- Zu lange und falsch gelagerter Fenchel trocknet schnell aus.
  Er wird zäh und strähnig.

Fruchtige Buttermilchspeise

5 Blatt Gelatine	Gelatine nach Anleitung auf S. 238 einweichen, auflösen.
½ l Buttermilch **1–2 EL Ahornsirup oder Honig** **2 EL Zitronensaft**	Ahornsirup oder Honig gut mit Buttermilch und Zitronensaft verrühren. Aufgelöste Gelatine angleichen und unter ständigem Rühren langsam in die Buttermilchmasse hineingeben.
100 g Beeren der Saison	Beeren waschen, putzen, zerkleinern und unter die Buttermilchmasse heben. Portionieren.
Einige Früchte	Die Speise mit Früchten garnieren.

Schoko-Orangen-Joghurtspeise
(Diabetiker) 4 Pers.

6 Blatt Gelatine	Gelatine nach Anleitung auf S. 238 einweichen, auflösen.
1–2 TL Kakao **1 EL heißes Wasser**	Kakao im Wasser auflösen.
2 Becher à 150 g Naturjoghurt **¼ l Orangensaft** **evtl. Süßstoff oder Zucker**	Joghurt mit Orangensaft und Süßstoff/Zucker verrühren, aufgelösten Kakao und aufgelöste Gelatine dazugeben, abschmecken und portionieren.
½ Becher Sahne	Sahne steif schlagen, Nachtisch damit garnieren.
evtl. Orangenstückchen	Orangenstückchen zum Garnieren verwenden.

Bei allen kalten Nachspeisen mit Gelatine muss zügig portioniert werden, da die Masse schnell zu steifen beginnt. Es ist empfehlenswert, die Dessertschalen vorher bereitzustellen.

Mascarpone-Quark-Creme

3 große Orangen	2 Orangen so schälen, dass die weiße Haut vollständig entfernt wird. Das Fruchtfleisch zwischen den Trennhäuten herausschneiden. Trennhäute kräftig ausdrücken, dabei den Saft auffangen. Die übrige Orange auspressen.
150 g Mascarpone 250 g Magerquark 4 EL Milch 1 P. Vanillezucker 1 EL Zucker	Orangensaft, Mascarpone, Vanillezucker, Magerquark, Milch und Zucker mit den Schneebesen eines Handrührgeräts zu einer glatten Creme rühren. Die Orangenfilets auf vier Tellern verteilen und die Creme dazugeben.
frische Feigen, Orangenscheiben, Zitronenmelisse	Nach Belieben mit Feigen, Orangenscheiben und Zitronenmelisse verzieren.
Dazu passen:	Mascarpone-Quark-Creme schmeckt sehr gut mit Orangenkeksen.

Orangencreme

4 Blatt Gelatine	Gelatine nach Anleitung auf S. 238 einweichen und auflösen.
1 Orange	Orange schälen und in 1 cm große Würfel schneiden. Orangenwürfel auf 4 Dessertschälchen verteilen.
Grundmasse: 1 Becher Joghurt $1/4$ l Orangensaft 80 g Zucker Schale einer unbehandelten Orange 3–4 Würfelzucker	Joghurt, Orangensaft und Zucker mit dem Schneebesen in einer Schüssel verrühren. Aufgelöste Gelatine angleichen und einrühren. Orange heiß waschen, abtrocknen. Orangenschale mit dem Würfelzucker abreiben und diesen in der Grundmasse auflösen.
$1/2$ Becher Sahne	Sahne schlagen, unter die Creme ziehen. Orangencreme in die vorbereiteten Dessertschälchen gießen. Nochmals kalt stellen.
Pistazien, gehackt	Creme kurz vor dem Servieren mit Pistazien bestreuen.

Rührteig Grundrezept

250 g Butter/Margarine **250 g Zucker** **1 P.Vanillezucker**	Butter oder Margarine zusammen mit Zucker und Vanillezucker schaumig rühren.
4 Eier	Eier nach und nach unter die Masse rühren.
500 g Mehl **1 P. Backpulver** **ca. 8 EL Milch**	Mehl sieben, Backpulver und Milch unterrühren.
<u>**Beachte:**</u>	Der Teig sollte schwerreißend vom Löffel fallen und dabei Spitzen bilden! Der Teig kann anschließend in einer beliebigen Form gebacken werden.

So wird der Herd eingestellt:

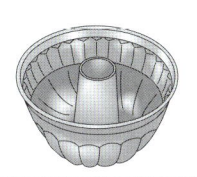

Gugelhupfform  — Kastenform  — Springform

Einschubhöhe	2, Rost		Einschubhöhe	2, Rost
Temperatur	160–175 °C	**oder**	Temperatur	180–200 °C
Backzeit	ca. 50–60 Minuten		Backzeit	ca. 50–60 Minuten

So wird der Herd eingestellt:

Blechkuchen  — Muffinform

Einschubhöhe	2		Einschubhöhe	2
Temperatur	160–175 °C	**oder**	Temperatur	180–200 °C
Backzeit	ca. 20–30 Minuten		Backzeit	ca. 20–30 Minuten

Diesem Grundrezept können nach Belieben Schokostreusel, Orangenaroma oder andere Geschmackszutaten zugegeben werden (Rezepte auf den Seiten 158 und 159).

Gewürzkuchen

250 g Butter oder Margarine 250 g Zucker 1 P. Vanillezucker	Fett, Zucker und Vanillezucker gemeinsam schaumig rühren.
4 Eier	Eier nach und nach unterrühren.
250 g Mehl 200 g gem. Haselnüsse 2 EL Kakao 1 P. Backpulver 1/2 P. Lebkuchengewürz	Mehl, Haselnüsse, Kakao, Backpulver und Lebkuchengewürz mischen, zur Schaummasse geben.
einige Tropfen Rumaroma etwas Milch	Rumaroma und Milch unterrühren.
	Teig in die vorbereitete Kastenform geben und backen.

So wird der Herd eingestellt:

Einschubhöhe	2, Rost		Einschubhöhe	2, Rost
Temperatur	160–175 °C	oder	Temperatur	180–200 °C
Backzeit	50–60 Minuten		Backzeit	50–60 Minuten

Punschkuchen – auch ohne Alkohol

250 g Butter oder Margarine 250 g Zucker 1 P. Vanillezucker	Fett, Zucker und Vanillezucker schaumig rühren.
4 Eier	Eier nach und nach hinzufügen.
350 g Mehl 1 P. Backpulver 100 g Schokoladenstreusel 1 EL Zimt 1 EL Kakao	Mehl, Backpulver, Streusel, Kakao und Zimt mischen und unterrühren.
1/8 l Kinderpunsch	Kinderpunsch ebenfalls unterrühren.
	Teig in die vorbereitete Kastenform geben und backen.

So wird der Herd eingestellt:

Einschubhöhe	2, Rost		Einschubhöhe	2, Rost
Temperatur	ca. 160–175 °C	oder	Temperatur	ca. 180–200 °C
Backzeit	ca. 50–60 Minuten		Backzeit	ca. 50–60 Minuten

Ameisenkuchen

125 g Butter/Margarine 175 g Zucker 1 P. Vanillezucker	Fett, Zucker und Vanillezucker schaumig rühren.
4 Eier	Eier nach und nach hinzufügen.
200 g Mehl 100 g Schokoladen- streusel 1 P. Backpulver	Mehl, Backpulver und Schokostreusel mischen, unterrühren.
1 Tasse Milch oder Sahne	Milch oder Sahne ebenfalls unterrühren.
	Teig in die vorbereitete Kastenform geben und backen.

So wird der Herd eingestellt:

Einschubhöhe	2, Rost		Einschubhöhe	2, Rost
Temperatur	175 °C	**oder**	Temperatur	200 °C, vorgeheizt
Backzeit	ca. 50–60 Minuten		Backzeit	ca. 50–60 Minuten

Nusskuchen

250 g Butter/Margarine 250 g Zucker 1 P. Vanillezucker	Fett, Zucker und Vanillezucker schaumig rühren.
4 Eier	Eier nach und nach unterrühren.
250 g Mehl 200 g gem. Nüsse 1 P. Backpulver	Mehl, Backpulver und Nüsse mischen, ebenfalls unterrühren.
	Teig in die vorbereitete Kastenform geben und backen!

So wird der Herd eingestellt:

Einschubhöhe	2, Rost		Einschubhöhe	2, Rost
Temperatur	175 °C	**oder**	Temperatur	200 °C, vorgeheizt
Backzeit	ca. 50–60 Minuten		Backzeit	ca. 50–60 Minuten

Becherkuchen mit Mandeln

1 Becher Sahne
1 Becher Zucker
2 Becher Vollkornmehl
4 Eier
1 P. Backpulver
1 P. Vanillezucker
1 Prise Salz

Aus Sahne, Zucker, Mehl, Eier, Backpulver, Vanillezucker und Salz einen Rührteig herstellen.
Teig auf ein gefettetes oder mit Backpapier ausgelegtes Blech geben, backen.

Belag:
125 g zerlassene Butter
200 g gehobelte Mandeln
4 EL Milch
1 Becher Zucker
1 P. Vanillezucker

Butter im Kochtopf langsam zerlassen und Milch, Zucker, Vanillezucker und Mandeln dazugeben.
Nach 10 Minuten Backzeit die Masse vorsichtig auf dem vorgebackenen Teig verteilen und goldbraun fertig backen.

Tipp: Mandeln können ausgetauscht werden durch Haselnüsse (gemahlen oder Blättchen) oder Kokosflocken.

So wird der Herd eingestellt:

Einschubhöhe	2, Blech		Einschubhöhe	2, Blech
Temperatur	175 °C	oder	Temperatur	200 °C, vorgeheizt
Vorbacken 10 Minuten			Vorbacken 10 Minuten	
Backzeit insgesamt ca. 35 Minuten			Backzeit insgesamt ca. 35 Minuten	

Buttermilchkuchen (Tassenkuchen)

2 Tassen Buttermilch
2 Tassen Zucker
1 P. Vanillezucker
2 Eier
4 Tassen (Vollkorn-) Mehl
1 P. Backpulver

Buttermilch, Zucker, Vanillezucker, Eier, Mehl und Backpulver miteinander verrühren.
Teig auf ein vorbereitetes Backblech streichen.

2 Tassen Kokosflocken
1 Tasse Zucker

Kokosflocken und Zucker vermischen und auf den Teig streuen, backen.

1 Becher Sahne

Nach dem Backen vorsichtig mit einem Teelöffel gleichmäßig auf dem Kuchen verteilen.

So wird der Herd eingestellt:

Einschubhöhe	2, Blech		Einschubhöhe	2, Blech
Temperatur	160 °C	oder	Temperatur	180 °C, vorgeheizt
Backzeit	ca. 30 Minuten		Backzeit	30 Minuten

Zebrakuchen

5 Eier **100 g Zucker**	Eier trennen, Eiklar zu Eischnee schlagen. Zucker langsam einrieseln lassen, zu festem Eischnee weiterschlagen und kühl stellen.	
5 Eigelb **200 g Zucker** **1 P. Vanillezucker**	Eigelb, Zucker und Vanillezucker schaumig rühren.	
⅛ l Wasser **¼ l Öl**	Wasser und Öl dazugeben und gut verrühren.	
375 g Mehl **1 P. Backpulver**	Mehl und Backpulver einrühren.	
	Eischnee unter den Teig heben.	
1 EL Kakao	⅓ des Teigs abnehmen und Kakao untermischen.	
	Springform vorbereiten, in die Mitte der Form 2 EL weißen Teig geben, darauf 1 EL dunklen Teig setzen und das Ganze so lange abwechselnd wiederholen, bis der Teig verbraucht ist. Also immer Löffel für Löffel Teig in die Mitte aufeinandersetzen, nicht nebeneinander.	

So wird der Herd eingestellt:

Einschubhöhe	2, Rost		Einschubhöhe	2, Rost	
Temperatur	160 °C	**oder**	Temperatur	175 °C, vorgeheizt	
Backzeit	ca. 45–60 Minuten		Backzeit	ca. 50 Minuten	

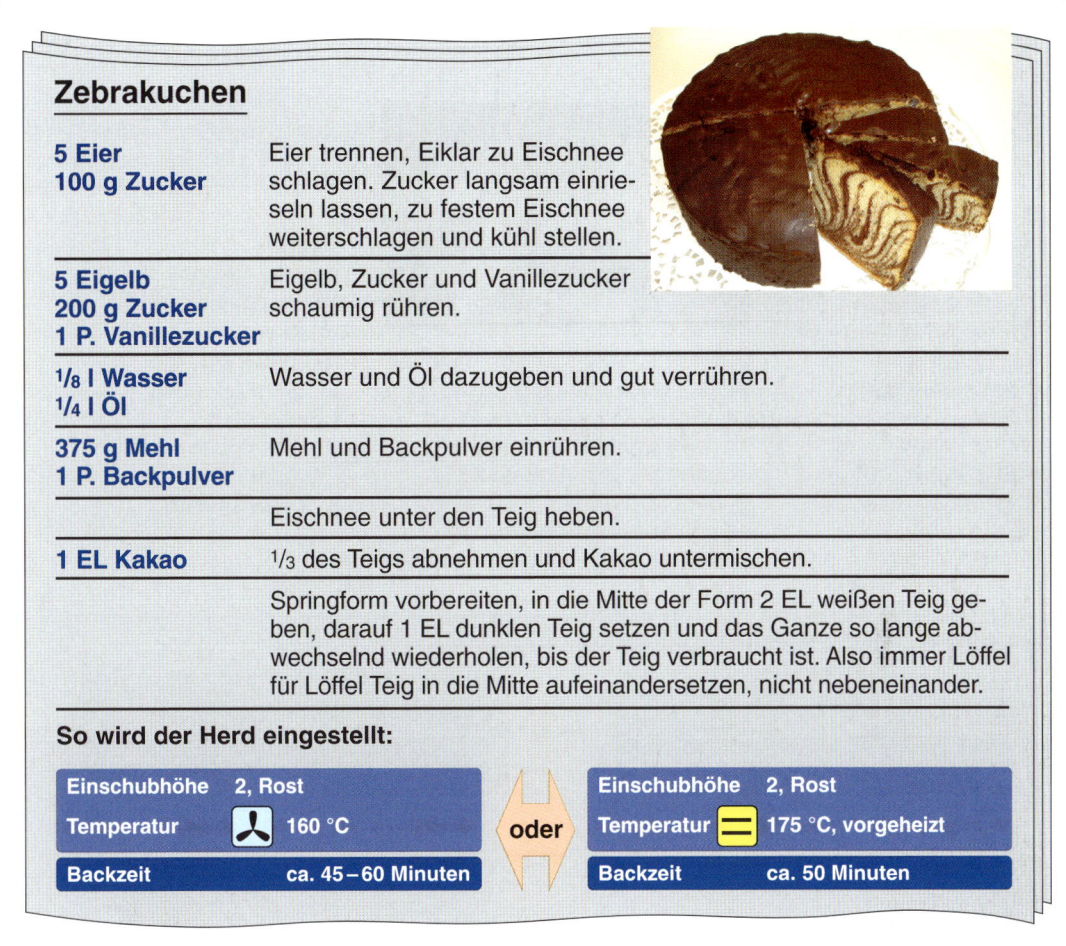

Schokoladenguss im Wasserbad oder Mikrowelle bei niedriger Wattzahl schmelzen und den erkalteten Kuchen damit überziehen. So hält der Kuchen länger frisch!

Obstkuchen

Biskuit:
Teig für kleine
Obstkuchenform
(Ø 26 und 28 cm)
75 g Zucker
1 P. Vanillezucker
3 Eier

125 g Mehl
2 TL Backpulver

Zutaten schaumig rühren, bis die Masse cremig ist und die Farbe deutlich heller wird.

Zutaten zur Schaummasse geben, unterheben.
Teig in vorbereitete Form füllen und in der vorgeheizten Röhre backen.

Biskuit:
Teig für große
Obstkuchenform
(Ø 30 cm)
100 g Zucker
1 P. Vanillezucker
4 Eier

175 g Mehl
3 TL Backpulver

So wird der Herd eingestellt:

Einschubhöhe	2, Rost		Einschubhöhe	2, Rost
Temperatur	180 °C	oder	Temperatur	200 °C, vorgeheizt
Backzeit	15–20 Minuten		Backzeit	12–15 Minuten

Belag:

Vanillepudding
1 P. Vanillepuddingpulver
2 EL Zucker
3/8 l Milch

Pudding laut Packungsanleitung zubereiten.
Anschließend sofort auf den etwas ausgekühlten Kuchen streichen.

Obst
3 Kiwis

Kiwis schälen,
in dünne Scheiben schneiden und den Kuchen damit belegen.

Tortenguss
1 P. Tortenguss
2 EL Zucker
0,25 l Wasser

Tortenguss laut Packungsanleitung zubereiten,
über den Kuchen geben.

Die Obstsorten können je nach Jahreszeit beliebig ausgetauscht werden, z. B. Erdbeeren, Brombeeren.
Achte bei mehreren Obstsorten auf die farbliche Zusammenstellung.

4 Über den Tellerrand hinaus zu anderen Ländern

Du kannst neu dazulernen,

- typische Ess- und Lebensgewohnheiten anderer Länder herauszustellen,
- typische Gewürze und Nahrungsmittel anderer Länder und ihre Bedeutung im Internet herauszufinden,
- die 10 Regeln der DGE zu formulieren,
- verschiedene Garmachungsarten und Möglichkeiten der Zubereitung kennenzulernen,
- Spezialgeräte (WOK) sachgerecht und situationsgerecht einzusetzen und zu warten,
- typische Gerichte anderer Länder zuzubereiten,
- typische Gerichte anderer Länder abzuwandeln,
- Essstörungen als einen Trend unserer Gesellschaft kritisch zu hinterfragen (Ursachen, Krankheitsbild, Folgen, Therapie),
- das Internet als Informationsquelle zu nutzen für: asiatische Küche, asiatische Lebensweise, asiatische Esskultur, Essstörungen, 10 Regeln der DGE,
- Speisen unter dem Aspekt des Ausgleichs und der Ergänzung zuzubereiten,
- ausgewogene Lebensmittelauswahl auch in einem Singlehaushalt zu treffen,
- dich im Singlehaushalt sowie als Ergänzung der Kantinenverpflegung ökonomisch und vollwertig zu ernähren.

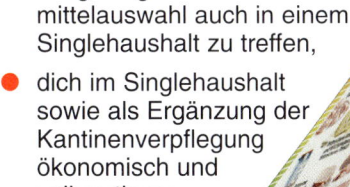

4.1 Essen mit Verstand

Seit über 30 Jahren gibt es in Deutschland die DGE (=Deutsche Gesellschaft für Ernährung). Sie beobachtet das Ernährungsverhalten der Deutschen und forscht nach Ursachen für ungesunde Ernährungsweisen. Mithilfe wissenschaftlicher Erkenntnisse entwickelt die DGE Richtlinien für eine gesunde Ernährung. Auf diese Weise versucht die DGE, die deutschen Bundesbürger dazu zu bewegen, sich richtig und vollwertig zu ernähren.

Die 10 Regeln der DGE

1. **Vielseitig essen**
   - ausgewogen und abwechslungsreich
   - stärkt das Immunsystem

2. **Getreideprodukte – mehrmals am Tag – und reichlich Kartoffeln**
   - liefern dem Körper reichlich Ballaststoffe, Mineralstoffe und Vitamine
   - wichtig für Haut, Haare und Nägel

3. **Gemüse und Obst – Nimm 5 am Tag**
   - frisch geerntetes oder TK-Obst und -Gemüse bevorzugen
   - liefern dem Körper wichtige Vitamine, Mineralstoffe und Ballaststoffe
   - Tagesziel sind ca. 2 Handvoll Obst und 3 Handvoll Gemüse
   - stärkt die Abwehrkräfte

4. **Täglich Milch und Milchprodukte, 1x Fisch und bis zu 2x Fleisch pro Woche**
   - liefern dem Körper überwiegend Eiweiß und Calcium
   - wichtig für den Knochenbau

5. **Wenig Fett und fettreiche Lebensmittel**
   - beugt Übergewicht und Folgekrankheiten vor

6. **Zucker und Salz in Maßen**
   - Zucker lässt sich reduzieren und austauschen durch z. B. Honig, Ahornsirup, …
   - Salz lässt sich teilweise durch Kräuter und Gewürze ersetzen

7. **Reichlich Flüssigkeit**
   - mindestens 1,5 l durch Getränke und ca. 1 l durch Nahrung sollten am Tag zugeführt werden
   - geeignete Getränke: Mineralwasser, Kräutertees, Obst- und Gemüsesäfte
   - ungeeignete Getränke: Alkohol, Kaffee, Limos, Cola, …

8. **Schmackhaft und schonend zubereiten**
   - verwende überwiegend Kräuter und Gewürze
   - bevorzuge schonende Garverfahren, z. B. Dünsten, Dämpfen, Garen im Dampfdruckkopf, in der Folie oder im Wok

9. **Nimm dir Zeit beim Essen, damit du es genießen kannst**
   - für das Wohlbefinden und die Gesundheit sowie für die Ausprägung eines sinnvollen Essverhaltens sind kulturelle und soziale Aspekte des Essens von großer Bedeutung

10. **Achte auf dein Wunschgewicht und bleib in Bewegung**
    - genügend Bewegung sendet Glückshormone aus
    - regelmäßiger Sport erhöht das Wohlbefinden, vermeidet Übergewicht und so Folgeerkrankungen

ASKESE (= entsagende Lebensweise)

Wir erkennen:
Iss vielseitig, ausgewogen, fett- und zuckerarm.
Iss möglichst viele Getreideprodukte, Obst und Gemüse.
Iss wenig Fertigprodukte.
Für ein gesundes und langes Leben sowie mehr Lebensqualität sollten die 10 Regeln der DGE beachtet werden.

Arbeitsaufträge:
Finde im Internet oder den täglichen Medien Informationen über „falsche Ernährung".
Stelle deine Erkenntnisse in einem Kurzreferat zusammen.

Auswahl der Lebensmittel

Viele Menschen schätzen Fleisch aufgrund seines guten Geschmacks. Ein knusprig gebratenes Schnitzel oder Geschnetzeltes mit vollmundiger Soße lässt uns bereits beim Anblick das Wasser im Mund zusammenlaufen. Zunehmend beliebter werden Speisen, die mit Käse überbacken erst richtig gut schmecken. Nach derartig üppigen und reichhaltigen Mahlzeiten stellt sich häufig ein Völlegefühl ein. Dies liegt schlichtweg am Fettgehalt der Lebensmittel. Grundsätzlich liegt uns Fettes nämlich schwer im Magen. Zum Zeitpunkt des Essens ist dies den meisten Menschen nicht bewusst. Denn nicht immer sieht man den Lebensmitteln ihren Fettgehalt an.

Um abends vor dem Fernseher nicht schon wieder zu Süßigkeiten oder Knabbereien zu greifen, muss das Abendessen lange satt machen. Satt fühlt man sich immer dann, wenn das Blut ausreichend mit Zucker versorgt ist. Dann meldet das Gehirn: satt und zufrieden. Solange sich der Blutzuckerspiegel zwischen 80 und 120 mg pro Liter Blut bewegt, haben wir kein Bedürfnis zu essen. Die Lebensmittel beeinflussen den Blutzuckerspiegel unterschiedlich.

Süßigkeiten

Nährmittel

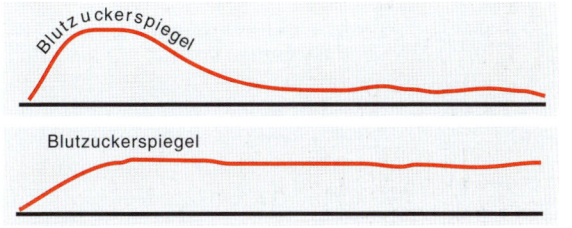

Bedingt durch die Arbeitssituationen, wird häufig mittags in der Kantine oder im Schnellimbiss gegessen, sodass die Hauptmahlzeit auf den Abend verlegt wird.
Dabei sind wichtige Punkte zu beachten:

- Fettreiche Speisen meiden, da sie den Magen belasten.
- Für abwechslungsreiche Speisen sorgen und diese appetitlich anrichten.
- Fehlende Nährstoffe müssen/sollen ergänzt werden.
- Auf leicht verdauliche Lebensmittel achten.
- Die letzte Mahlzeit mindestens zwei Stunden vor dem Schlafengehen einnehmen.
- Bei Tisch auf eine entspannte Atmosphäre achten.

Arbeitsaufträge:
1. Nach der Hauptmahlzeit am Abend stellt sich häufig ein unangenehmes Völlegefühl ein. Wie ist dies zu erklären?
2. Aus welchem Grund sind Obst und Gemüse bei einem Abendessen unerlässlich?
3. Stelle ein leichtes Abendessen zusammen. Berücksichtige dabei die Merkpunkte.
4. Wie müssten oben abgebildete Lebensmittelgruppen bei einem warmen Abendessen mengenmäßig vertreten sein?
5. Im Schülercafé gab es heute „Spaghetti Napoli".
   Erstelle für dich einen Speiseplan für den Rest des Tages zu Hause.

Fallbeispiel:
Stefanie bekommt in der Kreisstadt eine Ausbildungsstelle zur Arzthelferin. Da sie mit 16 Jahren noch keinen Führerschein besitzt und die öffentlichen Verkehrsmittel nicht ausreichend vorhanden sind, entschließt sie sich, eine kleine Wohnung in der Stadt zu mieten.
In ihrer Ausbildung hat sie mittags immer eine kurze Pause. Während dieser Zeit geht sie meistens zum nahe liegenden Bäcker oder Metzger und besorgt sich eine Kleinigkeit zu essen. Für zwischendurch hat sie frisches Gemüse, Obst oder Joghurt dabei. Abends nach der Arbeit hat sie deshalb großen Hunger und kocht meistens noch etwas. Dabei versucht sie als figurbewusste junge Frau, sich möglichst vollwertig zu ernähren. Trotzdem soll es auch schnell gehen und der Einkauf und die Zubereitung nicht zu aufwendig sein.

Was koche ich heute?

So stehen z. B. auf ihrem Speisezettel Gerichte wie Gemüsesuppe, Gemüsevollkornreis mit Tomatensoße, Nudelauflauf, Milchreis mit Früchten, Kartoffelgratin mit knackigem Salat, Salatteller mit Putenstreifen und manchmal auch eine Pizza.

Arbeitsaufträge:

1. Stefanie lebt in einem „Singlehaushalt". Diskutiert in der Gruppe das Essverhalten von Stefanie. Verhält sie sich richtig oder könnte sie etwas verbessern?
2. Sucht gemeinsam Tipps, wie sie sich den Zeitaufwand für den Einkauf und die Zubereitung noch ökonomischer einteilen könnte (z. B. doppelte Portion kochen, an zwei aufeinanderfolgenden Tagen essen).
3. Findet Möglichkeiten, Aufgewärmtes vom Vortag aufzuwerten!
Wie könnte der Einkaufszettel von Steffi aussehen? Vergleicht ihn mit dem eines Mehrpersonenhaushalts, in dem sie vorher gelebt hat!

Stefanies Kollegin wohnt in einer WG mit einer anderen jungen Frau und einem jungen Mann. Die junge Frau ist im Büro angestellt, der junge Mann arbeitet als Landschaftsgärtner.
Während der Arbeit geht die Büroangestellte in der Kantine der Firma essen. Der Landschaftsgärtner nimmt sich meistens ein paar belegte Brote mit.
Die beiden Frauen sind nach der Arbeit sportlich sehr aktiv. Aus Zeitmangel besorgen sie sich deshalb schnell auf dem Heimweg etwas im Schnellrestaurant um die Ecke. Der junge Mann jedoch mag abends nach der Arbeit gerne noch ein saftiges Stück Fleisch. Meistens brät er sich ein Schweinesteak oder macht sich Würstchen, dazu gibt es dann wahlweise Nudeln oder Pommes frites. Von Salat und Gemüse hält er bei diesen Mahlzeiten nichts und sie werden deshalb geflissentlich vernachlässigt.

Wer kauft ein?
Wer räumt auf?

Anschließend lässt er den Abend mit einer Flasche Limo und einer Tüte Chips vor dem Fernseher ausklingen.
Gemeinsam kochen die drei nur sehr selten. Die Entscheidung, wer einkaufen geht und die Aufräumarbeiten übernimmt, fällt ihnen nicht leicht.

Das gemeinsame Kochen bei lauter Musik allerdings macht ihnen genauso großen Spaß wie die interessanten Tischgespräche. Jedes Mal nehmen sie sich vor, dies öfter zu tun und dazu vielleicht auch noch Freunde einzuladen.
Ein Organisationsplan muss her.

Wochenplan

Name	Montag	Dienstag	Mittwoch	Donnerstag	Freitag	Samstag	Sonntag
Mike (Urlaub: 1.6 – 23.6)			Einkaufen (+Getränke) Kochen		Badezimmer Kochen	heute gewaschen!	✗ Kochen ???
Julia Besuch Eltern 9.5.!!! (vorher großes Saubermachen)		Kochen	Küche putzen + wischen	~~~~		Einkaufen Kochen	✗ Gemeinsam wird
Sonja Grüße euch alle?	Einkaufen Kochen		Staubsaugen Kochen			Wäsche	✗

Arbeitsaufträge:

1. Diskutiert in der Gruppe das Essverhalten der WG.
   Vergleicht es mit Stefanies Singlehaushalt.
   Findet Möglichkeiten, wie die drei häufiger gemeinsam das Abendessen zubereiten könnten.
   Findet Gerichte, die allen gerecht werden und die Mahlzeiten des Tages ausgleichen bzw. aufwerten.

2. Wodurch könnte man die Limo und die Chips ersetzen?
   Beachte bei der Entscheidung:
   Die 10 Regeln der DGE (s. S. 164),
   die Regeln für ein bekömmliches, gesundes Abendessen (s. S. 165),
   die Zuordnung der Lebensmittel in Ernährungskreis und
   Nahrungsmittelpyramide (s. S. 170).

Wir erkennen:

Eine gesundheitsbewusste Ernährung kann sowohl im Mehrpersonen-, Zweipersonen- sowie im Singlehaushalt stattfinden. Neben der richtigen Auswahl der Nahrungsmittel kommt es auf eine überlegte Planung, Beschaffung, Bevorratung und auf die richtige Zubereitung an.

Arbeitsauftrag:

Interpretiere dazu den Slogan „Fünf am Tag".
Setze die Ergebnisse auch auf Personen um, die ihre Hauptmahlzeit in der Kantine einnehmen.

Möglichkeiten der Zubereitung

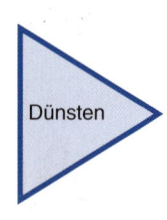

Frittieren		Das Lebensmittel wird in heißem Fett gegart. Dies geht aufgrund der hohen Temperatur sehr schnell. Da das Lebensmittel im Fett schwimmt, können sich rundherum Röststoffe bilden. Deshalb schmeckt Frittiertes besonders gut. Geeignet für dünne Fleischstücke, Kartoffeln, Frühlingsrolle, gebackene Bananen.	9 Std.
Schmoren im Topf		Das Lebensmittel wird in heißem Fett stark angebraten. Dabei bilden sich Röst- und Aromastoffe – erkennbar am rundum gebräunten Fleisch und dem Bratenansatz am Topfboden. Beim Aufgießen löst sich der Bratenansatz und bildet die Grundlage für gehaltvolle Soßen. Geeignet für dickere Fleischstücke (z. B. Braten).	
Braten in der Pfanne		Das Lebensmittel wird in heißem Fett stark angebraten. Dabei bilden sich Röststoffe. Das Lebensmittel wird rundherum knusprig. Bei geringer Hitzezufuhr fertig garen lassen. Eine Sonderform des Bratens in der Pfanne ist das Pfannenrühren im Wok (s. Chop Suey). Geeignet für Kurzgebratenes (z. B. Schnitzel).	
Gratinieren		Gratinieren heißt Überkrusten und dient der Geschmacksverbesserung. Häufig wird dazu Käse verwendet. Beim Gratinieren ist wichtig, dass die Lebensmittel bereits gegart sind. Je fetthaltiger der Käse ist, desto besser gelingt die Kruste (z. B. Aufläufe).	
Dünsten		Das Lebensmittel wird in wenig Fett kurz angebraten. Danach wird sofort zurückgeschaltet – es entstehen keine Röststoffe. Der Eigengeschmack kommt mehr zur Geltung (z. B. Gemüse, Fisch).	1 Std. Verweildauer im Magen

Kochen Dämpfen		Das Lebensmittel wird in kochendem Wasser gegart. Eine andere Möglichkeit ist, Lebensmittel im Wasserdampf zu garen. Dabei liegen sie im Siebeinsatz und kommen mit dem Wasser nicht in Berührung, auch im Wok möglich.	1 Std. Verweildauer im Magen

Wir erkennen:
Beim Kochen werden die Nährstoffe ausgelaugt, während beim Dämpfen die Nährstoffe erhalten bleiben.
Kochen = z. B. Huhn, Rindfleisch, Pellkartoffeln
Dämpfen = Salzkartoffeln, Gemüse

Arbeitsaufträge:
1. Stelle Möglichkeiten heraus, Lebensmittel leicht verdaulich zuzubereiten!
2. Woran liegt es, dass einem Frittiertes, Gebratenes und Geschmortes lange im Magen liegt?
3. Erkläre, weshalb folgende Gerichte empfehlenswert / nicht empfehlenswert für ein Abendessen sind!

empfehlenswert	nicht empfehlenswert
gefülltes Gemüse	Gnocchi in Gorgonzola
Folienkartoffeln mit Dip	Rösti mit Pilzsoße
Chop Suey	Kohlrouladen

Für die Umsetzung von Ernährungsrichtlinien wurde von der Deutschen Gesellschaft für Ernährung (DGE) ein neues grafisches Modell entwickelt:

Die dreidimensionale Lebensmittelpyramide

Als Basis dient der DGE-Ernährungskreis. Dieser stellt mit seinen einzelnen Segmenten die unterschiedlichen Lebensmittelgruppen dar, in welchen Mengenrelationen sie in einer vollwertigen Ernährung vertreten sein sollen. ①

Bei der dreidimensionalen Lebensmittelpyramide werden an den vier Pyramidenseiten die Lebensmittel anhand ihrer ernährungsphysiologischen Qualität in eine Rangordnung gesetzt.

Bei der Zuordnung der Lebensmittel in die 4 Pyramidenseiten geht es um

● pflanzliche Lebensmittel ②, tierische Lebensmittel ③, Fette und Öle ④, Getränke ⑤.

Diese vier Seiten orientieren sich an den Segmenten des DGE-Ernährungskreises und vertiefen somit die Empfehlungen anhand von zugrunde liegenden Kriterien wie Energiedichte und Nährstoffgehalt.

Weniger ernährungsphysiologisch wertvolle Produkte sind in der Spitze platziert und sind mit einem roten Streifen markiert, z. B. Energy-Drinks, Schmalz, Butter… Diese Lebensmittel sollten nur selten auf den Tisch kommen.

Die Ampelfarben an den Dreieckskanten machen die Einordnung in

● Basis,
● Mitte,
● Spitze

deutlich.

An der breiten Basis der Lebensmittelpyramide stehen Lebensmittel, die häufig verzehrt werden dürfen und als ernährungsphysiologisch empfehlenswert eingestuft werden, z. B. mageres Fleisch, fettarmer Fisch...

Wir erkennen:

In der mit Farben, Bildern und räumlicher Gliederung ausgestatteten dreidimensionalen Lebensmittelpyramide werden die nährwertbezogenen Empfehlungen in lebensmittelbezogene Empfehlungen umgewandelt und wiedergegeben, die für eine vollwertige Ernährung von großer Bedeutung sind.

170

4.2 Essstörungen – ein Trend unserer Gesellschaft!? Schönheit und Schlanksein um jeden Preis!

Suchtgefahr durch falsche Ernährung = Essstörung

	Magersucht = Anorexia nervosa	**Bulimie = Bulimia nervosa**
1. Ursachen	Es handelt sich um eine Entwicklungsstörung von 12- bis 18-Jährigen. In erster Linie ist das weibliche Geschlecht betroffen. Der/die Magersüchtige versucht, sich mit der Essensverweigerung gegen die Übernahme der zugedachten Erwachsenen- und Geschlechterrolle zu wehren. Meistens sind Menschen mit Magersucht nach außen sehr ehrgeizig, leistungsorientiert und beliebt, zumindest so lange, bis die Unterernährung ihren Tribut fordert. Der unterdrückte Wunsch, eine eigenständige Persönlichkeit zu sein, sein Ich zu spüren und zu bestimmen, kann in der Pubertät zur Rebellion durch Magersucht führen: „Hunger und Körper sind mein. Die kann niemand fremd bestimmen."	Die Personen sind durchschnittlich 21 Jahre alt. An Bulimie Erkrankte haben schreckliche Angst vor einer Gewichtszunahme, empfinden sich selbst als abstoßend und unförmig. Die Hauptursachen der Bulimie sind häufig in den gesellschaftlichen Rahmenbedingungen zu finden. Medien, Mode und Meinungsmacher verbreiten durch Schlankheitswerbung soziale Attraktivität. Je schwächer das Selbstwertgefühl und je größer der Schlankheitswahn, desto anfälliger sind die Personen, nach der nächsten Diät an Bulimie zu erkranken.
2. Krankheitsbild	Sie versuchen, ihr Gewicht drastisch zu reduzieren. Jedes Kilo weniger auf der Waage spornt zum Weitermachen an. Ein Krankheitsgefühl besteht bei den Betroffenen nicht. Die Fantasie kennt keine Grenzen, um Essensportionen am Familientisch zu reduzieren, z. B. Essen verschwindet im Ärmel oder in der Tasche. Bei Erfolg wird das Selbstwertgefühl gestärkt und man ist motiviert weiterzumachen.	Die Betroffenen werden von regelmäßigen Heißhungerattacken überfallen. Häufig werden sehr fette und süße Speisen verschlungen. Erst wenn der Bauch schmerzt, wird ihnen die Situation bewusst. Scham und schlechtes Gewissen vor einer Gewichtszunahme führen zu selbst herbeigeführtem Erbrechen, kurzfristigen Hungerperioden, übertriebenem Sport sowie Missbrauch von Abführ- und Entwässerungstabletten. Die Ess- und Brechorgien finden häufig geheim statt. Auch vor Angehörigen kann die Krankheit lange verheimlicht werden.
3. Folgen	● Ausbleiben der Regelblutung ● niedriger Blutdruck ● Müdigkeit ● ständiges Frieren ● Mangeldurchblutung von Armen und Beinen ● Tendenz, sich zurückzuziehen ● Überaktivität, viel Sport	● Ausbleiben der Regelblutung ● soziale Kontakte werden drastisch eingeschränkt ● Zahnschmelz wird zerstört durch häufiges Erbrechen (Magensäure) ● starke Gewichtsschwankungen ● Schuldgefühle ● Muskellähmungen
4. Therapie	Therapie durch Ärzte und Psychologen unerlässlich, Selbsthilfegruppen; Familie und Freunde können unterstützen. Eine frühzeitige Behandlung ermöglicht eine Heilung.	Ärzte, Psychologen (Therapie), Selbsthilfegruppen, Familie und Freunde

Wir erkennen:
Ganz eindeutig lässt sich Magersucht und Bulimie nicht voneinander trennen.
Viele Bulimiker und Bulimikerinnen litten einmal an Magersucht.
Beide Formen und weitere Essstörungen können ineinander übergehen.

4.3 Mediterrane Küche

Mediterrane Ernährung

Den Ursprung fand diese Ernährungsform in den 60er-Jahren in den Olivenanbaugebieten Kretas, Olivenöl spielt eine wichtige Rolle.
Auszeichnend für diese Küche sind die intensiven Aromen (z. B. landestypische Gewürze und Kräuter) und der geringe Verarbeitungsgrad.
Regeln der mediterranen Ernährung:

- viel frisches, regionales Obst und Gemüse, Hülsenfrüchte und Getreide (reichlich Stärke und Ballaststoffe),
- Fisch und Meeresfrüchte,
- wenig Schweinefleisch, dafür mehr Schaf, Ziege, Geflügel und Rind,
- viel Olivenöl (hoher Gehalt an einfach und mehrfach ungesättigten Fettsäuren), weniger tierische Fette.

Eine einheitliche mediterrane Ernährung gibt es nicht. Sie unterscheidet sich in den verschiedenen Regionen des Mittelmeers erheblich.

Wir erkennen:

Wie ich lebe, ist es am schönsten

ASKESE — GENUSS — VÖLLEREI

Ars vivendi
(= die Kunst zu leben)

Ars vivendi

Die Kunst des Genießens

Wie eine Studie der Weltgesundheitsorganisation verdeutlicht, haben Italiener, Griechen, Spanier, Südfranzosen, Portugiesen mit Übergewicht und daraus folgenden Krankheiten wie Herz-Kreislauf-Erkrankungen und Herzinfarkt weitaus weniger Probleme als Deutsche. Ganz offensichtlich machen sie irgendetwas anders und besser als wir. Unter Ernährungswissenschaftlern gilt die mediterrane Küche (= Mittelmeerküche) als äußerst gesund. Am Beispiel der italienischen Küche lassen sich grundsätzliche Merkmale dieser gesunden Küche ableiten.

● Hauptgericht in zwei Gängen

Das Hauptgericht in Italien ist grundsätzlich in zwei Gänge unterteilt:

- primi piatti (1. Gericht)
- secondi piatti (2. Gericht)

Das erste Hauptgericht besteht meist aus stärkehaltigen Lebensmitteln wie Nudeln, Kartoffeln, Reis. Diese preiswerten Zutaten haben vor allem die Aufgabe, satt zu machen. Erst mit dem zweiten Hauptgericht wird Fleisch oder Fisch serviert. Diese Aufteilung hat Vorteile.

Da die beiden Hauptgerichte getrennt hintereinander serviert werden, entsteht nach dem ersten Gang eine Pause. Interessanterweise setzt etwa 15 Minuten nach Essensbeginn ein Sättigungsgefühl ein. Das heißt, noch bevor das Fleisch auf den Tisch kommt, ist der größte Hunger gestillt. Dies erklärt, warum die Fleischportion so klein ist. Fleisch dient in Italien nicht der Sättigung, sondern ausschließlich dem Genuss. Grundvoraussetzung dafür ist allerdings, dass absolut hochwertige Rohstoffe verwendet werden. Bei Saltimbocca, das nur kurz in Butter ausgebraten wird, bemerkt man schlechte Fleischqualität sofort. Das Fleisch schmeckt zäh und trocken.

● **Einfachheit der Zubereitung**

Wer in der italienischen Küche raffinierte Soßen, komplizierte Zubereitungstechniken und ausgefallene Zutaten sucht, wird enttäuscht werden. Das Geheimnis der mediterranen Küche ist ihre Schlichtheit. Folgende Beispiele verdeutlichen dies:

Gnocchi mit Tomatensoße
Nur Kartoffelteig, etwas Tomatensoße, geschmacksintensiv durch Einköcheln. Notwendige Ergänzung: Parmesan und Basilikum – beides frisch!

Saltimbocca mit Salat
Dünne Kalbsschnitzel, luftgetrockneter Schinken, frisches Salbeiblatt, alles in Butter anbraten, fast keine Soße.
Einziger Trick: gute Fleischqualität.

Panna cotta
Sahne, echte Vanille, wenig Zucker – sonst nichts.
Einziger Trick: längeres Einköcheln.
Ergebnis: einzigartiges Mundgefühl – mit unserer Schlagsahne nicht zu vergleichen!

So werden die Speisen häufig in Deutschland serviert:

Arbeitsaufträge:

1. Vergleiche obige Rezeptfotos nach original italienischem Rezept mit den Versionen, wie sie in Deutschland serviert werden. Was stellst du fest?
2. Ein Kennzeichen der italienischen Küche ist die Reduziertheit (= auf das Wesentliche beschränkt). Erkläre anhand der obigen Beispiele!
3. a) Suche mithilfe von Zeitschriften, Kochbüchern oder Internet typische mediterrane Gerichte und stelle Besonderheiten heraus.
   b) Prüfe und begründe, ob sie sich für ein leichtes Abendessen eignen!

● Qualität der Zutaten

Wenn Zutaten so unverfälscht und schlicht zubereitet werden, wie dies in der italienischen Küche der Fall ist, müssen die Lebensmittel von hoher Qualität sein. Das heißt, Frische sowie Reifegrad und Geschmack sind optimal. Um dies zu erreichen, ist es wichtig, bereits bei der Produktion des jeweiligen Lebensmittels größte Sorgfalt an den Tag zu legen. Die Herstellung erfolgt auch heute noch nach althergebrachten Verfahrensweisen.

Tomaten

Tomaten als wichtige Grundzutat sind aus der italienischen Küche nicht mehr wegzudenken. Vor allem im Süden Italiens hat die Tomate optimale Wachstumsbedingungen: fruchtbaren Boden und viel Sonne. Nicht umsonst nennen die Italiener ihre Tomaten Pomodoro (= Goldäpfel).

Ein Italiener käme niemals auf die Idee, im Winter frische Tomaten zu verarbeiten. Hat er doch den Geschmack der sonnengereiften Früchte in Gläsern und Dosen konserviert. Ein Vergleich der Tomatensoße (S. 183) einerseits aus Dosentomaten und andererseits aus frischen Wintertomaten macht den immensen Geschmacksunterschied deutlich.

Parmesan

Parmesan zählt bei uns wohl zu den bekanntesten italienischen Käsesorten. Das Original wird **Parmigiano-Reggiano** genannt und darf nur in bestimmten Regionen Norditaliens hergestellt werden. Sowohl der Käsename als auch die Herstellungsweise sind gesetzlich geschützt. Die vielen anderen Parmesankäse, die im Handel angeboten werden, sind Nachahmungen.

Nachdem der Käselaib hergestellt ist, reift er auf völlig natürliche Weise. Dazu wird er luftig auf Holzregalen gelagert, regelmäßig gebürstet und gewendet. Die Reife dauert mindestens 12 Monate. Ein guter, alter Parmesan ist jedoch 2 bis 3 Jahre alt.

Kenner kaufen Parmesan grundsätzlich im Stück. Parmesan wird auch in geriebener Form angeboten. Hierbei verliert der Käse jedoch an Aroma. Abzulehnen ist getrockneter geriebener Parmesan. Sowohl sein Aroma als auch der Geschmack erinnern nur noch entfernt an das frische Original.

Olivenöl

Olivenöl ist das Fett schlechthin in der italienischen und spanischen Küche. Während der Deutsche es durchschnittlich gerade mal auf 0,15 Liter Jahresverbrauch bringt, verzehrt der Italiener durchschnittlich mindestens 10,5 Liter im Jahr.

Sehr hochwertiges Olivenöl lässt sich an der Aufschrift „Natives Olivenöl extra" erkennen.

Aceto balsamico di Modena

Aceto balsamico ist die erlesenste, aber auch teuerste Essigsorte, die es gibt. Zur Herstellung wird Most einer ganz bestimmten Traubensorte verwendet. Aceto balsamico reift und altert in Holzfässern. Jedes Jahr wird er in ein kleineres Holzfass umgefüllt, da jährlich 10 % Flüssigkeit verdunsten.

Balsamico von besonderer Art ist nahezu unerschwinglich. Er trägt dann die Aufschrift „Aceto balsamico **tradizionale** di Modena" und wird ausschließlich in der Originalflasche verkauft. Dieser Balsamico hat mit Essig, wie er üblicherweise in der Küche verwendet wird, nichts mehr gemeinsam. Er ist von sirupartiger Beschaffenheit und schmeckt süßlich. Verwendet wird diese Kostbarkeit zum Verfeinern von Soßen oder Fleisch.
Der bei uns erhältliche „Aceto balsamico di Modena" hat aufgrund des fehlenden Alters mehr Essigsäure und eignet sich eher für Salatmarinaden.

Parmaschinken

Parmaschinken unterscheidet sich von dem uns bekannten landläufigen Schinken durch sein mildes, feines Aroma. Im Gegensatz zu unserem Räucherschinken wird er nur an der Luft getrocknet. Die Qualität des Parmaschinkens beginnt bereits beim Schwein. Wichtig ist hier die richtige Fütterung mit Gerste, Mais und Obst. Während in Deutschland die Kunden vor allem mageres Fleisch fordern und die Schweine bereits mit 100 kg Körpergewicht geschlachtet werden, ist dies in Italien ganz anders. Erst bei 160 kg Körpergewicht hat ein Schwein genügend Fett angesetzt.

Dies ist für Parmaschinken aus zwei Gründen wichtig. Einerseits steckt im Fett das Aroma, andererseits bietet die Fettschicht Schutz vor dem Austrocknen.

10 bis 12 Monate muss ein Parmaschinken an der Luft trocknen und reifen. Nur das Gebiet rund um Parma bietet dazu optimale Bedingungen: milde Temperaturen, geringe Luftfeuchtigkeit und ein ständig leichter Wind. Das feine Aroma, das Kenner an diesem Schinken schätzen, kommt von den Pinien- und Kastanienwäldern rund um Parma.

Jeder echte Parmaschinken trägt als Markenzeichen und Garantie die fünfzackige Krone und den Namen seiner Heimatregion.

Arbeitsaufträge:

1. Tomaten – Parmigiano-Reggiano – Olivenöl – Aceto balsamico di Modena – Parmaschinken.
   Was zeichnet diese Lebensmittel aus?
2. Finde weitere landestypische Lebensmittel und stelle ihre Besonderheiten heraus.
3. Stelle ein Menü nach den Eigenschaften der mediterranen Ernährung z. B. für deine Geburtstagsparty zusammen.

4.4 Rezepte

Rote Gazpacho-Suppe

(Gazpacho rojo) für 6 Personen

2 Scheiben Weißbrot ohne Rinde	Weißbrot in Wasser einweichen, ausdrücken.
1 kleine Zwiebel **2 Knoblauchzehen** **2 EL Olivenöl** **1 TL Salz** **1 Salatgurke** **1 rote Paprika** **4–5 reife Tomaten** **2 EL Rotweinessig** **1 Msp. Cayennepfeffer**	Zwiebel und Knoblauchzehen in feine Würfel schneiden. Salatgurke schälen, entkernen, klein schneiden. Paprika waschen, entkernen, klein schneiden. Tomaten häuten, entkernen und ebenfalls klein schneiden. Alle Zutaten mit Öl, Salz, Rotweinessig und Cayennepfeffer verrühren und dann pürieren.
	Püree 30 Minuten ins TK-Fach oder über Nacht in den Kühlschrank stellen.
850 ml eiskaltes Wasser	Wasser zum Püree geben, abschmecken und mit den Suppeneinlagen separat servieren.
Suppeneinlage: **4 EL geröstete Weißbrotwürfel** **2 hart gekochte gehackte Eier** **4 EL klein geschnittene rote Paprika** **4 EL klein geschnittene Frühlingszwiebeln** **evtl. klein geschnittene Oliven**	Die Zutaten jeweils in kleinen Schälchen zur Suppe reichen.

> **Tipp:** Diese Beilagen können erweitert werden, z. B. mit Gurkenwürfeln und Tomatenwürfeln.

Wissenswertes:

Gazpacho
Die kälteste Suppe heißt Gazpacho und kommt aus Spanien. Aufgrund der teils unerträglichen Sommerhitze hat die spanische Hausfrau Gazpacho stets im Kühlschrank vorrätig. Zur Suppe werden in Schälchen klein gewürfelte Zutaten gereicht, die sich jeder nach Belieben nimmt. Typische Gazpachobeilagen sind: Tomaten, Gurken, Paprika, schwarze Oliven, aber auch Schinken und geröstete Brotwürfel.

Minestrone

Minestre werden in Italien Suppen genannt – man serviert sie zwischen Vorspeise und zweitem Hauptgericht, als primi piatti. Ihre Aufgabe ist es, satt zu machen. Die bekannteste dieser Suppen ist wohl die Minestrone, eine Gemüsesuppe.
Jede Region Italiens hat ihr eigenes Rezept aus unterschiedlichen Gemüsesorten, Reis, Nudeln oder Hülsenfrüchten. Minestrone wird zum Schluss mit Parmesan bestreut und erhält somit eine unvergleichliche Geschmacksnote.
Folgendes Rezept stammt von der italienischen Insel Sardinien.

Minestrone di ceci

100 g Kichererbsen **1/2 l Wasser** **1 Dose Tomaten** **1 EL eingesalzene Kräuter**	Kichererbsen mindestens 12 Stunden in 1/2 Liter Wasser einweichen. Dosentomaten würfeln, mit dem Tomatensaft zu den eingeweichten Kichererbsen geben. Eingesalzene Kräuter zugeben. Alles im Dampfdrucktopf 30 Minuten garen (Intensivgaren, 2. Ring).
2 Scheiben durchwachsener Speck **2 EL Olivenöl**	Speck fein würfeln und in Olivenöl sanft anbraten.
1/2 Zwiebel, fein gewürfelt **1 Knoblauchzehe, gepresst** **2 Stangen Staudensellerie, in feine Ringe geschnitten** **1 Karotte, in feine Streifen geschnitten**	Gemüse zugeben, bei milder Hitze al dente dünsten. Wenn die Kichererbsen gar sind, Pfanneninhalt in den Topf geben und alles mischen.
2 EL Petersilie, gehackt **frischer Parmesan, gerieben**	Petersilie unter die Suppe geben. Minestrone auf 4 Teller verteilen. Parmesan getrennt zur Suppe reichen.

Arbeitsaufträge:
1. Wie kann Minestrone abgewandelt werden? Nenne Beispiele!
2. Begründe, warum es wichtig ist, dass die Gemüsezutaten sehr fein geschnitten werden.
3. Was verstehst du unter „eingesalzenen Kräutern"?

Nudeln mit Pesto

Pesto ist eine Spezialität der italienischen Provinz Ligurien. Der Name Pesto kommt vom lateinischen pestare (= zerdrücken). Denn das wichtigste Werkzeug ist der Mörser, in dem die Zutaten Basilikum, Knoblauch, Pinienkerne, Parmesan oder Pecorino zerstampft werden. Das klassische Rezept schreibt zwei Käsesorten vor: Parmesan und Pecorino.

Pesto kann im Kühlschrank zwei bis drei Wochen bevorratet werden. Da das Basilikum schnell sein intensives Grün verliert, muss der Pesto stets mit Olivenöl bedeckt sein. Um die Ölmenge hierfür gering zu halten, empfiehlt es sich, ein schlankes Glas zur Aufbewahrung zu verwenden.

Pesto:
1 P. Basilikum (TK-Ware)
2–3 EL Parmesan oder Pecorino
2–3 EL Pinienkerne
2 Knoblauchzehen
1/4 TL Salz
1/16 l Olivenöl

Zutaten mit einem Stabmixer zerkleinern.

Spaghetti:
80 g Spaghetti
2–3 l Wasser
1/2 TL Salz

Spaghetti in kochendem Wasser al dente kochen.
2 EL Kochwasser unter den Pesto mischen.
Spaghetti abgießen, mit heißem Wasser überbrausen, in eine Schüssel geben. Pesto daruntermischen.

Zum Anrichten:
100 g Lachsschinken
12 schwarze Oliven

Schinken in sehr kleine Würfel schneiden.
Spaghetti mit Pesto auf Tellern anrichten.
Mit Schinken und Oliven garnieren.

Dieses Rezept kann abgewandelt werden:
Anstelle von Lachsschinken können auch Riesengarnelen verwendet werden.
8 Riesengarnelen vorbereiten und in Sonnenblumenöl anbraten.

Wissenswertes:

Garnelen zählen zu den Meeresfrüchten. Die zahlreichen Garnelenarten unterscheidet man hauptsächlich nach ihrer Größe. So werden die kleineren Arten Shrimps oder Krabben (Nordseekrabben, Grönlandkrabben) genannt und sind häufig bereits gekocht in kleinen durchsichtigen Plastikschalen oder in Dosen im Handel. Die Riesengarnele hingegen ist als Tiefkühlware in rohem Zustand gut erhältlich.

Antipasti

> **Wissenswertes:**
>
> **Antipasti** bezeichnet etwas, das man vor dem pasto, der eigentlichen Mahlzeit, isst. Diese Speisen haben in Italien aber eine andere Bedeutung, als wir dies in Deutschland von unseren Vorspeisen kennen. Antipasti verfehlen ihren Sinn, wenn sie einzeln serviert werden. Sowohl Zutaten als auch die Zubereitung sind meist sehr einfach. Dafür ist es aber wichtig, mehrere unterschiedliche Antipasti anzubieten. Nur in ihrer Vielfalt werden sie ihrer Aufgabe gerecht, Auge und Gaumen zu erfreuen.

Aubergine

1 Aubergine Salz	Aubergine waschen, im Streifenmuster schälen und in 1 cm dicke Scheiben schneiden. Auberginenscheiben von beiden Seiten mit Salz bestreuen und 20 Minuten ziehen lassen. Anschließend abwaschen und trocken tupfen.
4 EL Olivenöl 2 Knoblauchzehen, gepresst	Olivenöl und Knoblauch in einer Schüssel verrühren. Die Auberginenscheiben damit großzügig bepinseln und in eine Gratinform setzen. Wichtig! Gemüse darf nicht übereinanderliegen.
1 EL Schnittlauchröllchen	Nach dem Backen mit Schnittlauchröllchen bestreuen.

So wird der Herd eingestellt:

Einschubhöhe	3, Rost		Einschubhöhe	3, Rost
Temperatur	200 °C	**oder**	Temperatur	220 °C, vorgeheizt
Backzeit	20 Minuten		Backzeit	20 Minuten

> **Wissenswertes:**
>
> **Auberginen** zählen – wie Tomaten und Kartoffeln – zu den Nachtschattengewächsen und können daher in unreifem Zustand das Gift Solanin enthalten. Reife Früchte geben auf Druck leicht nach. Zudem muss der Stielansatz noch knackig grün und stachelig sein. Auberginen mit braunen Flecken sollten nicht gekauft werden. Unreife Früchte unbedingt bei Zimmertemperatur nachreifen lassen. In dieser Zeit baut sich das Solanin ab. Gleichgültig für welches Gericht man Auberginen verwendet, das Fruchtfleisch muss gesalzen werden.
> Das Salz zieht Wasser und löst damit vorhandene Bitterstoffe aus dem Gemüse. Anschließend waschen und trocken tupfen. Erst durch Grillen oder Braten in heißem Olivenöl entfaltet die Aubergine ihr typisches leicht nussiges Aroma.

Karotten

200 g Karotten, geschält — Karotten längs vierteln und in 4 cm lange Stücke schneiden.

2 EL Distelöl
1 Prise Salz
1 TL Estragon, gehackt
Öl, Estragon und Salz in einer Schüssel verrühren.
Karotten mit dem Ölgemisch vermengen,
in eine Gratinform geben.

So wird der Herd eingestellt:

Einschubhöhe	3, Rost		Einschubhöhe	3, Rost
Temperatur	200 °C	oder	Temperatur	220 °C, vorgeheizt
Backzeit	15–20 Minuten		Backzeit	15 Minuten

Paprika

3 gelbe Paprikaschoten
2 Tomaten
2–4 Knoblauchzehen
Paprikaschoten waschen, vierteln, entkernen.
Tomaten waschen, Blütenansatz entfernen, in Scheiben schneiden.
Knoblauchzehen schälen, mit dem Messer fein hacken.

etwas Salz
3 EL Olivenöl
Paprikaschoten in eine Gratinform legen.
Mit je einer Tomatenscheibe belegen.
Knoblauch auf den Tomaten verteilen.
Alles leicht mit Salz bestreuen und mit Olivenöl beträufeln.

1 EL Petersilie, gehackt — Nach dem Garen mit Petersilie bestreuen.

So wird der Herd eingestellt:

Einschubhöhe	3, Rost		Einschubhöhe	3, Rost
Temperatur	180 °C	oder	Temperatur	200 °C, vorgeheizt
Backzeit	25–30 Minuten		Backzeit	25 Minuten

Dieses Rezept kann abgewandelt werden:
Einige Sardellen fein hacken und auf den Tomatenscheiben verteilen.

Paella

In Spanien kommt in eine Paella immer das, was Haushalt und Markt gerade zu bieten haben. Wenngleich dieses Gericht heute nicht mehr ohne Meeresfrüchte vorstellbar ist, verwendet die Landbevölkerung Spaniens Geflügel, Kaninchen, Schweinefleisch, Innereien sowie verschiedene Wurst- und Schinkensorten. Neben unterschiedlichsten Gemüsearten ist und bleibt die wichtigste Zutat der Reis. Einziger Luxus ist Safran. Er sorgt einerseits für die leuchtend gelbe Farbe der Paella und verleiht ihr andererseits das charakteristische Aroma. Ihren Namen hat die Paella von der Pfanne, in der sie zubereitet wird, der *paellera*. Traditionellerweise hängt diese über dem offenen Feuer.

1 Fleischtomate	Tomate häuten, in Würfel schneiden.
1 rote Paprikaschote	Paprikaschote in Streifen schneiden.
100 g grüne Bohnen, frisch	Bohnen in Stücke brechen.
2 Knoblauchzehen	Knoblauchzehen schälen und pressen.
10–12 Riesengarnelen	Darm der Riesengarnelen entfernen.
1 Knoblauchwurst, ersatzweise Debrecziner	Wurst gegebenenfalls häuten, in Scheiben schneiden.
1 Hähnchenbrustfilet	Hähnchenbrustfilet gründlich waschen, in Würfel schneiden.
4 EL Olivenöl	Riesengarnelen und Wurst in heißem Olivenöl kurz anbraten, aus der Pfanne nehmen. Hähnchenfleisch kräftig anbraten. Gemüse zugeben, etwas mitdünsten.
200 g Rund- oder Mittelkornreis	Reis in die Pfanne geben, kurz mitdünsten. Anschließend alles in eine weite Auflaufform geben.
1/2 l Wasser 1 kleines Döschen Safran 1 TL gekörnte Brühe 1/2 TL Paprika, edelsüß 1/4 TL Salz etwas Pfeffer	Bratenfond mit Wasser ablöschen, Gewürze zugeben, aufkochen lassen. Flüssigkeit seitlich in die Auflaufform gießen. Im Backofen gar ziehen lassen.
50 g Erbsen, frisch	Erbsen, Wurstscheiben, Hähnchenfleisch und Riesengarnelen unter den Reis mischen. Paella fertig garen.

So wird der Herd eingestellt:

Einschubhöhe	1, Rost		Einschubhöhe	1, Rost	
Temperatur	180 °C		Temperatur	200 °C, vorgeheizt	
1. Backzeit	30 Minuten	**oder**	1. Backzeit	30 Minuten	
Einschubhöhe	1, Rost		Einschubhöhe	1, Rost	
Temperatur	220 °C		Temperatur	250 °C	
2. Backzeit	10 Minuten		2. Backzeit	10 Minuten	

Primi piatti (1. Hauptgericht)
Gnocchi mit Tomatensoße

Kartoffelteig: **250–300 g Kartoffeln**	Kartoffeln waschen, als Pellkartoffeln im Dämpfeinsatz des Dampfdrucktopfs zubereiten. Garzeit 15 Minuten (Intensivgaren, 2. Ring).
100 g Mehl **¼ TL Salz**	Kartoffeln pellen, noch heiß durch die Kartoffelpresse drücken. Mehl und Salz über die Kartoffeln geben, zu einem Teig verarbeiten.
Herstellen der Gnocchi: **Mehl**	Teig in 2 Portionen teilen. Auf der bemehlten Arbeitsfläche zu fingerdicken Röllchen formen. 2–3 cm lange Stücke abschneiden. Jedes Teigstückchen auf die Innenseite einer Gabel drücken.
2 l Wasser **¼ TL Salz**	Salzwasser zum Kochen bringen, Gnocchi ins kochende Wasser geben. Sobald die Gnocchi oben schwimmen, mit einem Schaumlöffel herausnehmen.
Tomatensoße: **1 Dose geschälte Tomaten** **1 EL Olivenöl** **1 EL Tomatenmark**	Tomaten würfeln. In Olivenöl andünsten. Tomatensaft und Tomatenmark zugeben. Bei mittlerer Hitze einkochen lassen, bis die Flüssigkeit größtenteils verdampft ist.
1 Prise Zucker **¼ TL Salz** **Pfeffer** **wenige Tropfen Balsamico**	Tomaten mit Zucker, Salz, Pfeffer und Balsamico würzen.
Fertigstellen der Gnocchi: **50 g Parmesan, gerieben** **frisches Basilikum**	Gnocchi mit Tomatensoße anrichten und mit frisch geriebenem Parmesan bestreuen. Mit Basilikumblättern garnieren.

Zur Herstellung der Gnocchi (sprich: njocki) sollten möglichst keine jungen Kartoffeln verwendet werden. Sie enthalten weniger Stärke und mehr Wasser. Bei der Herstellung des Kartoffelteigs saugen sie zu viel Mehl auf, was zu einer Geschmacksbeeinträchtigung der Gnocchi führt.

Secondi piatti (2. Hauptgericht)
Saltimbocca mit Rucola-Radicchio-Salat

Saltimbocca, ein typisches Gericht der italienischen Landküche, heißt wörtlich übersetzt: „Spring in den Mund". Saltimbocca sind keine Schnitzel im üblichen Sinn, sondern sehr dünn geschnittene ($1/2$ cm dick) kleine Schnitzelchen. Die übelste Behandlung, die man diesem zarten Fleisch antun kann, ist Schlagen mit dem Fleischklopfer oder Steaken. Damit sich das Fleisch beim Braten weniger wellt, müssen die Muskelfasern aufgebrochen werden. Auf schonende Art und Weise geschieht dies durch das sogenannte Plattieren. Dabei wird das Fleisch mit dem Plattiereisen leicht geklopft. Dieselbe Wirkung erzielt man durch leichtes Drücken des Fleischstückes mit dem Handballen.

4 sehr dünne Kalbsschnitzel 4 Scheiben Parmaschinken (oder luftgetrockneter Schinken) frischer Salbei 1 EL Butter Salz, Pfeffer	Schnitzel plattieren. Fleisch und Schinken halbieren. Schnitzelchen mit je einer Scheibe Schinken belegen. Darauf je ein Salbeiblatt mit Zahnstochern feststecken. Butter in einer Pfanne erhitzen. Schnitzel mit der Salbei-Schinkenseite 3 Minuten kräftig anbraten, salzen und pfeffern. Nach dem Wenden nochmals 2 Minuten braten. Sofort aus der Pfanne nehmen. Auf einer Platte in der vorgeheizten Röhre warm halten.
2 EL Brühe 1 EL Butterflöckchen	Bratenansatz mit der Brühe ablöschen. Kalte Butterflöckchen mit dem Schneebesen unterrühren. Soße über Saltimbocca gießen, sofort servieren.

Rucola-Radicchio-Salat

1 Bund Rucola (50 g) 1/2 Kopf Radicchio 1 Knoblauchzehe	Rucola verlesen und waschen. Radicchio putzen, waschen und in mundgerechte Stücke teilen. Knoblauchzehe schälen, halbieren, Salatschüssel damit ausreiben. Salat in die Schüssel füllen.
Marinade: 1 EL Aceto balsamico 1 EL Rotweinessig 1 Prise Salz wenig Pfeffer 2 EL Olivenöl 1 EL Walnussöl	Zutaten der Marinade in einer Tasse mischen. Salat marinieren.
frischer Parmesan	Saltimbocca mit Salat auf einem Teller anrichten. Parmesan über den Salat hobeln.

Wissenswertes zu Rucola befindet sich auf S. 37.

Pikanter Möhrensalat

500 g Möhren
2 rote Peperoni

Möhren waschen, schälen und raspeln. Peperoni putzen, entkernen und fein würfeln.

2 TL Sesam, ungeschält
2 EL Öl
1 Prise Zucker
1 Prise Salz
3 EL Weißweinessig

Sesam und Peperoni in Öl andünsten, Möhren zugeben und leicht mitdünsten. Zucker und Salz darüberstreuen, mit Essig ablöschen. Das Gemüse abkühlen lassen.

1 Frühlingszwiebel
50 g Haselnusskerne, grob gehackt
1 EL Zitronensaft
einige Tropfen Haselnussöl

Frühlingszwiebel putzen, in feine Ringe schneiden. Mit den gehackten Haselnusskernen sowie Zitronensaft und Öl unter die Möhren mischen.

Wissenswertes:

- Die Möhre/Karotte hat ihren Ursprung im Mittleren Osten und in Zentralasien. Mitte des 19. Jahrhunderts wurde sie das erste Mal in Frankreich angebaut.
- Möhren enthalten reichlich Vitamin A, B_1, B_6 sowie Kalium, Folsäure und Magnesium.
- Neben dem leicht süßlichen Geschmack und der festen Zellstruktur sollen Möhren harntreibend, darmreinigend und entkrampfend wirken.
- Genießt man Möhren in großen Mengen, so kann sich die Haut durch das enthaltene Carotin gelblich färben. Dieser Zustand ist gesundheitlich unbedenklich.
- Beim Einkauf sollte man auf Festigkeit und kräftige Farbe achten.
- Möhren werden häufig ohne Grün angeboten, damit sie möglichst wenig Feuchtigkeit verlieren.
- Möhren können in Küchenkrepp oder in perforierten Plastikbeuteln im Kühlschrank 1 bis 3 Wochen lagern. Sie sollten dabei möglichst nicht neben Äpfeln, Birnen und Kartoffeln gelagert werden, da sie leicht bitter und schneller alt werden können.

Dolci (Dessert)
Panna cotta (gekochte Sahne)

2 Becher Sahne **Mark einer** ** Vanilleschote** **2–3 EL Zucker**	Zutaten in einen Topf geben, aufkochen und 15 Minuten köcheln lassen. Gelegentlich umrühren.
4 Blatt weiße ** Gelatine**	Gelatineblätter in eine Schüssel geben. Mit kaltem Wasser bedecken – 10 Minuten einweichen. Wasser abgießen. Gelatine dabei mit den Händen festhalten. Sahnemasse von der Herdplatte nehmen. Gelatine direkt in die heiße Masse einrühren (s. auch S. 238).
4 Souffléförmchen ** (ersatzweise** ** Tassen)**	Tassen mit kaltem Wasser ausspülen. Panna cotta einfüllen. 1,5 Stunden kühl stellen.
Karamellespresso: **2 gehäufte EL** ** Zucker** **1 doppelter** ** Espresso** ** (ca. 80 ml)**	Zucker in einem kleinen Topf karamellisieren. Von der Herdstelle nehmen, mit Espresso ablöschen. Mit dem Schneebesen so lange rühren, bis sich das Karamell wieder aufgelöst hat. Abkühlen lassen.
	Dieses Rezept kann abgewandelt werden: 200 g frische oder TK-Erdbeeren oder Himbeeren mit 2–3 EL Zucker pürieren, anstelle des Karamellespressos servieren. Schmeckt auch sehr gut mit Pfirsichen ohne Zucker püriert.

Zum Stürzen der gekochten Sahne ist es hilfreich, die Tasse vorher kurz in heißes Wasser zu tauchen.
Profiköche verwenden für derlei Nachspeisen Spezialgeschirr, sogenannte Timbale- oder Souffléförmchen.
Aus Edelstahl gefertigt, leiten sie Wärme sehr schnell, wodurch das Herauslösen erleichtert wird.

Heidelbeercreme

4 Blatt Gelatine	Gelatine in kaltem Wasser einweichen.
3 EL Heidelbeeren (Glas) **3 EL Heidelbeersaft**	Heidelbeeren mit dem Fruchtsaft in ein hohes, schmales Gefäß geben und pürieren.
250 g Joghurt **3 EL Zucker** **etwas Zitronenschalenaroma**	Joghurt mit Zucker und Zitronenschalenaroma in eine Rührschüssel geben, cremig rühren. Pürierte Heidelbeeren unterrühren.
	Gelatine auflösen, Temperaturausgleich machen. Gelatine zügig in die Creme rühren (s. auch S. 238). Creme kalt stellen und etwas fest werden lassen.
1/2 Becher Sahne	Sahne schlagen. Wenn die Creme fest zu werden beginnt, Sahne unterziehen. Creme nochmals kalt stellen.
	Dieses Rezept kann abgewandelt werden: Heidelbeeren durch Himbeeren ersetzen.

Heidelbeeren, in manchen Regionen auch Schwarz- oder Blaubeeren genannt, wachsen ursprünglich in Wäldern und Heidegebieten. Da das Sammeln der Früchte sehr mühselig ist, sind Wildheidelbeeren sehr teuer, wenngleich ihr Aroma unvergleichbar ist. Im Handel werden nahezu ausschließlich Kulturheidelbeeren angeboten. Zwischen Juni und September gibt es Frischware. Tiefgekühlt oder im Glas sind Heidelbeeren das ganze Jahr über erhältlich.

Schokoladenbiskuit

2 Eier **4 EL Puderzucker** **2 EL Vanillezucker**	Backpapier in eine Springform einklemmen. Rand nicht fetten. Zutaten schaumig rühren, bis die Masse cremig ist und die Farbe deutlich heller wird.
2 gestrichene EL Stärke **6 gestrichene EL Mehl** **1 EL Kakao, gesiebt** **1/2 TL Backpulver**	Zutaten zur Schaummasse geben, unterheben. Teig in die vorbereitete Springform füllen und in der vorgeheizten Röhre backen.
	Nach dem Backen auf ein Kuchengitter stürzen, auskühlen lassen. Aus der Teigplatte 4 Quadrate von 5 cm Kantenlänge schneiden.

So wird der Herd eingestellt:

Einschubhöhe	2, Rost		Einschubhöhe	2, Rost
Temperatur	180 °C	**oder**	Temperatur	200 °C, vorgeheizt
Backzeit	8–10 Minuten		Backzeit	8–10 Minuten

Mangocreme

6 Blatt Gelatine	Gelatineblätter in einen kleinen Topf geben. Mit kaltem Wasser bedecken, 10 Minuten einweichen.
1 große, reife Mango **125 g Quark (20 % Fett)** **100 g Zucker** **1 EL Vanillezucker**	Fruchtfleisch der Mango auslösen, grob zerkleinern und mit den übrigen Zutaten in einem Mixbecher pürieren. In eine Rührschüssel umfüllen. Einweichwasser der Gelatine abgießen. Gelatine lösen – sie darf dabei nicht kochen! Temperaturausgleich vornehmen. Anschließend die Gelatine unter ständigem Rühren (Handrührgerät) zügig in die Creme rühren (s. auch S. 238). Creme abgedeckt kalt stellen, bis sie fest ist.
½ Becher Sahne	Sahne schlagen. Sobald die Creme fest zu werden beginnt, Sahne unterziehen. Creme nochmals kalt stellen.

Kokosbiskuit

2 Eier **4 EL Puderzucker** **2 EL Vanillezucker**	Backpapier in eine Springform einklemmen. Rand nicht fetten. Zutaten schaumig rühren, bis die Masse cremig ist und die Farbe deutlich heller wird.
2 gestrichene EL Stärke **4 gestrichene EL Mehl** **4 EL Kokosflocken** **½ TL Backpulver**	Zutaten zur Schaummasse geben, unterheben. Teig in die vorbereitete Springform füllen und in der vorgeheizten Röhre backen.
etwas Apfelsaftschorle	Nach dem Backen auf ein Kuchengitter stürzen, auskühlen lassen. Aus der Teigplatte 4 Quadrate von 5 cm Kantenlänge schneiden. Mit Apfelsaftschorle tränken.

So wird der Herd eingestellt:

Einschubhöhe	2, Rost		Einschubhöhe	2, Rost
Temperatur	180 °C	oder	Temperatur	200 °C, vorgeheizt
Backzeit	8–10 Minuten		Backzeit	8–10 Minuten

Schokosoße

½ Tafel Schokolade (Transfair-Schokolade) **½ Becher Sahne**	Schokolade zerbröckeln, mit der Sahne in eine Metallschüssel geben, Schokolade im Wasserbad auflösen, gut verrühren.

Joghurtgetränk

Kennzeichnend für die türkische, aber auch die indische Küche ist der Joghurt. Er wird dort insbesondere für Soßen, aber auch zum Verfeinern pikanter Gerichte, z. B. Blumenkohlcurry, verwendet. Wichtig ist, immer auf eine gute Joghurtqualität zu achten. Eine weitere Spezialität ist das Joghurtgetränk. Nur aus Joghurt, Wasser und Salz bestehend, wird es begleitend zum Essen getrunken (Ayran oder Lassi).
Mit pürierten Früchten serviert man es als erfrischenden Nachtisch zum Trinken.

250 g Erdbeeren **3–4 EL Zucker**	Erdbeeren mit dem Grün waschen, Blütenansatz entfernen. Früchte halbieren und zuckern. Gut durchziehen lassen.
250 g Naturjoghurt **¼ l Mineralwasser,** **gut gekühlt**	Kurz vor dem Servieren Joghurt und Mineralwasser zu den Erdbeeren geben. Alles pürieren.
Minzeblätter	Joghurtgetränk auf Gläser verteilen und mit Minzeblättern garnieren. Sofort servieren!
	Dieses Rezept kann abgewandelt werden: Erdbeeren durch eine halbe Honigmelone ersetzen, 1 Msp. gemahlenen Ingwer dazugeben.

Marinierte Erdbeeren

500 g Erdbeeren	Erdbeeren waschen, Blütenansatz entfernen. Große Erdbeeren halbieren oder vierteln.
2 EL Aceto balsamico **1–2 EL Zucker**	Erdbeeren mit Aceto balsamico und Zucker mischen. Abgedeckt bei Zimmertemperatur mindestens 1 Stunde durchziehen lassen. Vor dem Servieren 10 Minuten in den Kühlschrank stellen.

Wissenswertes:

Aceto balsamico ist eine Essigspezialität aus Italien. Das Aroma der Erdbeeren wird durch das Marinieren in Balsamico verfeinert und vollendet.
Je älter Balsamico ist, desto weniger Säure enthält er. Für diese Nachspeise empfiehlt es sich, Balsamico zu verwenden, der mindestens 5 Jahre alt ist.

4.5 Die asiatische Küche und asiatische Sitten

Zu den Asiaten zählen wir in erster Linie die Chinesen, die Japaner, die Thailänder und die Inder. Die Kochkulturen sind sehr vielfältig. Einiges haben sie aber gemeinsam:

- Die Gerichte bestehen aus viel frischem Gemüse mit wenig oder gar keinem Fleisch oder Fisch. Sie enthalten viele lebenswichtige Vitamine, Mineralstoffe und gesundheitsfördernde Ballaststoffe.
- Zu den meistverwendeten Gewürzen zählen Ingwer, Chili, Sojasoße und Curry.
  Chili und Ingwer verwendet man für die scharf gewürzten Gerichte, mit Curry und Kokosmilch bereitet man mildere Gerichte zu und mit Sojasoße werden die Gerichte abgerundet.
- Alle Zutaten werden in mundgerechte Stücke geschnitten, damit man sie mit Stäbchen essen kann.
- Als Beilage dienen Reis und Nudeln.

Kokosmilch    Reisnudeln

Bambussprossen

Sesamöl    Sambal Oelek

Mie Nudeln

Bei uns verwendet man häufig:

- **Glasnudeln**

Es sind sehr lange, feine, zerbrechliche, glasartig durchscheinende Nudeln aus Stärke von Hülsenfrüchten. Sie dienen als Suppeneinlage und als Beilage zum Hauptgericht.

- **Mie Nudeln**

Die chinesischen Nudeln werden in Band- oder reiskornähnlicher Form angeboten. Sie werden aus Weizengrieß hergestellt. Sie sind meistens Bestandteil von Nudel-Gemüse-Gerichten.

- **Mihoen**

Die Nudeln werden aus Reismehl hergestellt, sind glashart und fast durchsichtig. Sie finden als Suppeneinlage Verwendung.

- **Duftreis**

Er stammt aus China und Thailand, ist nicht so langkörnig wie der Basmatireis, klebt aber im gegarten Zustand etwas mehr und hat einen aromatischen Duft. Er wird als Beilage zu allen würzigen Gerichten gereicht.

- **Basmatireis**

Er ist ein langkörniger, aus Indien stammender Reis mit feinem Duft. Auch er wird zu allen würzigen Speisen gereicht.

- **Patnareis**

Er ist ein aus Indien stammender, weitverbreiteter Langkornreis. Er wird auch zu allen würzigen Speisen gereicht.

- **Wichtige weitere Zutaten der asiatischen Küche sind:**

Knoblauch, 5-Gewürze-Mischung, Koriander, Reiswein, Reisessig, Stärke, Austernsoße, Zucker, getrocknete chinesische Pilze, Bambus- und Sojasprossen, Sambal Oelek, Sesamöl, Frühlingszwiebeln

Der Wok

Die Geschichte des Woks

Der Wok ist eine chinesische Erfindung mit einer jahrtausendealten Tradition.

Aller Wahrscheinlichkeit nach stammt er aus den Bauernküchen. Er diente zur schnellen Zubereitung von einfachen Mahlzeiten. Durch seine Halbkugel genügte eine kleine Feuerstelle. Außerdem wurde er sogar aufs Feld zum Kochen mitgenommen.

Die Kochkunst der Asiaten hat sich mit der Zeit immer weiter entwickelt und wird auch bei uns immer beliebter.

Wok-Angebote

Woks gibt es bei uns in den unterschiedlichsten Materialien und Größen.
Ganz bekannt sind:

- der Edelstahlwok (hervorragende Leitfähigkeit)
- der gusseiserne Wok (hält die Wärme extrem lange)
- der Elektrowok (ideal zum Garen am Tisch)

Man sollte darauf achten, dass der Wok innen einen abgerundeten Boden hat. Nur dann lässt sich problemlos darin rühren. Außerdem sollte er einen gut schließenden Deckel besitzen. Besonderheiten, wie z. B. die Reinigung, erfährt man aus dem Begleitheft.

Garen im Wok

Man unterscheidet 3 Garmachungsarten:

Pfannenrühren:
Es ist das beliebteste Garen im Wok. Das Gargut wird in wenig heißem Öl mit einem Kochlöffel (Holz) ständig bewegt. Dadurch gelangen die Zutaten immer wieder, aber nur kurz, auf den heißen Wokboden, ohne zu verbrennen. Eignet sich für alle Fleisch- und Gemüsearten.

Dämpfen:
Es wird nur wenig Flüssigkeit in den Wok gegeben. Das Gargut gibt man in ein Bambuskörbchen. Als Alternative lässt sich ein hitzebeständiges Schälchen umgedreht in den Wok stellen, darauf stellt man einen Teller mit den Zutaten. Der Deckel sollte bei dieser Garmachungsart fest schließen.
Es ist ein schonendes Garverfahren ohne Röststoffe.

Frittieren:
Man braucht im Wok weniger Fett als in der Fritteuse. Es ist darauf zu achten, dass nicht zu viel Fett in den Wok gegeben wird (läuft leicht über) und dass das Fett gut heiß (175 °C) ist, damit sich die Poren des Gargutes gleich schließen können. So können alle wertvollen Geschmacks- und Inhaltsstoffe im Gargut bleiben.
Test: Kochlöffel oder Holzstäbchen in das Fett tauchen. Sammeln sich viele Bläschen am Stab, ist das Fett heiß genug.

Beliebt sind die Frühlingsrollen sowie Fisch und Banane in Ausbackteig frittiert. Gerichte immer gut abtropfen lassen.

Wir erkennen:

Über das Garen im Wok

- Alle Zutaten vor dem Garen vorbereiten, da die Garzeit kurz ist.
- Alle Zutaten in mundgerechte Stücke schneiden, damit sie zur gleichen Zeit gar sind.
- Zutaten mit der längsten Garzeit kommen zuerst in den Wok.
  Diese lassen sich am Rand hochschieben oder man nimmt sie kurzfristig heraus. Am Schluss wird alles wieder miteinander vermischt.
- Die Röststoffe und die typischen asiatischen Würzmittel, wie Sojasoße, Ingwer und Chili, verleihen den Gerichten auch ohne viel Fett sehr viel Aroma. Die Gerichte sind dadurch nicht so energiereich (gilt nicht beim Frittieren).
- Da alles in Minutenschnelle gegart wird, behält das Gemüse seine Farbe und Konsistenz, bleibt knackig und die empfindlichen Vitalstoffe bleiben erhalten.

Sollte man über keinen Wok verfügen, kann als Ersatz auch eine große Pfanne oder ein breiter Topf genommen werden.

Asiatische Sitten rund um den Tisch!

In China hat das Essen eine große Bedeutung. Ca. 60% ihres Einkommens (BRD ca. 30%) geben die Chinesen für ihre Lebensmittel aus. Hier arbeiten meistens beide Elternteile den ganzen Tag. Deshalb haben sie in der Regel das Kind die ganze Woche bei den Großeltern oder anderen Verwandten untergebracht. So findet das gemeinsame Essen nur am Sonntag statt. Die Esskultur variiert in diesem großen Land stark. Jedoch gibt es überwiegend drei Mahlzeiten mit vier Gerichten. Die beiden warmen Mahlzeiten bestehen immer aus einer Suppe, Reis als Sättigungsmittel und zwei bis drei Gemüsesorten. Fleisch wird oft nur bei Familienfesten serviert. Kommen Gäste hinzu, wird nicht die Speisemenge erhöht, sondern die Speisenanzahl. Wichtig dabei ist die gute Yin-Yang-Gewichtung und das Zerkleinern der Zutaten. Die Gerichte werden hintereinander in einem Wok zubereitet.

Stäbchen und Porzellan

Die ersten Stäbchen stammen vermutlich aus der Shang-Dynastie um 1766 – 1122 v. Chr., von dort aus haben sie sich auf die übrigen ostasiatischen Länder ausgebreitet.

Die Chinesen standen später stark unter dem Einfluss des Philosophen Konfuzius (551 – 479). Er betrachtete Messer als Waffen der Gewalt. So wurden alle Dinge, die auch zur Tötung verwendet wurden, vom Esstisch verbannt. Essstäbchen, die heute z. B. in Japan und China gebräuchlich sind, fielen nicht in diese Kategorie.

In China werden die Essstäbchen in runder Form (Kuaizi), in Japan viereckig (Hashi) angeboten. Sie sind heute in der Regel aus Holz oder Bambus gefertigt. In der Oberschicht werden Stäbchen aus Silber oder Elfenbein als Statussymbol angesehen.

In Deutschland wird Besteck sowie Porzellan in der Regel mit 6 oder 12 Gedecken gekauft.

In Japan ist es üblich, nur 5 Gedecke einzukaufen, denn man geht davon aus, sich nur 4 Gästen intensiv widmen zu können. Ferner wird die räumliche Enge in den Wohnungen kaum mehr Gäste zulassen.

In China dagegen hat man sich auf 10 Gedecke festgelegt.

Zu einem Gedeck gehört im asiatischen Raum: 1 Paar Stäbchen, 1 Reisschale, 1 Unterteller und in China ein Porzellanlöffel und 1 Teeschale.

Tischsitten

Wird eine Suppe gereicht, isst man diese in China mit dem Porzellanlöffel. In Japan ist es üblich, sie aus dem Porzellanschälchen zu schlürfen. Die festen Zutaten werden mit den Stäbchen gegessen. Das Schlürfen signalisiert dem Koch: Es schmeckt gut! Außerdem ist die asiatische Suppe immer sehr heiß. Durch das Schlürfen kühlt sie etwas ab.

Die übrigen Gerichte werden häufig auf eine runde Drehscheibe gestellt. Die Porzellanschälchen können so schnell gefüllt werden oder man isst direkt aus den Servierschalen. Jeder Tischteilnehmer hat dann oft nur ein Reisschälchen. Die Porzellanschälchen werden nicht vollständig geleert. Dies würde bei einem Gästeessen heißen: Es hat nicht gereicht.

Auf Essmanieren wird kein Wert gelegt. Der Tisch sieht nach den Mahlzeiten oft wie ein Schlachtfeld aus.

Essen mit Stäbchen

Das Essen mit Stäbchen setzt etwas Übung voraus. Es werden dabei über 30 Muskeln im Bereich der Hand, des Unterarms und der Schulter aktiviert.

Durch ein kurzes Klopfen werden die Stäbchenenden (dünne Seite) auf gleiche Höhe gebracht.

Das *unbewegliche Stäbchen* liegt in der Daumenbeuge und auf dem Ringfinger.

Das *bewegliche Stäbchen* wird für die Zangenbewegung zwischen Daumen, Zeigefinger und Mittelfinger wie ein Stift gehalten. Damit werden die Nahrungsmittel aufgenommen und zum Mund geführt. Es wird jedoch niemals etwas aufgespießt.

Werden die Stäbchen kurz nicht benutzt, so legt man sie mit der Spitze nach links zeigend nebeneinander auf seine Reisschale. Ist man fertig mit dem Essen, werden die Stäbchen nebeneinander mit den Spitzen von sich weg zeigend auf das Reisschälchen gelegt.

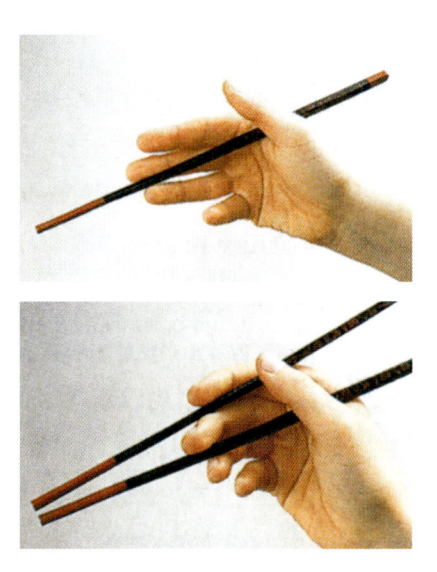

4.6 Rezepte

Chinesische Hühnerbrühe mit Eierblumen

1 Suppenhuhn oder entspr. Hühnerklein	Suppenhuhn waschen, klein schneiden.
1 Bund Wurzelwerk/ Suppengrün	Wurzelwerk putzen, grob zerkleinern.
100 g frischer Ingwer **1 TL Salz** **1,5 l Wasser**	Wurzelwerk und Suppenhuhn mit frischem Ingwer, Salz und Wasser im Dampfdrucktopf 30 Minuten garen.
	Brühe durch ein Sieb gießen.
	Fett mit einem Löffel anschöpfen.
2 Eier **½ TL Salz**	Eier und Salz in einer Tasse verquirlen, in die kochende Brühe einlaufen lassen (= Eierblumen).
1 Frühlingszwiebel	Frühlingszwiebeln in feine Ringe schneiden, Brühe damit garnieren. Sofort servieren.

Dieses Rezept kann abgewandelt werden:

Eierblumen mit Krabben
75 g gekochte und geschälte Krabben den Eierblumen hinzufügen.

Wissenswertes:

Ingwer – eine ursprünglich chinesische Gewürzpflanze, von der nur die Knolle und Wurzeln verwendet werden. Ingwer schmeckt und riecht leicht süßlich bis würzig scharf. Die eigenwillige Geschmacksnote empfiehlt, das Gewürz vorsichtig zu dosieren.
Ingwer gibt es als Wurzeln, frisch oder getrocknet, aber auch gemahlen als Pulver im Handel. Vorteilhaft ist es, Ingwer als getrocknete Wurzel zu bevorraten und diese bei Bedarf frisch mit der Muskatreibe zu reiben.

Asiatische Hühnersuppe

1 Zwiebel	Zwiebel putzen und vierteln.
ca. 25 g frischen Ingwer oder **½ TL gem. Ingwer**	frischen Ingwer ggf. schälen, grob würfeln.
2 Hähnchenbrüste mit Knochen (500 g)	Fleisch waschen und trocken tupfen.
gut 1 l Wasser **Salz** **3 Pfefferkörner** **1 EL Sojasoße**	Salzwasser zum Kochen bringen. Hähnchenfleisch, Ingwer und Zwiebeln aufkochen, Pfeffer und Sojasoße hinzufügen. Zugedeckt bei schwacher Hitze ca. 40 Minuten köcheln lassen.
200 g Möhren **1 rote Paprika**	Möhren und Paprika putzen und in kleine Würfel schneiden.
100 g Mungobohnenkeimlinge	Mungobohnenkeimlinge verlesen und waschen.
75 g Champignons oder Shiitakepilze **3 Lauchzwiebeln**	Champignons oder Shitakepilze waschen, in Scheiben schneiden. Lauchzwiebeln waschen und in Ringe schneiden.
2 EL Öl	Öl im Topf erhitzen und Pilze darin anbraten. Anschließend Möhren und Paprika zugeben und andünsten.
100 g TK-Erbsen **50 g Glasnudeln**	Hähnchenfleisch aus der Brühe nehmen, anschließend die Brühe durch ein Sieb zum Gemüse gießen, aufkochen lassen. Nun die Erbsen dazugeben, 5 Minuten köcheln lassen. Zum Schluss die Glasnudeln mit den Lauchzwiebeln und Keimlingen zugeben und ca. 2 Minuten weiterköcheln lassen.
	Das Fleisch von Haut und Knochen lösen, in kleine Stücke schneiden und in der Suppe erhitzen.
1–2 EL Sojasoße **½ TL Sambal Oelek** **Salz**	Suppe mit Sojasoße, Sambal Oelek und Salz abschmecken.
Petersilie	Petersilie vorbereiten, fein hacken und über die Suppe streuen.

Kokos-Currysuppe

1 Bund Lauchzwiebeln	Lauch vorbereiten, waschen, in feine Ringe schneiden.
300 g Putenbrust/ -schnitzel	Putenfleisch waschen, trocken tupfen, in kleine Würfel oder feine Streifen schneiden.
2 EL Öl **Salz** **Pfeffer**	Öl in einem weiten Topf erhitzen, Fleisch darin kräftig anbraten, mit Salz und Pfeffer würzen. Fleisch herausnehmen.
20 g Mehl **2 – 3 TL Curry**	Lauchzwiebeln im heißen Bratfett anbraten, Mehl und Curry darüberstreuen, kurz anschwitzen.
½ l Wasser **2 Dosen ungesüßte Kokosmilch (à 425 g)** **½ Becher Sahne** **1 EL gekörnte Hühnerbrühe** **gem. Ingwer**	Wasser, Kokosmilch, Sahne, Hühnerbrühe, gemahlenen Ingwer einrühren und aufkochen lassen. 10 Minuten köcheln lassen.
Salz **Pfeffer** **Limettensaft**	Mit Salz, Pfeffer und Limettensaft abschmecken und das Fleisch darin erhitzen.
Koriandergrün oder Petersilie **Limettenscheiben** **Kokos-Chips**	Je nach Wunsch mit Koriandergrün, Petersilie, Limettenscheiben oder Kokos-Chips garnieren.

Wissenswertes:

- Curry ist kein einzelnes Gewürz, sondern eine Gewürzmischung. Analog zu diesem Ursprung kann eine Gemüsemischung auch als Gemüsecurry bezeichnet werden.
- Je nach Region, Kaste und Gebräuchen ist die Mischung der Gewürze verschieden. Anzahl und Menge der verschiedenen Gewürze variiert zwischen 12 und 20.
- Im Handel ist Curry als Pulver oder als Paste zu finden.
- Curry ist vielseitig einsetzbar, z. B. für Fleisch- und Fischgerichte, Suppen, Gemüse, Nudeln und Reis.
- Curry sollte mit Fett kurz erhitzt werden, damit sich das Aroma besser entfalten kann.
- Currypulver muss luftdicht, kühl, dunkel und trocken aufbewahrt werden.
- Geöffnete Currypaste ist im Kühlschrank zu lagern.

Wan-Tan-Suppe

Nudelteig:

100 g Mehl	Mehl in eine Schüssel sieben.
1 EL Öl **6–8 EL Wasser** **¼ TL Salz**	Öl, Wasser und Salz zugeben.
	Mit einer Gabel Flüssigkeit und Mehl mischen. Anschließend mit den Händen zu einem glatten Teig kneten. Eine Schüssel mit heißem Wasser ausspülen, Teig damit abdecken und 20–30 Minuten ruhen lassen.

Zubereitung Suppe:

1–1,5 l Hühnerbrühe	Hühnerbrühe entsprechend der Dosierungsangabe kochen.
1 Tasse Glasnudeln **100 g Mu-Er-Pilze** **2 Tassen Gemüse-streifen** **½ Glas Bambus-streifen**	Glasnudeln, Mu-Er-Pilze, Gemüsestreifen und Bambus in der Brühe „bissfest" garen.
	Nudelteig dünn auswellen.

Füllung:

200 g Hackfleisch **4 EL Spinat, TK** **2 EL Sojasoße** **Salz** **Pfeffer** **Chinagewürz**	Hackfleisch und aufgetauten Spinat zu einer glatten Masse verrühren und mit Sojasoße und Gewürzen abschmecken.
	Nudelteig in kleine Rechtecke schneiden, 1 TL Fleischmasse in die Mitte setzen, zuklappen und kleine Täschchen formen, in Salzwasser ca. 5 Minuten garen, dann nochmals 5 Minuten in der Suppenbrühe ziehen lassen.

Wissenswertes:

Wan-Tan ist ein chinesischer Imbiss. Kleine quadratische hauchdünne Teigstücke werden pikant gefüllt und dann gedämpft oder frittiert. Die Teighüllen können aus Pastateig hergestellt und hauchdünn ausgerollt werden; sie sind aber auch frisch in asiatischen Lebensmittelgeschäften erhältlich.

Das Garen im Wok wird auf S. 191/192 beschrieben – hier sind Rezepte zur Auswahl. Klebreis dazu s. S. 203.

Chinesische Fleisch-Gemüse-Pfanne

250 g Schweine-, Rind-, oder Hühnerfleisch	Fleisch in sehr dünne und gleichmäßige Streifen schneiden.
2 EL Sojasoße **2 EL Stärkemehl** **¼ TL Chinagewürz**	Sojasoße, Stärkemehl und Chinagewürz über das Fleisch geben, gut vermengen, ca. 30–45 Minuten marinieren lassen.
¼ Sellerieknolle **2 Karotten** **2 Zwiebeln** **1 Lauch** **3 Chinapilze** **sonstiges Gemüse, nach Saison**	Sellerie, Karotten, Zwiebel, Lauch, Pilze und restliches Gemüse in gleichmäßig dünne Streifen schneiden.
4 EL Öl	Im Wok erhitzen, Fleisch darin ca. 5 Minuten anbraten, auf einem Teller warm stellen.
2 EL Öl **1 Dose Sojakeimlinge**	Öl nochmals in den Wok geben, Gemüse in der Reihenfolge des Härtegrades darin unter ständigem Rühren braten, Sojakeimlinge zugeben, mitbraten.
¼ l Brühe	Gemüse mit Brühe aufgießen, aufkochen lassen, Fleisch zugeben, abschmecken, im Wok zu Klebreis servieren.
Tipp	Der gesundheitliche Wert der chinesischen Küche liegt in der kurzen Garzeit. Ein sehr hoher Anteil an Vitaminen und Mineralstoffen bleibt erhalten. Der höhere Anteil des Kauens ist für die Verdauung förderlich.
Beilage:	Nudeln oder Reis

Schweinefleisch süßsauer (im Wok)

250 g Schweinefleisch 200 g Ananasringe (Dose) 2 Paprika (grün, rot) 1 Zwiebel 2 Stängel Frühlingszwiebeln 2 Tomaten 2 Peperoni (grün, rot) 1 Knoblauchzehe 1/2 Salatgurke	Schweinefleisch in dünne Scheiben schneiden. Ananasringe in Würfel schneiden. Die Paprika und die Zwiebel vorbereiten und ebenfalls in kleine Würfel schneiden. Frühlingszwiebeln in Ringe schneiden, Tomaten waschen und in Stücke schneiden. Die Peperoni schräg klein schneiden, Knoblauchzehe klein hacken. Salatgurke schälen, halbieren und in Streifen schneiden.
1 EL Stärke	Stärke mit Wasser oder Ananassaft anrühren (Stärketeiglein).
2 EL Tomatenketchup 2 EL Reisessig 2 EL helle Sojasoße 3 EL Austernsoße 1/2 EL Zucker	Alle Zutaten sollten vor dem Garen vorbereitet und bereitgestellt werden. Auch die Beilage (Reis oder Bandnudeln) sollte bereits quellen bzw. köcheln.
	Öl in einem Wok oder Topf erhitzen, Knoblauch goldbraun braten, Fleisch zugeben und bei großer Hitze garen.
	Sojasoße, Zucker, Reisessig, Austernsoße und Tomatenketchup zugeben und verrühren.
	Ananassaft und Salatgurke unterrühren, ca. 1 Minute garen lassen.
	Paprika, Ananas, Zwiebeln und Tomaten zugeben, aufkochen lassen.
	Soße mit Peperoni und Stärke binden.
	Mit Zucker und Reisessig abschmecken (Gericht soll süß-sauren Geschmack besitzen).
	Frühlingszwiebeln zum Schluss einrühren und servieren.
	Schweinefleisch kann ausgetauscht werden durch Putenbrust oder Hähnchenbrust.

Putenragout mit Kokosmilch (im Wok)

400 ml Kokosmilch **1 EL gelbe Currypaste**	Kokosmilch und Currypaste zusammen im Wok aufkochen lassen. 1 Minute köcheln lassen.
500 g Putenbrustfilet	Putenbrustfilet waschen, trocken tupfen und in feine Streifen schneiden. Streifen zu der Kokosmilch geben und 4 Minuten köcheln lassen, dabei ab und zu umrühren.
1 rote Paprika **250 g Frühlingszwiebeln**	Paprika vorbereiten, in feine Streifen schneiden. Zwiebeln vorbereiten und in Ringe schneiden. Alle Zutaten zum Fleisch geben und 3 Minuten köcheln lassen.
1 Bund Basilikum	Basilikum vorbereiten, fein hacken und zugeben.
2 EL Sojasoße **1 EL Zucker**	Sojasoße unterrühren, mit Zucker abschmecken und servieren.
Garnitur: einige Basilikumblättchen	

Wok-Gemüse mit Erdnüssen

1 kl. Blumenkohl **500 g Brokkoli** **ca. 300 g Möhren** **200 g Zuckerschoten oder TK-Erbsen**	Gemüse putzen, waschen und zerkleinern.
2 EL Öl **Salz** **weißer Pfeffer** **Erdnüsse nach Belieben**	Öl im Wok oder in einer großen Pfanne erhitzen, Blumenkohlröschen unter Wenden darin ca. 8 Minuten braten, würzen, dann herausnehmen. Brokkoli und Möhren im Bratfett ca. 4 Minuten braten, mit Salz und Pfeffer würzen. Zuckerschoten/Erbsen und Erdnüsse zugeben, ca. 3 Minuten braten. Zum Schluss den Blumenkohl wieder hinzugeben.
1/8 l Gemüsebrühe	Gemüsebrühe hinzugeben und 3–4 Minuten schmoren lassen.
4–6 EL süßsaure Asiasoße **Salz** **Pfeffer**	Mit Asiasoße, Salz und Pfeffer abschmecken.
Beilage:	Nudeln oder Reis

Dim Sum

Dim Sum eignen sich wunderbar als Vorspeise in einem asiatischen Menü. Wörtlich übersetzt bedeutet es: das Herz berühren. Dies bringt zum Ausdruck, dass man sich an der Feinheit dieser kleinen Häppchen erfreuen soll. Zudem dienen sie einer ersten Sättigung.

Nudelteig:
100 g Mehl
1 EL Öl
6–8 EL Wasser
¼ TL Salz

Mehl in eine Rührschüssel geben.
Öl, Wasser und Salz zugeben.
Mit einer Gabel Flüssigkeit und Mehl mischen.
Anschließend mit den Händen zu einem Teig kneten.
Teig so lange kneten, bis er völlig glatt ist.
Eine Schüssel mit heißem Wasser ausspülen, Teig damit abdecken.

Füllung:
1 Dose Garnelen
1 Knoblauchzehe, gepresst
1 EL Schnittlauchröllchen
½ TL Sojasoße

Garnelen abseihen, evtl. klein schneiden.
Mit den restlichen Zutaten vermengen.

Soße:
4 EL Ketchup
1 EL Sojasoße
1 EL Essig
2 EL Honig
1 TL Schnittlauch

Zutaten in einer Schüssel zu einer Soße verrühren.

Fertigstellen:
Dämpftopf
Öl

Nudelteig in 8 Portionen teilen und zu Kreisen auswellen. Füllung in die Mitte des Teigs setzen.
Die Teigränder nach oben ziehen und über der Füllung zusammendrücken – leicht drehen.
Einsatz des Dämpftopfs mit Öl bestreichen.
Wasser zum Kochen bringen.
Dim Sum etwa 10 Minuten im Wasserdampf garen.

Dieses Rezept kann abgewandelt werden:
Garnelenfüllung durch eine vegetarische Füllung ersetzen:
1 Knoblauchzehe, gepresst,
1 Frühlingszwiebel, in Ringe geschnitten,
2 EL Tiefkühlerbsen,
50 g Sojasprossen,
1 TL Sojasoße,
¼ TL Ingwer, frisch gerieben.
Alle Zutaten vermischen und in heißem Öl andünsten.

Chop Suey

Die Bezeichnung „Chop Suey" heißt so viel wie „gemischte Reste". Das Gericht kann aus beliebigem Gemüse, Fleisch, Fisch oder Krabben bestehen. Typisch chinesisch daran ist die Zerkleinerung aller Zutaten und die Verwendung der Gewürze Sojasoße und Ingwer. Auch die Zubereitungsart entstammt der chinesischen Küchenkunst. Hierbei werden die Zutaten bei hohen Temperaturen unter ständigem Rühren gebraten. Typisches Kochgerät dafür ist der Wok, ersatzweise kann auch eine Pfanne verwendet werden.

Zum Pfannenrühren:
- Öl
- 1 Putenschnitzel
- ½ Stange Lauch, in feine Halbringe geschnitten
- ½ rote Paprikaschote, in Würfel geschnitten
- 1 Karotte, geraspelt
- ¼ Chinakohl, in feine Streifen geschnitten
- 1 Knoblauchzehe, gepresst
- ½ Glas Sojabohnenkeimlinge

Pfanne trocken erhitzen, Öl zugeben, Fleisch stark anbraten.
Übrige Zutaten der Reihe nach zugeben, alles nur kurz mitbraten.
Wichtig: Da bei hohen Temperaturen angebraten wird, muss ständig gerührt werden, um ein Anbrennen der Speise zu verhindern.

Erst wenn sich am Boden der Pfanne ein Bratenfond gebildet hat, wird mit der Würzsoße aufgegossen.

Würzsoße:
- gut ¼ l Wasser
- 1 TL Salz
- 4 EL Sojasoße
- etwas Ingwer, frisch gerieben
- 1 EL Stärke

Zutaten der Würzsoße mit dem Schneebesen verrühren,
über die gegarten Zutaten geben,
einmal aufkochen lassen, abschmecken.
Sofort servieren!

Dieses Rezept kann abgewandelt werden:
Soll das Gericht warm gehalten werden, Chinakohl durch Bambussprossen ersetzen.

Beilage:
Nudeln oder Reis

Wissenswertes:

Asiaten verwenden zum Reiskochen häufig einen **Reiskocher**. Mit ihm lässt sich der Reis schonend zubereiten. Außerdem kann man ihn über längere Zeit darin warm halten.

Duftreis/Basmatireis

2 Tassen Reis
3 Tassen Wasser
1 Prise Salz

Reis gut waschen, mit Wasser und Salz in einem Topf kurz aufkochen. Dann zugedeckt bei kleinster Hitze ca. 20 Minuten quellen lassen.
Den Reis anschließend mit einer Gabel auflockern und servieren.

Klebreis

1 Tasse Rundkornreis
1 1/2 Tassen Wasser

Rundkornreis (je nach Geschmack kann auch Milchreis verwendet werden) im Wasser eine halbe Stunde quellen lassen.
Danach zum Kochen bringen. Platte ausschalten, zugedeckt 20 Minuten ausquellen lassen, dabei Restwärme nutzen.

Pisang goreng (Bananen im Teigmantel)

4 Babybananen Bananen schälen.

Für den Teig:
25 g Butter Butter bei schwacher Hitze schmelzen.

100 ml Kokosmilch
75 g Reismehl
1 Prise Salz
2 TL Zucker
3 EL Kokosraspel

Kokosmilch, Reismehl, Salz, Zucker und Kokosraspel mit der flüssigen Butter in eine Schüssel geben.
Alles mit den Rührbesen des Handrührgeräts zu einem glatten Teig verarbeiten.

Zum Ausbacken:
ca. 750 ml Pflanzenöl

Öl in einem hohen Topf oder einer Fritteuse erhitzen. Die Bananen im Teig wenden und im heißem Fett portionsweise ca. 4 Minuten goldgelb ausbacken.
Vorsicht Spritzgefahr!
Bananen herausnehmen und auf Küchenpapier gut abtropfen lassen.

Anstelle von Babybananen (= kleine asiatische Bananensorte) kannst du auch zwei feste handelsübliche Bananen nehmen. Diese in zwei oder drei gleich große Stücke pro Banane schneiden.

Dieses Rezept kann abgewandelt werden:
Statt Bananen eignen sich auch Ananasstücke oder -scheiben sehr gut. Am besten eignet sich frische Ananas.

5 Bio- und Ökoprodukte aus der Region und darüber hinaus?!

Du kannst neu dazulernen,
- die Grundsätze des ökologischen Landbaus zu formulieren,
- ökologisch produzierte Lebensmittel anhand von Warenzeichen zu erkennen,
- die Vorgaben des Biosiegels erklären zu können,
- Ökologie und Gesundheitswert stark weiterverarbeiteter Biolebensmittel zu hinterfragen und zu bewerten,
- zu erkennen, dass die ausschließliche Versorgung mit Bioware nicht nur eine Ernährungsansicht ist, sondern die gesamte Lebenseinstellung erfasst,
- unterschiedliche Formen der Direktvermarktung beschreiben zu können,
- Qualitäts- und Geschmacksunterschiede festzustellen.

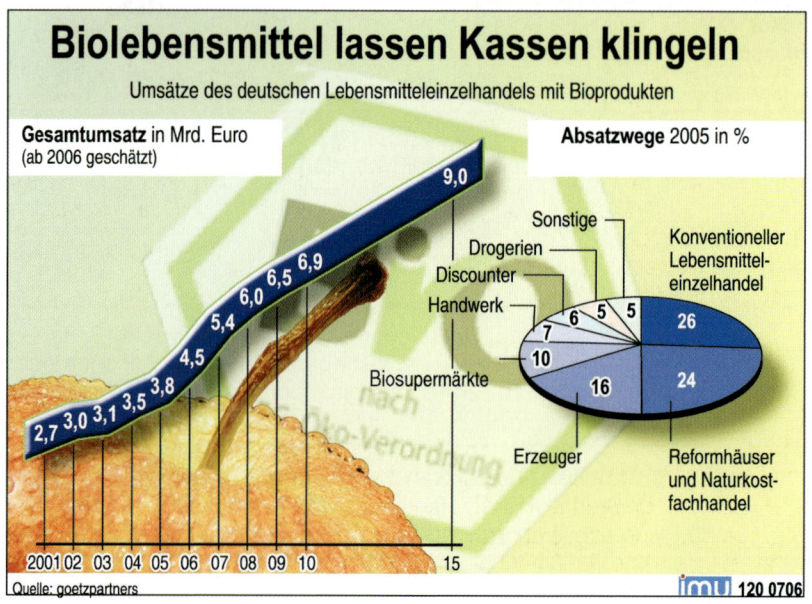

Biolebensmittel lassen Kassen klingeln
Umsätze des deutschen Lebensmitteleinzelhandels mit Bioprodukten

Gesamtumsatz in Mrd. Euro (ab 2006 geschätzt)

2001: 2,7 | 02: 3,0 | 03: 3,1 | 04: 3,5 | 05: 3,8 | 06: 4,5 | 07: 5,4 | 08: 6,0 | 09: 6,5 | 10: 6,9 | 15: 9,0

Absatzwege 2005 in %
- Konventioneller Lebensmitteleinzelhandel: 26
- Reformhäuser und Naturkostfachhandel: 24
- Erzeuger: 16
- Biosupermärkte: 10
- Handwerk: 7
- Discounter: 6
- Drogerien: 5
- Sonstige: 5

Quelle: goetzpartners

5.1 Grundsätze des ökologischen Landbaus

Die negativen Auswirkungen der herkömmlichen Landwirtschaft haben einige Landwirte dazu veranlasst, Lebensmittel umweltfreundlich produzieren zu wollen. Es wird bewusst auf Höchstleistungen verzichtet. Hochwertige Lebensmittel, die gesundheitlich unbedenklich sind, stehen im Vordergrund. Um diese Ziele zu erreichen, wird nach folgenden Grundsätzen gearbeitet:

Bodenfruchtbarkeit

Werden auf einem Feld häufig die gleichen Pflanzen angebaut, laugt dies den Boden stark aus. Der Biobauer hingegen wechselt häufig ab. Innerhalb von 3 Jahren steht niemals die gleiche Frucht auf ein und derselben Ackerfläche (= Fruchtfolge).
Im ökologischen Landbau werden gezielt Pflanzen angebaut, die den Stickstoff aus der Luft aufnehmen und als Dünger im Boden speichern. Zwischenfrüchte dienen als Gründüngung. In den Boden gepflügt, bilden sie nährstoffreichen Humus.
Tief wurzelnde Pflanzen lockern den Boden auf und verhindern Bodenverdichtung.

Pflanzengesundheit

Durch Züchtung spezieller Pflanzensorten gelang es, die Erträge um ein Vielfaches zu erhöhen. Hochertragssorten sind allerdings anfälliger gegenüber Krankheiten. Im ökologischen Landbau werden ausschließlich altbewährte und widerstandsfähige Pflanzen verwendet. Diese sind an Klima und Boden gewöhnt und damit wenig krankheitsanfällig. Die Ernteerträge werden auch nicht durch die Zugabe von Kunstdünger gesteigert. Dadurch würde die Pflanze zwar schneller wachsen, jedoch an Halt und Festigkeit verlieren. Gesunde Pflanzen bedeuten für den Biobauern auch immer gentechnisch unveränderte Pflanzen. Somit lehnt der ökologische Landbau Gentechnik ab.

Schädlingsbekämpfung

Im ökologischen Landbau sind Gifte gegen Bakterien, Pilze und Insekten verboten. Die Pflanzengesundheit muss auf natürliche Weise gewährleistet werden. Eine Möglichkeit ist die Mischkultur. Das heißt Anbau unterschiedlicher Pflanzen auf einem Beet zur Schädlingsabwehr, z. B. Basilikum und Gurke. Dies schützt die Gurke vor Mehltaubefall. Weiterhin gibt es auch noch nützliche Insekten, die Schädlinge fressen. Im Freiland kann durch Hecken und Aufstellen von Nistkästen die Entwicklung der Nützlinge gefördert werden. Für Gewächshäuser werden gezielt gegen den jeweiligen Schädling größere Mengen an Nützlingen gekauft. Unkraut entfernt der Biobauer durch Hacken – häufig von Hand.

Tierhaltung

In der artgerechten Tierhaltung wird den Tieren die Möglichkeit gegeben, ihre natürlichen Verhaltensweisen auszuleben. Dazu gehört z. B. die Auslaufhaltung von Hühnern oder Weidenhaltung bei Rindern.
Es dürfen nicht mehr Tiere gehalten werden, als von der betriebseigenen Fläche ernährt werden können. Futtermittelimporte aus Entwicklungsländern sind verboten, ebenso Masthilfsmittel, Hormonbehandlung sowie ein vorbeugender Einsatz von Medikamenten.
Wird das Tier krank, wird die Anwendung von Naturheilmitteln bevorzugt.

Arbeitsaufträge:
1. Bearbeitet in einer Gruppe jeweils einen Infotext.
   Welche Grundsätze gelten für den ökologischen Landbau?
   Schreibt diese stichpunktartig auf Wortkarten!
2. Hinterfrage und bewerte die Ökologie und den Gesundheitswert stark verarbeiteter Biolebensmittel.

5.2 Erkennungsmerkmale von Öko- und Bioprodukten

Mittlerweile haben auch Großkonzerne erkannt, dass sich mit dem ökologischen Anstrich viel Geld verdienen lässt. Fantasienamen und ein umweltfreundliches Aussehen der Lebensmittelverpackung erwecken beim Kunden den Eindruck, dass es sich um ein ökologisches Produkt handelt. Die Verwirrung bei der Kennzeichnung lässt Verbraucher mittlerweile auch an der Echtheit von Bioprodukten zweifeln. Es gibt jedoch eine gesetzliche Regelung, die vor Betrug schützt.

Daran erkennt man echte Bioprodukte:

Folgende Begriffe sind gesetzlich geschützt:
- „Bio" oder „Öko"
- biologisch oder ökologisch
- und Wortkombinationen, z. B. kontrolliert – biologisch

Gesetzlich geschützte Warenzeichen: demeter, BIO KREIS e.V., ECOVIN, ANOG kontrollierte biologische Produkte, Bioland ÖKOLOGISCHER LANDBAU, BIOPARK, ÖKOSIEGEL, Naturland, Gäa ÖKOLOGISCHER LANDBA

Name oder Codenummer der Kontrollstelle sind Pflicht!
Beispiel für ein deutsches Produkt:

DE-099-Öko-Kontrollstelle

Vorsicht Betrug!
- naturnah
- natürlich
- unbehandelt
- nicht chemisch behandelt
- Vertragsanbau
- umweltverträglich
- kontrolliert
- kontrollierter Anbau
- rückstandskontrolliert
- spritzmittelfrei
- umweltschonend
- integrierter Anbau

Trotz dieser gesetzlichen Regelung finden sich in den Regalen immer wieder Lebensmittel, die den Anschein eines Bioprodukts erwecken. Bei näherem Betrachten der Packung fehlen jedoch die entsprechenden Warenzeichen und Nummern, die für echte Bioprodukte stehen. Für Verbraucher, die wissen wollen, ob es sich tatsächlich um ein Bioprodukt handelt, gibt es eine Überprüfungsmöglichkeit. Entsprechende Packungen können an folgende Adresse geschickt werden:

AGÖL Geschäftsstelle
„Koordinationsstelle irreführende Biokennzeichnung"

Arbeitsgemeinschaft ökologischer Landbau e. V.
Brandschneise 1
64295 Darmstadt
Tel.: 0 61 55 / 20 81

Wissenswertes:

Befragungen zeigen immer wieder, dass viele Verbraucher großes Interesse an Bioprodukten haben. Beim Einkauf kommen den Verbrauchern angesichts der verwirrenden Kennzeichnung häufig Zweifel an der Echtheit dieser Produkte. Aufgrund der nachhaltigen Forderung seitens der Verbraucherverbände nach einem einheitlichen und verlässlichen Prüfsiegel wurde das Öko-Prüfzeichen (ÖPZ) in Deutschland eingeführt. Da die Handelsbeziehungen jedoch international sind, haben sich Verbände auch hier zu einem einheitlichen Zeichen entschlossen – IFOAM accredited.

in Deutschland: ÖKO PRÜFZEICHEN
weltweit: IFOAM ACCREDITED

Sollte es sich in der Tat um einen Etikettenschwindel handeln, werden die entsprechenden Firmen von einem Rechtsanwalt angesprochen und, wenn nötig, gerichtliche Schritte eingeleitet.

5.3 Das Biosiegel

Um das Biosiegel zu erhalten, müssen folgende Kriterien erfüllt sein:
- Es dürfen keine Bestrahlungen der Ökolebensmittel vorgenommen werden.
- Es dürfen keine genetisch veränderten Organismen verwendet werden.
- Es dürfen weder chemische Pflanzenschutzmittel noch künstliche (mineralische) Dünger eingesetzt werden.
- Die Tiere dürfen nicht mit Antibiotika oder leistungsfördernden Medikamenten behandelt werden und müssen artgerecht gehalten werden.
- Das Biosiegel dürfen nur die Produkte erhalten, deren Zutaten mindestens zu 95% aus ökologischem Anbau stammen.

Das Biosiegel ist ein nationales Zeichen, das nur in Deutschland gilt. Allerdings kann man es trotzdem auf Lebensmitteln aus anderen Ländern finden, solange diese den gleichen Anforderungen entsprechen und kontrolliert wurden.

Beim Einkauf ist darauf zu achten, ob eine Codenummer der Kontrollstelle, die entweder alleine oder zusammen mit dem Namen der Kontrollstelle und dem Ökosiegel angegeben sein muss, vorhanden ist.

Wir erkennen:

„Biologisch" bedeutet wörtlich übersetzt: die Folgerichtigkeit des Lebens.
Biologisch heißt demnach, dass Pflanzen, Tiere und Menschen Teile eines gemeinsamen Lebenssystems sind. Die Abhängigkeit voneinander erfordert, dass man aufeinander Rücksicht nimmt.

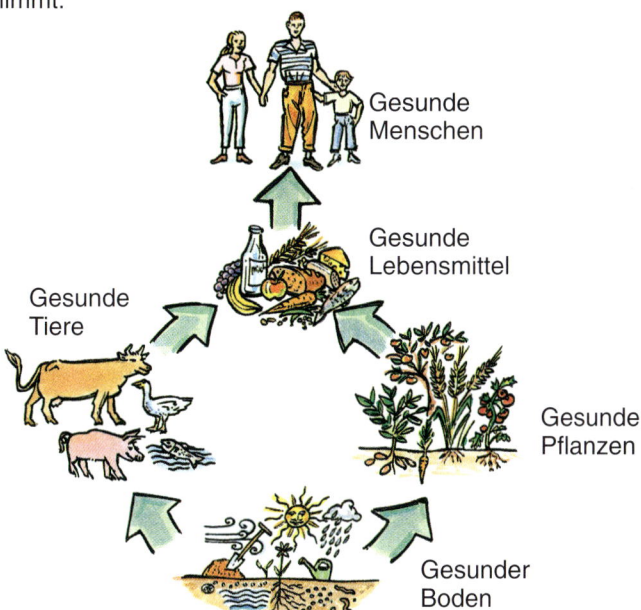

Gesunde Menschen → Gesunde Lebensmittel → Gesunde Pflanzen → Gesunder Boden → Gesunde Tiere

Arbeitsauftrag:

Erstelle ein Plakat, eine Infowand oder eine Collage mithilfe aktueller Medien, z. B. Internet, Test-Zeitschriften, Tageszeitung.
Berücksichtige dabei Ökologie und den Gesundheitswert stark weiterverarbeiteter Biolebensmittel.

5.4 Direktvermarktung

Landwirtschaftliche Betriebe produzieren ein Vielfaches mehr an Lebensmitteln, als sie selbst lagern und weiterverarbeiten können. Deshalb liefern die Bauern ihre Produkte an Großhändler. Diese übernehmen Verarbeitung, Lagerung und Verkauf. Einziger Nachteil: Die Großhändler bestimmen den Preis. Aus diesem Grund gehen immer mehr Bauern dazu über, einen Teil ihrer qualitativ hochwertigen Produkte selbst zu vermarkten.

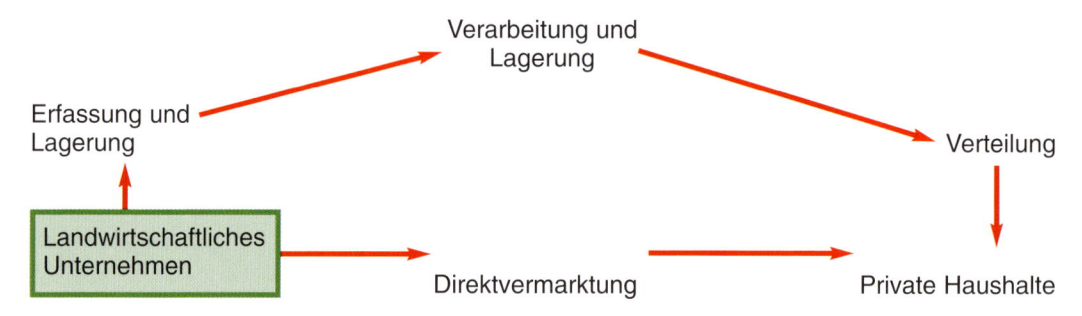

Arbeitsauftrag:
Erkläre, was mit Direktvermarktung gemeint ist!

● Einkaufen als Erlebnis

Einkaufen beim Direktvermarkter

Einkaufen im Supermarkt

Arbeitsauftrag:
Woran liegt es, dass der Kunde das Einkaufen beim Direktvermarkter anders erlebt als im Supermarkt?

Wir erkennen:
Wer Lebensmittel beim Direktvermarkter einkauft, erkennt die Qualität und den Geschmacksunterschied zur Industrieware!

● Direktvermarktung in unterschiedlicher Form

Das Problem der Direktvermarktung ist, dass es nicht wie im Supermarkt alle Lebensmittel an einem Ort gibt. So muss der Kunde zu vielen Bauern fahren, um seinen Bedarf an Produkten zu decken. Das kostet viel Zeit und erfordert lange Wege. Aus diesem Grund haben sich unterschiedliche Formen der Direktvermarktung entwickelt, die dem Verbraucher den Einkauf leichter und bequemer machen.

| Bauernmarkt |  Selbstpflücken | Hofladen |
|  Straßenverkauf | Ab-Feld-Verkauf |  Frei-Haus-Lieferung |

Arbeitsaufträge:

1. Betrachte obige Bilder!
   Welche Möglichkeiten der Direktvermarktung gibt es?
2. Nicht jedes Lebensmittel eignet sich gleichermaßen für alle Formen der Vermarktung.
   a) Weshalb werden Erdbeeren häufig zum Selbstpflücken angeboten?
   b) Ob auf dem Bauernmarkt, im Hofladen oder frei Haus geliefert – bei Kartoffeln, Nudeln und Eiern spielt es keine Rolle, wo sie verkauft werden. Erkläre!

Wir erkennen:

In welcher Form ein Lebensmittel direkt vermarktet wird, hängt zumeist von der Haltbarkeit des jeweiligen Produktes ab.

Vorteile der Direktvermarktung

● Qualität von Lebensmitteln

Lebensmittel, die direkt vom Hersteller gekauft werden, zeichnen sich durch ihren Geschmack aus. Dies kann am Beispiel Honig gut überprüft werden. Jeder Imker stellt seinen Honig selbst her – aus dem Nektar, den ihm seine Bienen liefern. Die Honiggewinnung ist beim Imker stets Handarbeit. Durch die schonende Verarbeitung erhält dieser Honig seinen einmaligen, unnachahmlichen Geschmack. Im Gegensatz dazu kaufen Großhersteller Honige aus der ganzen Welt ein. In Fabriken werden die hohen Mengen verarbeitet. Eine ausgeklügelte Rezeptur garantiert den gleichbleibenden Geschmack.

A

Arbeitsaufträge:

1. Honig aus dem Supermarkt – Honig vom Direktvermarkter: Wo liegen die Unterschiede?

2. Führe dazu folgenden Versuch durch: Teste Honig vom Imker und aus dem Supermarkt im Vergleich! Versuche, den Unterschied zu beschreiben!

| Blütenhonig aus dem Supermarkt | Blütenhonig vom Direktvermarkter |

M

3. Wo kaufen die Deutschen verstärkt ihre frischen Lebensmittel ein? Informiere dich im Internet, in der Tagespresse, bei Experten (z. B. Verbraucherzentrale). Welche Meinung bildest du dir?

Gemüse und Obst aus dem Supermarkt müssen sauber und makellos sein, damit der Kunde zufrieden ist. Dies erfordert spezielle Sorten, die eigens dafür entwickelt wurden. Zudem werden Lebensmittel, die der Norm nicht entsprechen, im Vorfeld aussortiert. Kennzeichen der Direktvermarktung hingegen ist, dass die Lebensmittel so verkauft werden, wie sie von Natur aus gewachsen sind. So stellen beispielsweise Erde an Kartoffeln, unregelmäßig große Früchte sowie kleine Schönheitsfehler keine Qualitätsminderung dar.

Arbeitsauftrag:

Warum sind Lebensmittel vom Direktvermarkter von höherer Qualität, obwohl die Supermarktware fast immer besser aussieht?

● Einblick in Herkunft und Herstellung

am Beispiel Butter:

Normalerweise liefern Bauern die Milch an Molkereien. Dort findet die Weiterverarbeitung zu Butter statt. Einblick in deren Herstellung bekommt der Kunde nicht. Bei der „Bauernbutter" findet die gesamte Herstellung direkt im landwirtschaftlichen Betrieb statt. Somit erhält der Verbraucher Informationen aus erster Hand:

– Zur Herstellung von 250 g Butter werden 6 bis 7 Liter Milch benötigt.
– In der Zentrifuge wird die Sahne von der Milch getrennt.
– Im Butterfass wird Sahne geschlagen – das frei gewordene Butterfett klumpt zusammen, übrig bleibt die Buttermilch.
– Das restliche Wasser im Butterklumpen muss von Hand herausgeknetet werden.
– Zum Schluss bleibt noch das Formen: ebenfalls von Hand. Mithilfe einer Model erhält die Butter ihr typisches Aussehen.

Somit erkennt der Kunde, wie viel Handarbeit mit der Butterherstellung verbunden ist, und lernt dieses Lebensmittel ganz anders schätzen.

Arbeitsauftrag:

Warum sind Kunden bereit, den höheren Preis für Bauernbutter zu bezahlen?

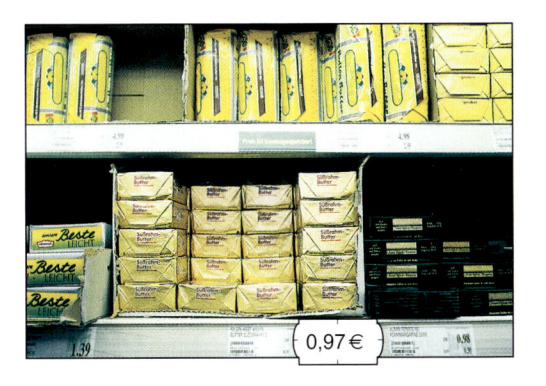

● Umweltverträglichkeit

Um den Kunden das ganze Jahr über Gemüse und Obst anbieten zu können, müssen die Direktvermarkter einiges beachten. Im Frühjahr, Sommer und in den ersten Herbstmonaten werden Obst- und Gemüsesorten geerntet, die nicht lagerfähig sind. Zwangsläufig müssen diese nach der Ernte sofort als Frischware verkauft werden. Lagerfähiges Obst und Gemüse können erst im Spätherbst geerntet werden. Der Verkauf dieser Sorten erfolgt im Winter, wenn keine Frischware mehr zur Verfügung steht.
Der Direktvermarkter ist gezwungen, diesen natürlichen Rhythmus zu akzeptieren. Im Gegensatz zum Supermarkt ist das Angebot begrenzt – dafür aber das ganze Jahr über gesehen weitaus abwechslungsreicher.
Eine Sonderform stellt die sogenannte Abo-Kiste dar. Dabei verpflichtet sich der Kunde, in regelmäßigen Abständen, z. B. jede Woche, eine Abo-Kiste zu kaufen. Das Sortiment stellt der Direktvermarkter zusammen und liefert es dem Kunden frei Haus.

Frühjahr  **Sommer**

Herbst  **Winter**

A Arbeitsaufträge:
1. Im Supermarkt gibt es das ganze Jahr über nahezu alle Obst- und Gemüsesorten zu kaufen. Das Angebot eines Direktvermarkters hingegen ist jahreszeitlich begrenzt. Wie ist dies zu erklären?
2. Warum ist Einkaufen beim Direktvermarkter grundsätzlich umweltfreundlich?

5.5 Rezepte

Schnitzel „Wiener Art"

4 Schweine- oder Putenschnitzel **Salz** **Pfeffer**	Schnitzel waschen, trocken tupfen, evtl. klopfen. Schnitzel auf beiden Seiten mit Salz und Pfeffer würzen.
Panade:	Auf 3 Panierschalen oder 3 Tellern vorbereiten:
ca. 2 EL Mehl	Mehl auf einen Teller/eine Panierschale geben.
1 Ei **2 EL Milch**	Ei auf einen Teller/eine Panierschale geben und mit der Milch verquirlen.
ca. 6 EL Paniermehl (Semmelbrösel)	Paniermehl auf einen Teller/eine Panierschale geben.
	Schnitzel **kurz vor dem Ausbacken** panieren: Zuerst das Schnitzel auf den Teller mit Mehl legen, beide Seiten darin wenden, anschließend in Ei wenden und zum Schluss das Paniermehl (Semmelbrösel) andrücken. Panierte Schnitzel nicht übereinanderlegen.
Öl	Öl in einer Pfanne erhitzen, die Schnitzel von beiden Seiten goldbraun braten; je Seite ca. 5 Minuten.
	Auf einer heißen Fleischplatte anrichten.
Petersilie **Zitronenscheiben oder -ecken**	Mit Petersilie und Zitronenscheiben garnieren.

Die Menge der Panade je nach Bedarf (Größe) verringern oder erhöhen.
Paniermehl/Semmelbrösel können teilweise ausgetauscht werden durch:
- Sesam
- Haselnüsse
- Kokosraspel
- geriebenen Parmesankäse
- etwas frisch geriebenen Meerrettich

Jägerschnitzel

4 Schweine- oder Putenschnitzel **Salz** **Pfeffer**	Schnitzel waschen, trocken tupfen, evtl. klopfen. Die Schnitzel von beiden Seiten mit Salz und Pfeffer würzen.
2 EL Mehl	Schnitzel im Mehl wenden.
Öl	Öl in einer Pfanne erhitzen und die Schnitzel von jeder Seite bei schwacher Hitze ca. 5 Minuten anbraten.
	Die Schnitzel auf einer heißen Fleischplatte anrichten.
1 Rezept Pilzsoße	Pilzsoße zubereiten (s. S. 115), einen Teil über die Schnitzel geben, den Rest in einer Soßenschüssel dazureichen.
Petersilie	Petersilie vorbereiten, zerkleinern und zum Garnieren über die Soße streuen.

Apfel-Käse-Schnitzel mit leichter Currysoße

4 Schweine- oder Putenschnitzel **2 EL Butterschmalz/ Öl** **Salz** **Pfeffer**	Schnitzel abspülen und trocken tupfen. Butterschmalz bzw. Öl erhitzen und die Schnitzel ca. 3 Minuten von jeder Seite anbraten. Anschließend mit Salz und Pfeffer würzen, nebeneinander in eine feuerfeste Form legen.
1 mittelgroßer säuerlicher Apfel **ca. 50 g gehackte Walnusskerne** **4 Scheiben mittelalter Gouda-Käse**	Apfel waschen, schälen und mit dem Apfelausstecher das Kerngehäuse herausstechen, anschließend waagerecht in Scheiben schneiden. Apfelscheiben im Bratfett kurz andünsten, auf dem Fleisch verteilen und dann die Walnusskerne ebenfalls auf die vier Schnitzel verteilen. Zum Schluss jedes Schnitzel mit Käse belegen und im Backofen überbacken.
1–2 Zwiebeln **1 EL Curry** **1 TL Mehl** **150 g Sahne** **150 g Gemüsebrühe**	Zwiebeln schälen, fein würfeln, im Bratfett glasig dünsten. Curry und Mehl darüberstäuben und kurz anschwitzen. Die Sahne und Brühe unter Rühren eingießen, aufkochen lassen. Bei schwacher Hitze ca. 3 Minuten köcheln lassen. Zum Schluss abschmecken.
Dazu passt:	lockerer Butterreis.

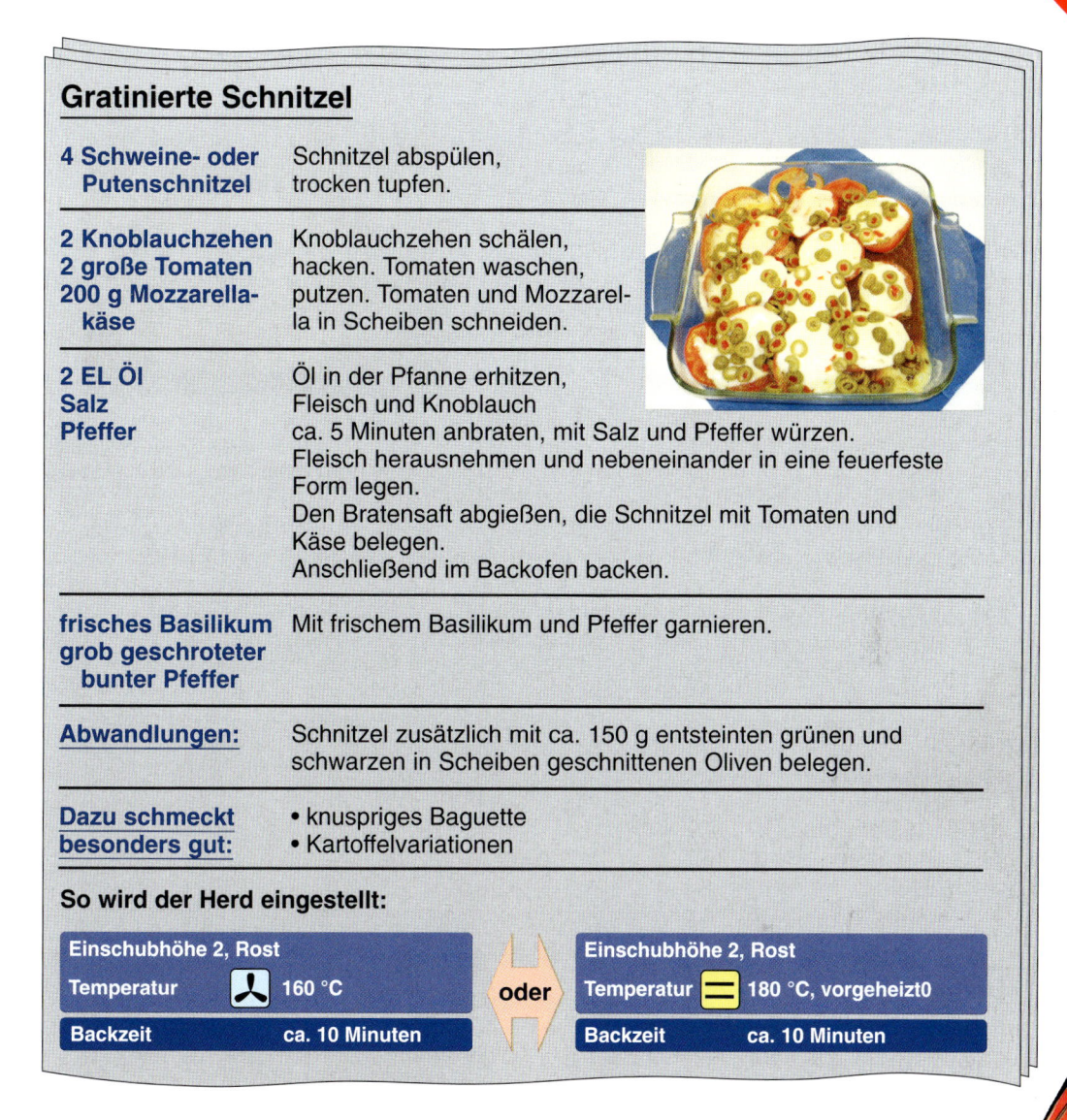

Gratinierte Schnitzel

4 Schweine- oder Putenschnitzel	Schnitzel abspülen, trocken tupfen.
2 Knoblauchzehen 2 große Tomaten 200 g Mozzarellakäse	Knoblauchzehen schälen, hacken. Tomaten waschen, putzen. Tomaten und Mozzarella in Scheiben schneiden.
2 EL Öl Salz Pfeffer	Öl in der Pfanne erhitzen, Fleisch und Knoblauch ca. 5 Minuten anbraten, mit Salz und Pfeffer würzen. Fleisch herausnehmen und nebeneinander in eine feuerfeste Form legen. Den Bratensaft abgießen, die Schnitzel mit Tomaten und Käse belegen. Anschließend im Backofen backen.
frisches Basilikum grob geschroteter bunter Pfeffer	Mit frischem Basilikum und Pfeffer garnieren.
Abwandlungen:	Schnitzel zusätzlich mit ca. 150 g entsteinten grünen und schwarzen in Scheiben geschnittenen Oliven belegen.
Dazu schmeckt besonders gut:	• knuspriges Baguette • Kartoffelvariationen

So wird der Herd eingestellt:

Einschubhöhe 2, Rost				Einschubhöhe 2, Rost	
Temperatur	160 °C		oder	Temperatur	180 °C, vorgeheizt0
Backzeit	ca. 10 Minuten			Backzeit	ca. 10 Minuten

Wissenswertes:

Mozzarella ist ein italienischer Frischkäse, der ursprünglich aus Büffelmilch hergestellt wurde. Auf einigen Märkten – besonders rund um Neapel – ist er noch als reiner Büffelmilchkäse zu kaufen.
Heute wird Mozzarella überwiegend aus Kuhmilch und nur selten aus 50 % Büffelmilch und 50 % Kuhmilch zubereitet. Am häufigsten wird er als Kugeln oder längliche Rollen in einer milden Salzlake oder Molke angeboten.
Dadurch bleibt er elastisch und bildet keine Rinde. Er ist in unterschiedlichen Fettgehaltsstufen zu kaufen und schmeckt leicht säuerlich frisch.
Als Vorspeise wird er in Scheiben geschnitten und mit Tomaten, Balsamico, Basilikum und Olivenöl dachzielartig angerichtet. Außerdem findet er Verwendung zum Überbacken und Füllen (Pizza, Aufläufe u.v.m.).

Nudelauflauf

Margarine **Paniermehl/Semmelbrösel**	Eine feuerfeste Form mit Margarine einfetten und ausbröseln.
2 l Wasser **1 EL Salz** **2 EL Öl**	Wasser unter Zugabe von Salz und Öl zum Kochen bringen.
250 g Nudeln	Nudeln in das kochende Wasser geben, je nach Packungsangabe bissfest (al dente) garen. Nudeln in ein Sieb gießen und mit kaltem Wasser kurz übergießen (abschrecken).
150 g gekochter Schinken **250 g geriebener Käse**	Schinken in feine Würfel oder Streifen schneiden, mit den Nudeln mischen. Die Hälfte der Nudeln in die vorbereitete Auflaufform schichten und die Hälfte des Käses darüberstreuen. Dann die 2. Hälfte der Nudeln darüberverteilen und den restlichen Käse darüberstreuen.
3 Eier **200 g Milch oder 150 g Sahne** **100 ml Sauerrahm** **½ TL Salz** **etwas Pfeffer, Paprika**	Eier, Milch (oder Sahne), Sauerrahm, Salz, Pfeffer und Paprika miteinander verquirlen und über die Nudeln geben.

So wird der Herd eingestellt:

Einschubhöhe 2, Rost		Einschubhöhe 2, Rost
Temperatur 170 °C	oder	Temperatur 180 °C, vorgeheizt
Backzeit ca. 50–60 Minuten		Backzeit ca. 50–60 Minuten

2 EL gehackte Petersilie	Petersilie über den fertigen Auflauf streuen.

Dieses Rezept kann abgewandelt werden:
Statt des Schinkens oder zusätzlich können 250 g bissfest gegartes Gemüse, z. B. Erbsen, Möhren, Brokkoli usw., unter die Nudeln gemischt werden.
Der Schinken kann auch durch fein geschnittene Lachsstreifen ausgetauscht werden.

Brokkoli-Möhren-Auflauf

500 g Brokkoli **500 g Möhren** **ca. ¼ l Salzwasser**	Gemüse putzen. Brokkoli in kleine Röschen teilen und die Möhren in kleine Stücke schneiden. Im Salzwasser das Gemüse ca. 8–10 Minuten bissfest garen, abgießen, die Garflüssigkeit auffangen. Das Gemüse in kleine feuerfeste Förmchen verteilen.
100 g franz. Hartkäse z. B. Comté	Käse fein reiben.
1 Zwiebel **30 g Fett** **40 g Mehl** **250 g Sahne** **Salz, Pfeffer**	Zwiebel vorbereiten, fein würfeln. Fett erhitzen, Zwiebeln darin glasig dünsten, anschließend Mehl darüberstäuben, anschwitzen. Garflüssigkeit und Sahne verrühren, aufkochen lassen. Die Hälfte des geriebenen Käses zugeben und schmelzen lassen. Soße mit Salz und Pfeffer würzen, über das Gemüse gießen. Den restlichen Käse über das Gemüse streuen und im Backofen garen.

Der Auflauf kann auch in einer großen feuerfesten Form überbacken werden.
Die Zeit verlängert sich dann um ca. 10 Minuten.
Falls die Oberfläche zu braun wird, die Form mit Alufolie abdecken.

Dazu passt:
- Kartoffelbrei oder
- knuspriges Knoblauch-Kräuter-Baguette

So wird der Herd eingestellt:

Einschubhöhe 2, Rost			Einschubhöhe 2, Rost	
Temperatur	200 °C, vorgeheizt	**oder**	Temperatur	225 °C, vorgeheizt
Backzeit	ca. 15–20 Minuten		Backzeit	ca. 15–20 Minuten

Beim Herstellen einer Mehlschwitze ist die Gefahr der Klumpenbildung gegeben. Durch folgende Küchentricks kann dem entgegengewirkt werden:

- Zum Aufgießen den Topf von der Herdplatte nehmen.
- Stets mit kalter Flüssigkeit aufgießen. Heiße Flüssigkeit beschleunigt die Klumpenbildung!
- Befinden sich dennoch Klumpen in der Soße, so kann durch sofortiges Pürieren eine sämige Beschaffenheit erzielt werden.

Kartoffelgratin

Für die Auflaufform:
Margarine — Eine Auflaufform mit Margarine einfetten.

500–600 g Kartoffeln
Salz
wenig Muskat
Milch

Kartoffeln schälen und hobeln.
Die Hälfte der Kartoffeln in die Auflaufform geben, mit etwas Salz und Muskat würzen.
Die restlichen Kartoffeln darübergeben, erneut würzen.
Die Kartoffeln bis zur Häfte mit Milch begießen.
In der geschlossenen Auflaufform garen.

So wird der Herd eingestellt:

Einschubhöhe	2, Rost		Einschubhöhe	2, Rost
Temperatur	175 °C	oder	Temperatur	200 °C, vorgeheizt
Backzeit	40–45 Minuten		Backzeit	45–60 Minuten

Dieses Rezept kann abgewandelt werden:

- Gepresste Knoblauchzehe mit den Gewürzen auf der ersten Hälfte der Kartoffeln verteilen.
- Milch teilweise durch Sahne ersetzen.

Wirsing in Schnittlauchsahne

½ Kopf Wirsing
½ Zwiebel

Wirsing putzen, waschen und Strunk entfernen.
In Streifen schneiden. Zwiebeln würfeln.

2 Scheiben durchwachsener Speck
Salz
Pfeffer

Speck in Streifen schneiden, in einem Topf auslassen,
Wirsing und Zwiebeln darin andünsten.
Mit Salz und Pfeffer würzen.

¼ l fertige Brühe
½ Becher Sahne

Brühe und Sahne zugießen,
bei milder Hitze 15–20 Minuten garen.

2 EL Schnittlauch — Mit Schnittlauchröllchen anrichten.

Wissenswertes:

Obwohl zu den Kohlarten zählend, ist **Wirsing** aufgrund seines zart-würzigen Aromas ein typischer Vertreter der feinen Küche. Das edle Gemüse verlangt schonende Behandlung.
Die kraus gewellten Blätter sind außen locker angeordnet – innen zu einem festen Kopf zusammengeschlossen. Will man die Frische eines Wirsings prüfen, muss der Kopf fest und knackig sein. Gibt er bei der Schüttelprobe ein rasselndes Geräusch von sich, ist dies ein Zeichen besonderer Frische.

Salat von Blattspinat mit Sonnenblumenkernen

100 g frischer Blattspinat 1 Frühlingszwiebel	Spinatblätter verlesen, waschen. Frühlingszwiebel in feine Ringe schneiden, unter den Blattspinat mengen.
Marinade: 2–3 EL Sonnenblumenöl, kalt gepresst Saft einer halben Zitrone 1 Prise Salz etwas Pfeffer	Öl zuerst unter den Salat mengen. Restliche Zutaten in einer Tasse mischen. Salat kurz vor dem Verzehr marinieren.
2 EL Sonnenblumenkerne	Sonnenblumenkerne in einer Pfanne trocken anrösten. Über dem Salat verteilen.

Quarkauflauf mit Früchten

Margarine Semmelbrösel	Eine feuerfeste Form mit Margarine einfetten und ausbröseln.

1 Dose/Glas Früchte,
   z. B. Sauerkirschen,
   entsteint
Pfirsiche
Aprikosen
	Früchte abgießen und gut abtropfen lassen, anschließend in die Form geben.

4 Eiklar 1 Prise Salz	Eier trennen, Eiklar zu sehr steifem Eischnee schlagen, kalt stellen.
50 g Margarine	Margarine schaumig rühren.
100 g Zucker 4 Eigelb	Zucker und Eigelb abwechselnd zur Margarine hinzugeben, Schaummasse herstellen.
500 g Magerquark 50 g Grieß 1 TL Backpulver 1 EL Zitronensaft	Quark, Grieß, Backpulver und Zitronensaft unterrühren. Eischnee vorsichtig unter die Masse heben, auf die Früchte geben und im Backofen garen.
	Sauerkirschsaft für Fruchtsoße verwenden.

So wird der Herd eingestellt:

Einschubhöhe	2, Rost		Einschubhöhe	2, Rost	
Temperatur	180 °C ohne Deckel	**oder**	Temperatur	200 °C, ohne Deckel, vorgeheizt	
Backzeit	ca. 45–60 Minuten		Backzeit	ca. 45–60 Minuten	

Erdbeer-/Himbeersoße

500 g Erdbeeren oder Himbeeren oder Kirschen ggf. Tiefkühlfrüchte	Früchte sorgfältig vorbereiten, waschen, abtropfen lassen, ggf. entstielen. Mit dem Pürierstab Fruchtmark herstellen.
½ l Wasser 100 g Zucker (nach Bedarf)	Wasser und Zucker in einen Topf geben und zum Kochen bringen.
3 TL Stärke	Stärke mit 6 EL kaltem Wasser in einer kleinen Schüssel glatt rühren.
	Die kochende Flüssigkeit von der Kochstelle nehmen, Stärkebrei unter ständigem Rühren mit dem Schneebesen in die Flüssigkeit rühren. Auf der Kochstelle unter ständigem Rühren aufkochen lassen, anschließend von der Kochstelle nehmen.
etwas Zucker evtl. Vanillezucker oder Zitronensaft	Fruchtmark mit Schneebesen unterrühren. Mit Zucker, Vanillezucker oder Zitronensaft abschmecken.
	In einer Soßenschüssel oder einem Glaskrug anrichten.

Je nach Saioson können frische Früchte oder Tiefkühlfrüchte verwendet werden. Die zugegebene Zuckermenge richtet sich nach dem Reifegrad der Früchte.

Fruchtsoße – einfach

½ l Fruchtsaft	Fruchtsaft in einem Topf zum Kochen bringen.
3 TL Stärke	Stärke mit 6 EL kaltem Fruchtsaft in einer kleinen Schüssel glatt rühren.
	Den kochenden Fruchtsaft von der Kochstelle nehmen, Stärketeiglein unter ständigem Rühren mit dem Schneebesen in den Fruchtsaft rühren. Auf der Kochstelle unter ständigem Rühren aufkochen lassen.
Zucker evtl. Vanillezucker oder Zitronensaft	Mit Zucker, Vanillezucker oder etwas Zitronensaft abschmecken.
	In einer Soßenschüssel oder einem Glaskrug anrichten.

Kürbismarmelade

1 kg Kürbis, gewürfelt **1/8 l Wasser**	Kürbis in 1/8 l Wasser 15 Minuten dünsten, anschließend pürieren.
1 kg Gelierzucker **3/4 TL Zimt** **1/2 TL Ingwerpulver** **1/4 TL Nelkenpulver** **1/4 TL Muskat** **Saft von 2 Zitronen**	Gelierzucker und Gewürze daruntermischen. Unter ständigem Rühren zum Kochen bringen. 4 Minuten sprudelnd kochen lassen. Gelierprobe machen, heiß in Gläser füllen und verschließen.

Zwetschgen-Zimt-Marmelade

1,5 kg Zwetschgen	Zwetschgen waschen, halbieren, Steine entfernen. Fruchtfleisch klein schneiden und in einen Topf geben.
1 kg Gelierzucker **1 – 2 TL Zimt**	Gelierzucker und Zimt zu den Zwetschgen geben. Bei großer Hitzezufuhr unter ständigem Rühren 10 bis 12 Minuten kochen. Gelierprobe machen. Marmelade heiß in vorbereitete Gläser füllen.

Vor dem Kauf von Zimt solltest du dich auf S. 80 informieren!

Biskuitteig – Grundrezept

1 Eiklar **25 g feiner Zucker**	Eiklar zu sehr steifem Eischnee schlagen, unter Schlagen den Zucker einrieseln lassen, bis der Eischnee glänzend und schnittfest ist.
1 Eigelb	Eigelb unterheben.
25 g Mehl **evtl. 1 Prise Backpulver**	Mehl sieben, vorsichtig unterheben. Mehl **nie** unterrühren, da die Masse sonst die lockere Beschaffenheit verliert. Bei kleinen Eiern 1 Prise Backpulver zugeben.
Beachte:	• Biskuitteig sofort in die vorbereitete Backform oder auf das vorbereitete Backblech geben und in die vorgeheizte Backröhre schieben, da sonst die eingeschlagene Luft wieder entweicht. • Biskuitteig immer mit Ober- und Unterhitze backen, da dieser sonst austrocknet • Blech und Förmchen einfetten, mehlen bzw. ausbröseln. Der Rand einer Springform für Tortenböden darf nicht eingefettet werden, da er sonst nicht gleichmäßig aufgeht. Während der ersten Hälfte der Backzeit sollte der Backofen nicht geöffnet werden. • Nach dem Backen kurz abkühlen lassen, dann auf ein Gitter stürzen und bis zur weiteren Verarbeitung auskühlen lassen.
Weiter- **verarbeitung:**	Sollen Rouladen/Rollen hergestellt werden, das Blech auf ein nebelfeuchtes Tuch (Backware bleibt elastisch, bricht nicht) oder auf ein mit Zucker bestreutes Tuch stürzen, Papier abziehen und aufrollen (s. S. 76).
Weitere Zutaten **je nach** **Verwendung:**	• Abgeriebene Zitronenschale oder Zitronensaft hinzufügen. • Für feinporige Backware 1/3 der Mehlmenge durch Stärke ersetzen. • Einen Teil des Mehls durch gem. Mandeln oder Nüsse ersetzen. • Fein geriebene Schokolade kann hinzugefügt werden.

Für die verschiedenen Gebäckarten müssen die Zutatenmengen entsprechend multipliziert werden:
- Obstboden: 3 Eier,
- Biskuitrolle: 4 Eier,
- Tortenboden: 6 Eier

So wird der Herd eingestellt:

Form		Förmchen	
Einschubhöhe		Einschubhöhe	
Temperatur	175 °C	Temperatur	175 °C
Backzeit	ca. 45–60 Minuten	Backzeit	ca. 15–20 Minuten

Blech

Einschubhöhe	
Temperatur	200 °C
Backzeit	ca. 8–10 Minuten

Wasserbiskuit Grundrezept

1 Eiklar **1 EL Wasser**	Eiklar mit Wasser zu sehr steifem Eischnee schlagen.
40 g Zucker	Zucker in den Eischnee einrieseln lassen, weiterschlagen, bis Eischnee schnittfest ist.
1 Eigelb **40 g gesiebtes Mehl** **1 P. Backpulver**	Eigelb, gesiebtes Mehl und Backpulver vorsichtig nacheinander unterheben.
	Weiterverarbeitung siehe Grundrezept „Biskuitteig".

Tipp: Für einen Schnellbiskuit können die ganzen Eier mit Wasser und Zucker zu einer Schaummasse geschlagen werden. Das gesiebte Mehl-Backpulver-Gemisch muss aber untergehoben werden, um einen lockeren Teig zu bekommen.

Diese Teigzubereitung ist vor allem für niedrige Gebäckarten geeignet, z. B. Biskuitrolle, Obstboden, Törtchen.

Biskuitrolle

1 Biskuitteig aus 4–5 Eiern	Buiskuitteig zubereiten, auf einem Blech backen und auf ein nebelfeuchtes Tuch stürzen. Das Papier abziehen (s. auch S. 76).
250 g Marmelade	Marmelade glatt rühren, auf den noch warmen Biskuitteig streichen. Den Teig vorsichtig aufrollen und auskühlen lassen.
Puderzucker	Biskuitrolle mit Puderzucker bestäuben, in schräge Scheiben schneiden und servieren.

Eignet sich mit Schlagsahne, Vanillesoße oder Weinschaumsoße auch als Nachspeise!

Füllungen für ausgekühlte Biskuitrollen:

Früchteschlagsahne

500–700 g Obst nach Belieben, roh oder aus der Dose	Obst vorbereiten, klein schneiden oder pürieren (einige Früchte für die Garnitur zurücklassen).
3–6 Blatt Gelatine	Gelatine nach Anleitung quellen und in Fruchtsaft auflösen.
½ l Sahne ca. 75 g Puderzucker (nach Bedarf) 1 P. Vanillezucker	Sahne durch Zugabe von Puderzucker und Vanillezucker steif schlagen. Bei der aufgelösten Gelatine einen Temperaturausgleich vornehmen, unterschlagen. ⅓ der Schlagsahne zum Garnieren kühl stellen.
	⅔ der Schlagsahne unter die vorbereiteten Früchte heben und kalt stellen, bis sie anfängt zu steifen. Die erkaltete Biskuitrolle ausrollen, mit Früchteschlagsahne dick bestreichen. Locker aufrollen, mit ⅓ Schlagsahne bestreichen, bespritzen. Mit den restlichen Früchten garnieren, kühl stellen.
Weitere Garniermöglichkeit: geröstete Mandelblättchen	Biskuitrolle teils oder ganz damit bestreuen.

Nussschlagsahne

100 g gem. Haselnüsse	Haselnüsse trocken leicht anrösten, abkühlen lassen.
3 Blatt Gelatine	Gelatine nach Anleitung quellen und auflösen.
½ l Sahne ca. 50 g Puderzucker 1 P. Vanillezucker	Sahne durch Zugabe von Puderzucker und Vanillezucker steif schlagen. Bei der aufgelösten Gelatine einen Temperaturausgleich vornehmen, unterschlagen. ¼ der Schlagsahne zum Garnieren kühl stellen.
ganze Nüsse	Unter die restliche Sahne die erkalteten gerösteten Nüsse mischen. Den erkalteten Biskuitteig ausrollen. Mit Nussschlagsahne dick bestreichen, einen Teil für das spätere Garnieren zurücklassen. Locker aufrollen, mit restlicher Nussschlagsahne bestreichen, mit ganzen Nüssen garnieren und bis zum Verzehr kühl stellen.

Geschichtete Mascarponetorte

4 Eier 4 EL kaltes Wasser 100 g Zucker	Eiklar vom Eigelb trennen. Eiklar und Wasser steif schlagen, Zucker einrieseln lassen. Das Eigelb unterschlagen.
75 g Mehl 50 g Stärke 1 TL Backpulver	Mehl über die Eiermasse sieben, Stärke und Backpulver unterheben.
Backpapier	Springformboden mit Backpapier auslegen und den Teig einfüllen.
	Nach dem Backen den Boden auskühlen lassen und anschließend in der Mitte durchschneiden.
4 EL Erdbeerkonfitüre	Erdbeerkonfitüre erwärmen, unteren Boden damit bestreichen.
500 g Magerquark 500 g Mascarpone 5–6 EL Zitronensaft 50 g Zucker	Magerquark, Mascarpone, Zitronensaft und Zucker miteinander verrühren.
400 g Schlagsahne 2 P. Vanillezucker 2 P. Sahnefestiger	Schlagsahne, Vanillezucker und Sahnefestiger steif schlagen und unter die Masse heben.
ca. 300 g Erdbeeren	Erdbeeren waschen. Einige Erdbeeren mit dem Grün für die Garnitur zurücklassen, Rest in kleine Würfel schneiden. 1/4 der Masse auf den unteren Boden streichen, gewürfelte Erdbeeren darüber verteilen. 1/4 der Masse darüber verteilen und den zweiten Boden daraufsetzen. Die restliche Masse zum Bestreichen der Torte verwenden.
200 g Schlagsahne Pistazien Erdbeeren Schokodekor Kakao Minze	Sahne steif schlagen und Torte damit verzieren. Mit Pistazien, Erdbeeren, Schokodekor, Kakao und Minze die Torte verzieren.

So wird der Herd eingestellt:

Einschubhöhe	2, Rost
Temperatur	175 °C, vorgeheizt
Backzeit	ca. 30 Minuten

Saftige Kirschtorte mit Pistazien

1 Biskuittortenboden von 4 Eiern	Biskuitboden nach dem Grundrezept zubereiten, auskühlen lassen. Den Boden in der Mitte durchschneiden.
Füllung: 3 Glas Sauerkirschen evtl. 1 EL Kirschwasser	Sauerkirschen abtropfen lassen, dabei den Saft auffangen. 200 g Sauerkirschen mit dem Kirschwasser beträufeln.
5 Blatt weiße Gelatine	Gelatine nach Anleitung einweichen und auflösen.
½ l Sahne 30 g Zucker 1 P. Vanillezucker	Sahne unter Zugabe von Zucker und Vanillezucker steif schlagen. Bei der aufgelösten Gelatine einen Temperaturausgleich vornehmen, unterschlagen. anschließend unter die Sahne schlagen. Die mit Kirschwasser getränkten Kirschen unterheben.
	Um den unteren Boden einen Tortenring setzen, Kirschsahne auf den Boden streichen. Den zweiten Boden darauflegen, kühl stellen.
	Soll es schnell gehen, ca. ½ bis 1 Stunde tiefgefrieren.
1 P. roten Tortenguss 2 EL Zucker ¼ l Kirschsaft	Die restlichen Kirschen auf dem oberen Boden verteilen. Tortenguss nach Packungsvorschrift kochen, über die Kirschen geben und fest werden lassen. Anschließend Tortenring vorsichtig entfernen.
200 g Sahne	Die Sahne steif schlagen und den Tortenrand damit bestreichen.
2 EL gehackte Pistazien	Den Tortenrand mit den Pistazien bestreuen.

So wird der Herd eingestellt:

Einschubhöhe	2, Rost
Temperatur	200 °C, vorgeheizt
Backzeit	ca. 25 Minuten

Käse-Sahne-Torte

4 Eier
4 EL warmes Wasser
175 g Zucker
1 P. Vanillezucker

Eier und Wasser schaumig schlagen, Zucker und Vanillezucker einrieseln lassen.

125 g Mehl
50 g Stärke
½ TL Backpulver

Gesiebtes Mehl, Stärke und Backpulver vorsichtig unter die schaumige Masse heben.

Biskuit sofort in die vorbereitete Springform geben und in vorgeheizter Backröhre backen.

So wird der Herd eingestellt:

Einschubhöhe	2, Rost
Temperatur	180 °C, vorgeheizt
Backzeit	20 Minuten

Nach dem Backen Boden erkalten lassen und einmal durchschneiden. Tortenring um den Boden legen.

Käsesahne:
9 Blatt Gelatine

Gelatine nach Packungsaufschrift einweichen.

200 ml Schlagsahne

Sahne steif schlagen, kühl stellen.

225 g Zucker
Saft einer Limone
50 ml flüssige Sahne

Zucker und Limonensaft in der flüssigen Sahne schaumig rühren.

750 g Quark

Quark zur Schaummasse geben

Puderzucker

Gelatine ausdrücken, auflösen und unter die Quarkmasse geben. Kühl stellen.
Sobald Masse deutlich zu steifen beginnt, Sahne unterziehen und auf den Tortenboden streichen.
Deckel aufsetzen und im Kühlschrank fest werden lassen.
Vor dem Verzehr mit Puderzucker bestreuen.

Dieses Rezept kann abgewandelt werden:
- Auf den Tortenboden Pfirsiche oder Aprikosen legen.
- Nach Belieben kann der Deckel mit frischen Früchten und Tortenguss verziert werden.
  Schmeckt fruchtig und sieht sehr dekorativ aus.

Wilde Wachau

4 Eier 140 g Zucker	Eier und Zucker schaumig schlagen.
50 g Mehl 1 TL Backpulver	Mehl sieben und mit dem Backpulver vorsichtig unterheben.
50 g Zartbitterschokolade 3 Zwiebäcke 140 g gemahlene Mandeln	Zartbitterschokolade fein reiben, Zwieback zerbröseln (s. u.) und mit den gemahlenen Mandeln mischen. Mischung vorsichtig unter die Eimasse heben.
	Den Boden der Springform einfetten oder mit Backpapier auslegen. Den Teig einfüllen und backen.
	Teigboden aus der Form lösen und abkühlen lassen. 1/3 des Bodens waagerecht abschneiden.
Belag: 1/2 l Sahne 2 P. Sahnesteif 20 g Zucker 2 P. Vanillezucker 2 Beutel Cappuccinopulver	Sahne, Sahnesteif, Zucker und Vanillezucker zusammen steif schlagen. Cappuccino unterrühren, Masse kuppelartig auf den unteren, dickeren Boden streichen.
200 g Sahne	Sahne steif schlagen, über die Cappuccinosahne streichen. Den dünnen Boden zerbröseln und die Torte damit bestreuen.
Puderzucker	Torte mit Puderzucker bestäuben.
	Zwieback in grobe Stücke brechen und in einen Gefrierbeutel geben. Mit Nudelholz darübergewalzt, ist die schnellste und sauberste Möglichkeit, um gebröselten Zwieback zu erhalten.

So wird der Herd eingestellt:

Einschubhöhe	2, Rost		Einschubhöhe	2, Rost
Temperatur	160 °C	oder	Temperatur	180 °C, vorgeheizt
Backzeit	ca. 30 Minuten		Backzeit	ca. 30 Minuten

6 Projekt
Jung und Alt: Mitglieder unserer Gesellschaft früher – heute – in Zukunft

Du kannst neu dazulernen,
- sich in die Lebenssituation älterer Menschen hineinzuversetzen,
- Einblick in die Betreuung alter Menschen in Alten- und Pflegeheimen, Altentagesstätten oder Ähnlichem zu bekommen,
- bei gemeinsamen Aktionen auf die Bedürfnisse älterer Menschen einzugehen,
- Vergleiche früher – heute anzustellen,
- Tendenzen/Möglichkeiten für die Zukunft zu finden (Wohngemeinschaften, Wohnanlagen Alt und Jung, „Nachbarschaftshilfe").
Informationen: Zeitungsartikel, Inserate, Internet, Gemeinde/Stadtverwaltung

Jung und Alt: Vorurteile oder Tatsachen?

unbeherrscht	ungezogen frech	stur	faul
leichtsinnig	besserwisserisch	wehleidig	verwöhnt
vergrämt	unentschlossen	nachtragend	altmodisch
ungeduldig	sorglos	stolz	verkalkt
geizig	schlampig	kriminell	strenggläubig

Arbeitsaufträge:
1. Betrachte die Darstellung und ordne zu! Welche Meinung haben
   - ältere Menschen über Jugendliche? ● Jugendliche über alte Menschen?
2. Inwiefern sind obige Aussagen gerechtfertigt?

Was hieß es früher, alt zu sein?

Was heißt alt sein „heute"?

Arbeitsaufträge:
1. Nimm Stellung zu den Abbildungen!
2. Befrage deine Großeltern, ältere Nachbarn oder Altenheimbewohner, was sich heute gegenüber früher geändert hat.

Was es heißt, ins Altenheim zu gehen?

Ins Altenheim zu gehen bedeutet auch immer, ein Stück Freiheit aufzugeben. Viele alte Menschen leiden darunter, dass von nun an ihr innerster persönlicher Bereich (= Intimsphäre) eingeschränkt ist.

Arbeitsauftrag:
Welche Hürden müssen alte Menschen nehmen, wenn sie ins Altenheim gehen?

Mit dem Eintritt ins Altenheim war mir auch klar, dass dies mein letzter Lebensabschnitt sein wird.

Jetzt laufe ich schon den ganzen Vormittag den Gang auf und ab. Eigentlich könnte ich ja auch auf mein Zimmer gehen. Aber im Grunde genommen macht das keinen Unterschied.

Auf der Pflegestation gibt's nur Doppelzimmer. Mit wem ich wohl jetzt zusammenleben muss? Hoffentlich verstehen wir uns!

Als die Leute in meinem Bekanntenkreis mitbekamen, dass ich ins Altenheim gehen will, waren sie schockiert. Einige versuchten, mir den Gedanken auszureden.

Ich habe das Gefühl, dass ich abgeschoben worden bin. Meine Kinder versichern mir zwar immer wieder, dass dies nicht so ist. Sie besuchen mich auch regelmäßig. Aber irgendwie werde ich den Gedanken trotzdem nicht los.

So viele Türen und Gänge! Wie soll ich mich da zurechtfinden?

Die schlimmste Erfahrung war für mich die Wohnungsauflösung. Meine Möbel waren zwar alt, aber trotzdem gut erhalten. Mit jedem Möbelstück, das beim Sperrmüll landete, ging auch ein Stück Erinnerung zu Bruch.

Dass ich mich zwei Jahre vor meiner Pensionierung nicht mehr in den neuen Betriebscomputer einarbeiten musste, war mir ganz recht. In letzter Zeit macht es mir immer mehr Schwierigkeiten, Formulare fürs Finanz- oder Landratsamt auszufüllen. Nach einem kleinen Autounfall vor sieben Wochen wurde mir angeraten, meinen Führerschein abzugeben. Ich komme mir immer wertloser vor.

Alt, aber nicht nutzlos

Der Umzug in ein Alten- bzw. Pflegeheim bedeutet nicht automatisch eine Verschlechterung der Lebensqualität. Viele ältere Menschen entdecken auch im Heim Möglichkeiten, das Leben sinnvoll zu gestalten.

Arbeitsauftrag:
Entnimm nachfolgenden Beispielen Möglichkeiten zur positiven Lebensgestaltung in einem Altenheim.

- Die letzten zehn Jahre war ich immer allein in meiner Wohnung. Gut, dass ich jetzt viel mit anderen zusammen sein kann.

- Nachmittags gehe ich mehrmals in der Woche ins Café. Dort treffe ich Gleichaltrige. Wir können uns gut unterhalten und der Gesprächsstoff geht eigentlich nie aus. Manchmal haben wir sogar einen Heidenspaß miteinander.

- An der Bastelgruppe gefällt mir besonders gut, dass die gefertigten Arbeiten unser Haus verschönern.

- Seit ich sehr schlecht sehe, bin ich froh, dass Frau Krummholz von nebenan mir täglich aus der Zeitung vorliest. Als Dankeschön dafür spiele ich ihr öfter etwas auf dem Klavier vor.

- Am liebsten sitze ich nachmittags in der Eingangshalle des Pflegeheims. Hier ist ständig etwas los. Außerdem ist es sehr interessant und kurzweilig, Leute zu beobachten.

- Einmal in der Woche ist Gedächtnistraining. Rätsel raten und dergleichen macht Spaß und es tut mir sehr gut.

- Als aktives Mitglied im Heimbeirat kümmere ich mich um die Neuankömmlinge. Eine freundliche Begrüßung sowie Hilfestellung beim Zurechtfinden in der neuen Umgebung werden dankbar angenommen.

- Mittwochs ist immer Gymnastik angesagt. Anfangs habe ich mich davor gescheut hinzugehen, weil ich dachte, das sei etwas für Rüstigere. Nach mehrmaligem Zuschauen bekam ich Lust mitzumachen – jetzt fühle ich mich richtig fit.

Jung und Alt: Möglichkeiten und Chancen

Im Kinderfernsehen Opas Geschichten, in der Illustrierten Omas Kochrezepte. Die Medien lassen die „guten alten Zeiten" gekonnt wieder aufleben. Jedoch: Die moderne Gesellschaft gibt alten Menschen kaum noch Gelegenheit, ihre Erfahrungen und ihr Wissen an die junge Generation weiterzugeben.

Arbeitsauftrag:
a) Betrachte die Bilder!
b) Welchen Vorteil kann das „Altsein" haben – für Jung und Alt?
b) Wie stellst du dir dein Leben im Alter vor?
c) Nimm zu dem Thema: „ Wie stellst du dir dein Leben im Alter vor?" eine Umfrage vor.
Präsentiere die Ergebnisse an einer Schautafel!

Tagesablauf in einem Pflegeheim

Laut Gesetz steht für 2,56 pflegebedürftige Menschen eine Pflegekraft zur Verfügung. In der Realität ist dies jedoch anders. Das gesamte Pflegepersonal muss nämlich auf drei Schichten verteilt werden. Zudem sind immer Arbeitskräfte im Urlaub, Wochenende oder Krankenstand. In der Praxis sieht dies dann so aus, dass eine Pflegekraft rund acht Personen versorgen muss. Entsprechend gut organisiert muss der Tagesablauf sein.
Hier ein Beispiel einer Pflegestation mit 22 Bewohnern:

6.30 Uhr	Aufstehen, Körperpflege, Ankleiden
8.00 Uhr	Frühstück
9.30 Uhr	Morgenandacht
10.00 Uhr	2. Frühstück
11.45 Uhr	Mittagessen anschließend Mittagsruhe
14.30 Uhr	Kaffee
15.00 Uhr	Programm
17.00 Uhr	Abendessen
18.30 Uhr	Zubettgehen
20.00 Uhr	Beginn der Nachtschicht

AM

Arbeitsauftrag:
Lies obigen Pflegeplan! Beachte dabei, dass in den angegebenen Zeiten immer 22 Personen von drei bis vier Pflegekräften versorgt werden müssen. Was bedeutet dies für den Pflegebedürftigen im Einzelfall?

Interview mit Altenpflegerinnen:

Welche Tätigkeiten gehören zu Ihren Hauptaufgaben?
- Die Fähigkeiten des Bewohners fördern und erhalten
- Grundpflege, Dokumentation über jeden Bewohner

Wofür hätten Sie in Ihrem Beruf gerne mehr Zeit?
- Für den Bewohner selbst in Gespräch, Spiel …
- Um individuelle Bedürfnisse herauszufinden

Welche Situationen mit alten Menschen belasten Sie sehr?
- Wenn verwirrte Bewohner depressiv und weinerlich herumlaufen und wir unter Zeitdruck sind
- Sterbephase und Tod von Bewohnern

Alte Menschen füttern, waschen und auf die Toilette führen – so stellen sich viele den Beruf der Altenpflegerin vor. Was müsste seitens der Außenwelt mehr Wertschätzung finden?
- Dass der Bewohner ein neues Heim mit Geborgenheit und Zuwendung hat
- Wir machen nicht irgendeinen Job, sondern haben uns bewusst für die Pflege alter Menschen entschieden

Inwieweit hat dieser Beruf Sie verändert?
- Ich habe mehr Achtung vor alten Menschen, aber auch mehr Verständnis
- Der Umgang mit hilfsbedürftigen Menschen ist etwas Natürliches und Schönes geworden

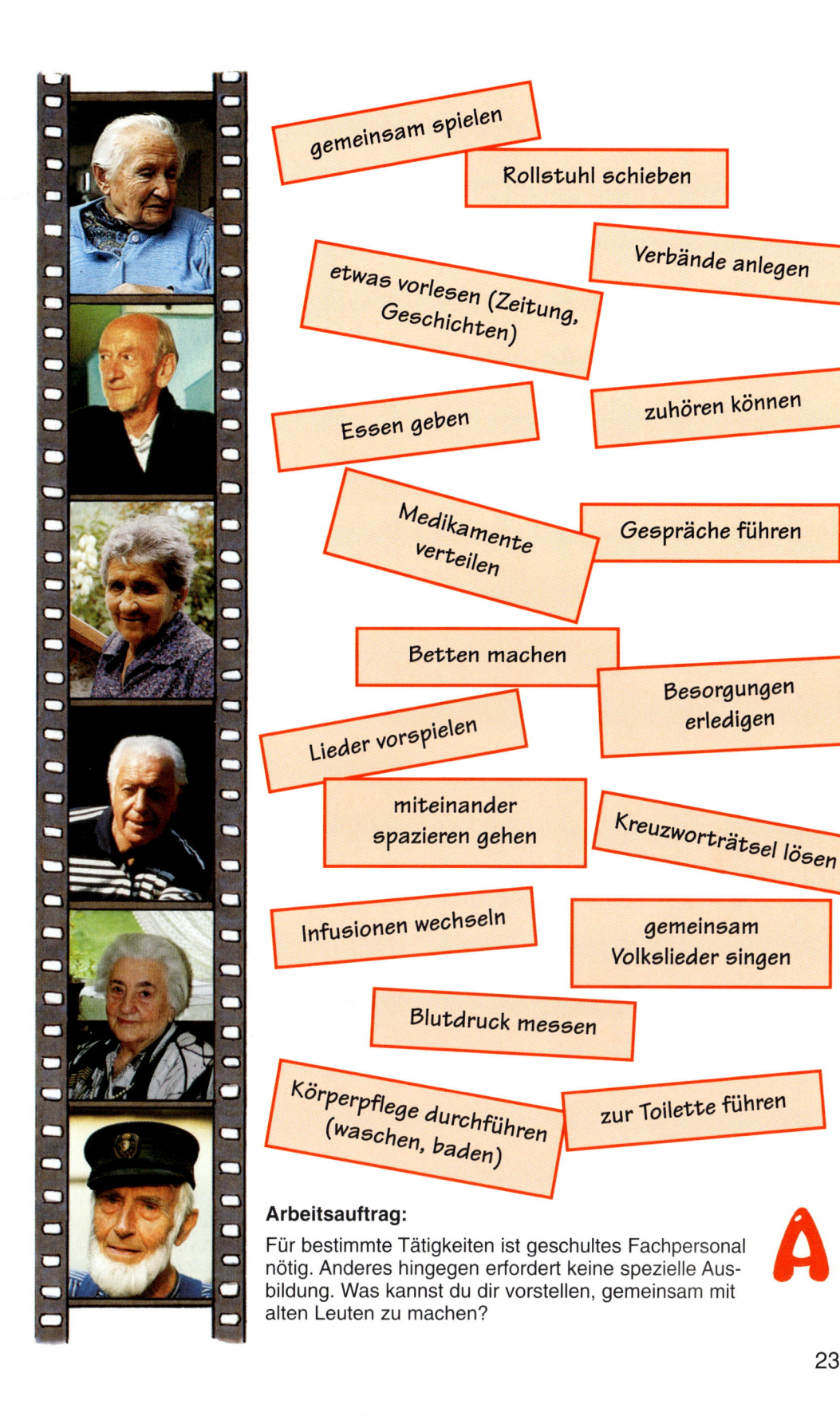

- gemeinsam spielen
- Rollstuhl schieben
- Verbände anlegen
- etwas vorlesen (Zeitung, Geschichten)
- zuhören können
- Essen geben
- Medikamente verteilen
- Gespräche führen
- Betten machen
- Besorgungen erledigen
- Lieder vorspielen
- miteinander spazieren gehen
- Kreuzworträtsel lösen
- Infusionen wechseln
- gemeinsam Volkslieder singen
- Blutdruck messen
- Körperpflege durchführen (waschen, baden)
- zur Toilette führen

Arbeitsauftrag:

Für bestimmte Tätigkeiten ist geschultes Fachpersonal nötig. Anderes hingegen erfordert keine spezielle Ausbildung. Was kannst du dir vorstellen, gemeinsam mit alten Leuten zu machen?

A

Gemeinsam mit alten oder behinderten Menschen feiern! Wie gehen wir vor?

Feiern mit alten oder behinderten Menschen

Projektinitiative und Planung
- Welche Einrichtungen gibt es in der näheren Umgebung?
- Zu welchen Einrichtungen sind bereits Kontakte vorhanden?
- Wie knüpfen wir Kontakte?
- Sollen die alten oder behinderten Menschen eingeladen werden oder besuchen wir sie?
- Was wollen wir für das Fest vorbereiten? Glück-, Mutmachspiele? Unterhaltung und Besinnliches? Einen gemeinsamen Gottesdienst – ein Fastenessen? ...
- Wie teilen wir die Arbeit auf?

Gezielte Planung im Hinblick auf das Produkt
- Überbringen der Einladung
- Informieren über spezielle Bedürfnisse alter oder behinderter Menschen
- Ausprobieren der Rezepte, Farbtechniken, Osterdekorationen
- Informieren über verschiedene Tisch- und Festlegen und Verteilen der Aufräumarbeiten

Überprüfung und Reflexion
- Wie beurteilen wir das durchgeführte Vorhaben?
- Was würden wir jetzt anders machen?
- Wie beurteile ich nun die Lebenssituation alter oder behinderter Menschen?
- Entstanden Kontakte vorher – wie könnte dies aussehen?
- Könnte ich mir vorstellen in diesem Bereich beruflich tätig zu werden?

Durchführung
- Feiern mit alten oder behinderten Menschen.

In Zusammenarbeit mit den Fächern Deutsch, Religion oder Ethik bietet es sich an, folgendes Buch als Klassenlektüre zu lesen:

Dieter Strecker: Die Altenrepublik, lucy körner verlag, 96 Seiten

Es geht um Cora, eine ungewöhnliche und bemerkenswerte alte Frau. Dem Leser wird klar, dass das reife Lebensalter keineswegs von wunschlosem Dahindämmern und Warten auf den Tod geprägt sein muss. Lebensfreude und Warmherzigkeit können im Alter auf uns warten, wenn wir uns nicht vorher selbst von den anderen abgrenzen und ausschließen. Gerade eine Gesellschaft, die bedingungslos auf Jugend und Dynamik getrimmt ist, hat ein Buch wie „Die Altenrepublik" bitter nötig.

Fachbegriffe zur Lebensmittelbe- und verarbeitung

Ablöschen	Angebratenes oder einen Bratenfond mit wenig Flüssigkeit aufgießen.
Abschrecken	Gegarte oder gebrühte Lebensmittel mit kaltem Wasser überbrausen.
Al dente	„Für den Zahn", also mit Biss, werden in der modernen Küche nicht nur die Nudeln, sondern auch Gemüse gegart.
Anschwitzen	Lebensmittel in heißem Fett bei mäßiger Hitzezufuhr andünsten.
Auslassen	Aus dem Speck wird durch langsame Hitzezufuhr das Fett herausgelöst.
Ausquellen lassen	Die in den Nährmitteln (Grieß, Reis, Grünkern) enthaltene Stärke nimmt nach dem Aufkochen nach und nach die Flüssigkeit auf. Das Ausquellen kann häufig durch Nutzen der Restwärme geschehen.
Bratenfond	Bratenansatz, der sich durch Anbraten von Lebensmitteln am Topfboden gebildet hat.
Gar ziehen lassen	Lebensmittel werden knapp unter dem Siedepunkt fertig gegart.
Glasieren/Glacieren	Überziehen von Gebäck nach dem Backen mit zuckerhaltigem Guss (Glasur). Speisen mit eingekochten zuckerhaltigen/sirupartigen Flüssigkeiten „überglänzen".
Homogenisieren	Nicht mischbare Flüssigkeiten (z. B. Fett und Wasser) durch Zerkleinerung der Bestandteile mischen.
Karamellisieren	Erhitzen von Zucker, bis der Zucker schmilzt und goldbraune Farbe annimmt. Dieselbe Wirkung wird durch Einkochen stark zuckerhaltiger Flüssigkeiten erzielt.
Legieren	Um Soßen oder Suppen zu verfeinern, wird Eigelb mit etwas Sahne verquirlt und unter die Speise gerührt. Wichtig: nicht mehr aufkochen!
Medaillon	Sehr zartes Fleisch: grundsätzlich Scheiben vom Filet (Schwein, Kalb, Rind, Wild, Lamm).
Mehlschwitze	Mehl in Fett anschwitzen, unter Rühren aufgießen und aufkochen lassen.
Panieren	Fleisch, Fisch oder Gemüse vor dem Braten in Mehl, verquirltem Ei und Semmelbröseln wenden. Die entstandene Hülle nennt man Panade.
Passieren	Lebensmittel oder Speisen durch ein Sieb seihen oder streichen.
Pasteurisieren	Entkeimen und Haltbarmachen von Nahrungsmitteln durch schonendes Erhitzen.
Plattieren	Leichtes Klopfen zarter Fleischstücke mit dem Plattiereisen oder durch leichtes Drücken mit dem Handballen.
Reduzieren	Flüssigkeit bei starker Hitzezufuhr einkochen lassen. Dadurch verringert sich der Wassergehalt – Aroma und Geschmack verstärken sich.
Schaummasse	Eine eierreiche Masse erhöht durch Einschlagen von Luft ihr Volumen, wird cremig und deutlich heller.
Schmoren	1. Starkes Anbraten in heißem Fett, dabei Krustenbildung und Entwicklung von Röststoffen. 2. Ablöschen, dabei lösen sich die Röststoffe im Schmortopf. 3. Fertiggaren in dieser Flüssigkeit bei mäßiger Temperatur und geschlossenem Topf.
Schwenken	Lebensmittel in zerlassener Butter hin und her bewegen.
Stauben	Mehl trocken über angedünstete oder angeschmorte Lebensmittel streuen, durchrühren, aufgießen und aufkochen lassen.
Sud	Gewürzte heiße Flüssigkeit zum Garen von Lebensmitteln.
Tränken	Trockenes Gebäck mit Flüssigkeit beträufeln.
Unterheben	Luftige Massen (Eischnee, Sahne) werden, ohne zu rühren, mit Teigschaber oder Schneebesen untergezogen.
3-S-Regel =	Regel zur Vorbereitung von Fisch: **S**äubern mit kaltem Wasser, **S**äuern mit Zitronensaft, **S**alzen kurz vor der Zubereitung.

Binden von Speisen mit Gelatine

Gelatine, ein tierischer Eiweißstoff, wird im Handel als Pulver- oder Blattgelatine angeboten. In kalter Flüssigkeit eingeweicht, quillt der Eiweißstoff auf. Dies ist Voraussetzung dafür, dass sich Gelatine auflösen kann. Durch Wärme wird Gelatine flüssig, bei Kälte fest.
Wichtig: Gelatine niemals kochen, sie verliert dadurch ihre Bindefähigkeit!

• Gelatineverarbeitung bei heißen Speisen

Gelatine mit kaltem Wasser in einer Schüssel einweichen. 10 Minuten quellen lassen.

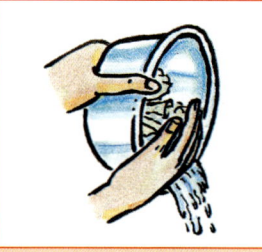

Wasser abgießen. Gelatine dabei mit den Händen festhalten, evtl. leicht ausdrücken.

Gelatineblätter direkt in die heiße Speise einrühren – darf nicht mehr kochen!

• Gelatineverarbeitung bei kalten Speisen

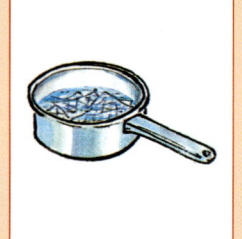

Gelatine mit kaltem Wasser in einer Stielkasserolle einweichen. 10 Minuten quellen lassen.

Wasser abgießen. Gelatine dabei mit den Händen festhalten, leicht ausdrücken.

Gelatine bei geringer Hitzezufuhr unter Rühren vollständig auflösen – darf nicht zu heiß werden, nur handwarm!

2–3 EL kalte Creme in die gelöste Gelatine einrühren = Temperaturausgleich. Gelatine anschließend in die kalte Speise einrühren.

Techniken der Lebensmittelbe- und -verarbeitung

Springform vorbereiten:

Backpapier entsprechend der Größe des Bodens zuschneiden.

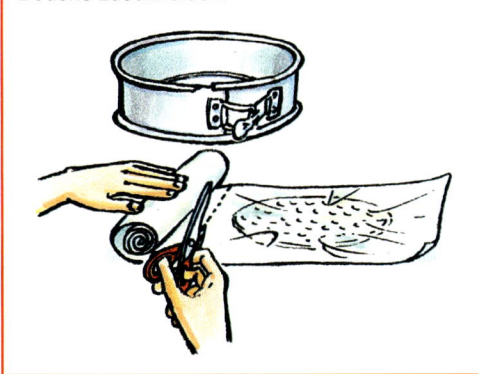

Backpapier zwischen Boden und Rand der Springform einklemmen.

Mürbeteig in Springform drücken:

Teig von der Mitte nach außen flach drücken. Am Rand muss der Teig dicker sein.

Rand mit den Fingern hochdrücken.

Teig falls nötig entlang der Innenkante flach drücken.

Lebensmittel panieren

Der Arbeitsplatz muss wie abgebildet vorbereitet werden. Während des Panierens Mehl, Ei und Semmelbrösel je nach Bedarf nachfüllen. Reste müssen nämlich weggeworfen werden!

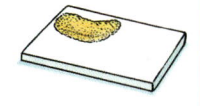

Arbeitsrichtung ➡

Techniken der Lebensmittelbe- und -verarbeitung

Riesengarnelen vorbereiten:

Garnelen mit einem scharfen Messer am Rücken entlang einschneiden.

Mit der Messerspitze die dunklen Darmstränge entfernen.

Fisch vorbereiten (3-S-Regel):

1. Säubern
Ganze Fische waschen, evtl. schuppen, filetieren, nochmals waschen.

2. Säuern
Mit Zitronensaft oder Essig beträufeln, kurz einziehen lassen. Der Fischgeruch wird gebunden und das Fischfleischgewebe gefestigt.

3. Salzen
Erst unmittelbar vor der Weiterverarbeitung, damit die Gewebeflüssigkeit nicht austritt. Salz entzieht dem Lebensmittel Wasser und Nährstoffe.

So verarbeiten wir Gemüse richtig:

Aubergine verarbeiten:

Stielansatz entfernen. Aubergine gegebenenfalls streifig abschälen.

Aubergine in Scheiben schneiden, salzen. 20 Minuten ziehen lassen.

Auberginenscheiben waschen, abtropfen lassen, gegebenenfalls trocknen.

Bohnen vorbereiten:

Stielansatz entfernen, dabei zugleich Faden mit abziehen.

Spitze knapp abschneiden.

Brokkoli vorbereiten:

Röschen mit einem kleinen Messer von den Stielen trennen.

Schale vom Stiel abziehen. Bei den Stielansätzen der Röschen ebenso verfahren.

Stiel in gleichmäßige Stücke schneiden.

Fenchel verarbeiten:

Das zarte Grün abschneiden, beiseitelegen. Stängelansätze etwas kürzen. Braune Stellen wegschneiden, gegebenenfalls äußere Blattschicht entfernen.

Vom Wurzelboden eine dünne Scheibe abschneiden. Fenchel längs halbieren.

Fenchelhälften vierteln oder längs der Faser in feine Scheiben schneiden.

Ingwerwurzel verarbeiten:

Ein Stück Ingwerwurzel abbrechen und mit einem kleinen Messer schälen.

Die geschälte Wurzel kann nun gerieben, fein gehackt oder in dünne Scheiben geschnitten werden.

Welke Wurzel völlig trocknen lassen. Bei Bedarf auf der Muskatreibe reiben.

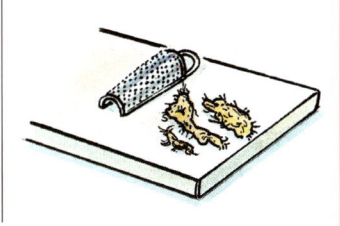

Mandeln schälen:

Mandeln für kurze Zeit in kochendes Wasser geben.

Abseihen und kalt überbrausen.

Mandelkern zwischen Daumen und Zeigefinger herausdrücken.

Peperoni verarbeiten:

| Peperoni längs halbieren. | Kerne und Rippen mit dem Messerrücken herausstreifen. | Peperoni fein würfeln. |

Petersilienwurzel verarbeiten:

| Petersilienwurzel waschen, gegebenenfalls bürsten. | Wurzelspitze und Blattansatz entfernen. | Petersilienwurzel schälen. |

Radieschen verarbeiten:

Radieschen waschen. Wurzel und Blattansatz entfernen.

Rettich verarbeiten:

| Rettich waschen, schälen. | Geschälten Rettich raspeln oder in Scheiben schneiden. |

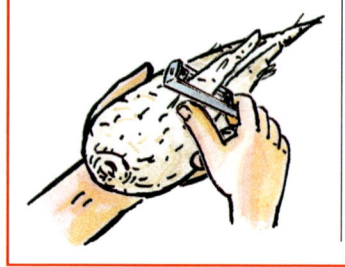

Rosenkohl vorbereiten:

| Angewelktes Strunkende entfernen. | Äußere welke Blätter entfernen. | Strunk kreuzweise einschneiden. |

Rote Bete vorbereiten:

Rote Bete waschen, gegebenenfalls bürsten.

Wurzel- und Blattansatz entfernen.

Rote Bete schälen.

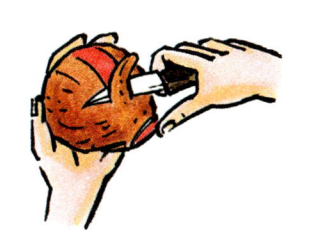

Rucola (= Rauke) verarbeiten:

Rucola verlesen, dabei welke Blätter entfernen.

Rucola unter kaltem, fließendem Wasser waschen.

Wirsing schneiden:

Äußere welke Blätter entfernen.

Wirsing halbieren, vierteln.

Wirsing abwechselnd von beiden Seiten schneiden. Wirsing dabei jeweils auf die vorherige Schnittfläche legen.

Zuckerschoten vorbereiten:

Stielansatz der Zuckerschote entfernen, dabei gleichzeitig entfädeln. Wichtig: entgegen der Krümmung arbeiten.

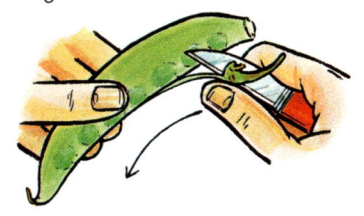

Spitze der Zuckerschote entfernen, ebenfalls Fäden abziehen.

So verarbeiten wir Obst richtig:

Aprikosen und Pfirsiche häuten:

Früchte für 1–2 Minuten in kochendes Waser geben, bis sie deutlich blass aussehen.

Mit kaltem Wasser überbrausen und die Haut abziehen.

Früchte entlang der Nahtstelle rundherum einschneiden. Durch Drehen vom Kern lösen.

Avocado aushöhlen:

Avocado längs rundherum einschneiden, Frucht auseinanderdrehen.

Fruchtfleisch mit einem Löffel herauslösen.

Mangofleisch auslösen:

Fruchtfleisch nahe am Kern von beiden Seiten abschneiden.

Fleisch der Fruchthälften karoförmig einschneiden.

Schale der Fruchthälften von unten nach oben stülpen. Fruchtfleisch von der Schale lösen. Mit einem kleinen Messer restliches Fruchtfleisch vom Kern lösen.

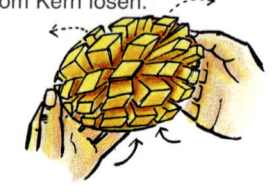

Zitrusfrüchte filetieren:

An der Ober- und Unterseite Schale abschneiden.

Zitrusfrucht auf die Schnittfläche legen und von oben nach untern schälen.

Mit einem scharfen Messer Filets zwischen den Trennhäuten einzeln herauslösen.

Vorschlag für eine Sequenzplanung

Gute Planung spart Zeit Kraft und Geld!

→ = Schwerpunkt in dieser Sequenz
→ = fließt in die Sequenz ein, randständig
→ = Ergänzung für den M-Zug
→ = fächergreifendes Lernen

9.1 Planen und Beschaffen
9.1.1 Umfangreichere Vorhaben planen und ausführen
9.1.2 Verbraucherschutz

9.2 Gesunderhalten und Ernähren
9.2.1 Gesundheitsbewusstes Verhalten in besonderen Lebenssituationen
9.2.2 Produkte der Lebensmittelindustrie

9.3 Lebensmittel auswählen und verarbeiten
9.3.1 Speisenfolgen planen, zubereiten und beurteilen
9.3.2 Heimische Gerichte und internationale Speisen und Getränke

9.4 Informationen zu Problemen und Fragestellungen in den Bereichen Ernährung, Gesundheit und Sozialpflege
9.4.1 Bedeutsame Fragestellungen mit Beratungsbedarf
9.4.2 Fachinformation einholen

9.5 Aktuelle Geschehnisse aufgreifen, bewerten und präsentieren
9.5.1 Aktuelle Ereignisse im Umfeld des hauswirtschaftlich-sozialen Bereichs

Handlungsorientierte Aufgabenstellung

- Organisationsplan erstellen
  – Allgemeine Arbeiten
  – Vorbereitungsarbeiten
  – Zubereitungsarbeiten
  – Wartezeiten
  – Nachbereitungsarbeiten
- Teamarbeit
- Verbraucherschutz
  – Rechte als Verbraucher
  – Kaufentscheidungen abwägen (Kosten-Nutzen-Faktor)
  – Verbraucherschutz: Innland, europaweit
  – Reklamationsmöglichkeiten kennen
- Einkauf von Gemüse – saisonal, regional, Güteklassen, Lagerung
- Hefeteigverarbeitung
- Kirchweihgebäck
- Tradition – Kirchweih, Brauchtum
- Arbeitsaufträge zu den Themen bearbeiten
- Verbraucherinfos einholen
  – Auswerten
  – Nutzen
  – Ökotest/Test
  – Internet
- Arbeiten im Textverarbeitungsprogramm,
  – Formatieren, Tabelle

Evtl. aktuelle Ereignisse aufgreifen

- Teamarbeit
- Verbraucherschutz
- Verbraucherinfos einholen
- Plakate erstellen
- Vor- und Zubereitungsarbeiten
- Herstellen von Hefeteig
- Themenbezogenes Tisch decken

9.6 Soziale Verhaltensweisen in der Teamarbeit und in Betreuungssituationen
9.6.1 Kooperation im Team
9.6.2 Vorhaben mit außerschulischen Personengruppen

9.7 Pflege von Esskultur als Lebensstil
9.7.1 Tisch- und Raumgestaltung für besondere Anlässe
9.7.2 Pflege von Tischkultur

9.8 Einsatz des Computers zur Informationsbeschaffung und -verarbeitung

9.9 Projekte im Hauswirtschaftlich-sozialen Bezugsfeld

Fächerübergreifendes Lernen: Arbeit-Wirtschaft-Technik

245

Vorschlag für eine Sequenzplanung

Feste feiern rund ums Jahr

→ = Schwerpunkt in dieser Sequenz
→ = fließt in die Sequenz ein, randständig
→ = Ergänzung für den M-Zug
→ = fächergreifendes Lernen

9.1 Planen und Beschaffen
- 9.1.1 Umfangreichere Vorhaben planen und ausführen
- 9.1.2 Verbraucherschutz

9.2 Gesunderhalten und Ernähren
- 9.2.1 Gesundheitsbewusstes Verhalten in besonderen Lebenssituationen
- 9.2.2 Produkte der Lebensmittelindustrie

9.3 Lebensmittel auswählen und verarbeiten
- 9.3.1 Speisenfolgen planen, zubereiten und beurteilen
- 9.3.2 Heimische Gerichte und internationale Speisen und Getränke

9.4 Informationen zu Problemen und Fragestellungen in den Bereichen Ernährung, Gesundheit und Sozialpflege
- 9.4.1 Bedeutsame Fragestellungen mit Beratungsbedarf
- 9.4.2 Fachinformation einholen

9.5 Aktuelle Geschehnisse aufgreifen, bewerten und präsentieren
- 9.5.1 Aktuelle Ereignisse im Umfeld des hauswirtschaftlich-sozialen Bereichs

Handlungsorientierte Aufgabenstellung

- Ausführlich Organisationspläne zu den Festmenüs erstellen
- Teamarbeit
  Frische einwandfreie Zutaten für die Weihnachtsbäckerei einkaufen
- Gäste einladen
- Themenbezogene Tischdekoration,
  – der festliche Tisch
- Speisen anrichten, garnieren
- Kennzeichen eines Festmenüs
- Grundsätze bei der Zusammenstellung eines Festmenüs
- Festmenüs zubereiten – früher, heute
- Backen früher – heute
- Traditionsgerichte
- Heiligabendessen
- Feiern früher und heute (Brauchtum)
- Arbeitsaufträge zu den Themen bearbeiten
- Arbeiten im Textverarbeitungsprogramm
  – Menü- und Tischkarten erstellen
  – Texte eingeben, formatieren
     Word Art, Clip Art, Tabelle
- Information zu den Weihnachtsgewürzen einholen
- Veröffentlichungen (Aktuelles) einholen, auswerten

- Festlichen Tisch decken
- Tisch dekorieren
- Vor- und Zubereitungsarbeiten
- Arbeiten mit Gelatine
- Weihnachtsgebäck herstellen

9.6 Soziale Verhaltensweisen in der Teamarbeit und in Betreuungssituationen
- 9.6.1 Kooperation im Team
- 9.6.2 Vorhaben mit außerschulischen Personengruppen

9.7 Pflege von Esskultur als Lebensstil
- 9.7.1 Tisch- und Raumgestaltung für besondere Anlässe
- 9.7.2 Pflege von Tischkultur

9.8 Einsatz des Computers zur Informationsbeschaffung und -verarbeitung

9.9 Projekte im Hauswirtschaftlich-sozialen Bezugsfeld

Fächerübergreifendes Lernen: Arbeit-Wirtschaft-Technik, Religionslehre, Ethik, GSE

Vorschlag für eine Sequenzplanung

Gesundheit – Ein käufliches Produkt?

→ = Schwerpunkt in dieser Sequenz
→ = fließt in die Sequenz ein, randständig
→ = Ergänzung für den M-Zug
→ = fächergreifendes Lernen

9.1 Planen und Beschaffen
9.1.1 Umfangreichere Vorhaben planen und ausführen
9.1.2 Verbraucherschutz

9.2 Gesunderhalten und Ernähren
9.2.1 Gesundheitsbewusstes Verhalten in besonderen Lebenssituationen
9.2.2 Produkte der Lebensmittelindustrie

9.3 Lebensmittel auswählen und verarbeiten
9.3.1 Speisenfolgen planen, zubereiten und beurteilen
9.3.2 Heimische Gerichte und internationale Speisen und Getränke

9.4 Informationen zu Problemen und Fragestellungen in den Bereichen Ernährung, Gesundheit und Sozialpflege
9.4.1 Bedeutsame Fragestellungen mit Beratungsbedarf
9.4.2 Fachinformation einholen

9.5 Aktuelle Geschehnisse aufgreifen, bewerten und präsentieren
9.5.1 Aktuelle Ereignisse im Umfeld des hauswirtschaftlich-sozialen Bereichs

Handlungsorientierte Aufgabenstellung

- Kaufentscheidungen unter Abwägungen des Kosten-Nutzen-Faktors
- Hinterfragung wirtschaftliche Erwägung
  - Angebotspalette der LM-Industrie in Teamarbeit
- Überblick über das vielfältige Angebot von Novel-Produkten
- Kritische Betrachtung und Bewertung unter dem Aspekt der gesunden Ernährung
- Beispielhafte Auseinandersetzung mit einem Produkt
- Wirkung auf dem Körper
- Gerichte zubereiten unter dem Aspekt des Austausches der Ernährung und Abwechslung
- Kultiviertes Benehmen bei Tisch
- Veröffentlichungen (Werbeslogan, Aktuelles) einholen, auswerten

9.6 Soziale Verhaltensweisen in der Teamarbeit und in Betreuungssituationen
9.6.1 Kooperation im Team
9.6.2 Vorhaben mit außerschulischen Personengruppen

9.7 Pflege von Esskultur als Lebensstil
9.7.1 Tisch- und Raumgestaltung für besondere Anlässe
9.7.2 Pflege von Tischkultur

9.8 Einsatz des Computers zur Informationsbeschaffung und -verarbeitung

9.9 Projekte im Hauswirtschaftlich-sozialen Bezugsfeld

Vergleich:
Herkömmliche Produkte/Functional Food
- Gesundheitlicher Wert
- Kosten/Nutzenfaktor
- Austausch/Ergänzung
- Zusatzstoffe/Inhaltsstoffe

Wirtschaftliche Erwägungen

Fächerübergreifendes Lernen: Arbeit-Wirtschaft-Technik, KtB

Vorschlag für eine Sequenzplanung

Über den Tellerrand hinaus zu unseren Nachbarländern

- →(rot) = Schwerpunkt in dieser Sequenz
- →(gelb) = fließt in die Sequenz ein, randständig
- →(grün) = Ergänzung für den M-Zug
- →(blau) = fächergreifendes Lernen

9.1 Planen und Beschaffen
- 9.1.1 Umfangreichere Vorhaben planen und ausführen
- 9.1.2 Verbraucherschutz

9.2 Gesunderhalten und Ernähren
- 9.2.1 Gesundheitsbewusstes Verhalten in besonderen Lebenssituationen
- 9.2.2 Produkte der Lebensmittelindustrie

9.3 Lebensmittel auswählen und verarbeiten
- 9.3.1 Speisenfolgen planen, zubereiten und beurteilen
- 9.3.2 Heimische Gerichte und internationale Speisen und Getränke

9.4 Informationen zu Problemen und Fragestellungen in den Bereichen Ernährung, Gesundheit und Sozialpflege
- 9.4.1 Bedeutsame Fragestellungen mit Beratungsbedarf
- 9.4.2 Fachinformation einholen

9.5 Aktuelle Geschehnisse aufgreifen, bewerten und präsentieren
- 9.5.1 Aktuelle Ereignisse im Umfeld des hauswirtschaftlich-sozialen Bereichs

Handlungsorientierte Aufgabenstellung

Inhalte (Mitte):
- Gemeinsame Entscheidungen hinsichtlich Zutaten und Gerichte treffen
- Ernährungspysiologische Bedeutung anderer Länder erarbeiten
- Spezialgeräte (Wok...) einsetzen, sachgerecht bedienen
- überlieferte Rezepte analysieren: typische Speisen aus anderen Ländern (im Hinblick auf verwendete Nahrungsmittel, Gewürze und Garverfahren) sichten, auswählen und zubereiten
- ggf. abwandeln
- Esskulturen anderer Länder
- Formen des Speisens in anderen Ländern
- Geflogenheiten anderer Kulturkreise
- Info aus dem Internet
- Veröffentlichungen (Aktuelles) einholen, auswerten

Vergleich:
- Heimischer und internationale Gerichte
- Gängige Geräte und Spezialgeräte sachgerecht einsetzen und warten

---

9.6 Soziale Verhaltensweisen in der Teamarbeit und in Betreuungssituationen
- 9.6.1 Kooperation im Team
- 9.6.2 Vorhaben mit außerschulischen Personengruppen

9.7 Pflege von Esskultur als Lebensstil
- 9.7.1 Tisch- und Raumgestaltung für besondere Anlässe
- 9.7.2 Pflege von Tischkultur

9.8 Einsatz des Computers zur Informationsbeschaffung und -verarbeitung

9.9 Projekte im Hauswirtschaftlich-sozialen Bezugsfeld

Fächerübergreifendes Lernen: Arbeit-Wirtschaft-Technik

248

Bildquellenverzeichnis

Aid Auswertungs- und Informationsdienst für Ernährung, Landwirtschaft und Forsten e.V., Bonn: S. 204/2; 209/1
Aigner, Gottfried, München: S. 175/4
Bäckerei Maier, Memmingen: S. 73
Fr. Bassermann´sch Verlagsbuchhandlung, Niedernhausen, aus „Brot und Brötchen": S. 33/1;
Heinrich Bauer CARAT KG, Food & Foto Redaktion City-Studio, Hamburg: S. VI/7; 26; 27; 66; 72/2; 177; 196; 200/2; 217; 226;
Blank, Gerlinde, Kümmersbruck/Weßling, Maria, Neumarkt: S. 30; 33/2; 34; 38/1; 49; 59; 70; 99; 118; 138; 151/2; 154; 155/2; 161; 192; 200/1; 214/2; 215; 223; 228;
Bleyer, Sabine, Augsburg: S. 98;
Braun GmbH, Kronberg/Taunus: S. 16/2, 5;
Baumgartner, Bernhard, A-Wien: S. 117;
Casparek-Türkkan, Erika, Hohenpeißenberg: S. 172/2; 173/3; 175/1;
Cimbal, Walter, Hamburg: S. 193
CMA-Fotoservice, Bonn: S. 113/1; 146; 198;
Dreidimensionale Lebensmittelpyramide, Copyright: Deutsche Gesellschaft für Ernährung e. V., Bonn: S. 163/1; 170;
Deutscher Teeverband e.V., Hamburg (Euro RSCG ABC Hamburg): S. 130/3;
Droemer Knaur Verlag München, aus Meuth/Neuner-Duttenhofer „Toskana" (1987): S. 37/1; 40; 58; 172/1, 3; 233/4;
Du darfst Lebensmittelvertriebs GmbH, Hamburg: S. 134/2;
Euryza GmbH, Hamburg: S. 140
Fotex Medien Agentur GmbH, Hamburg, I. Wandmacher: S. 234;
Franck, B., www.culinaryline.com: S. 65; 68/2; 69; 72/1; 77; 99; 122; 126; 127; 128; 129; 143; 152; 153/1; 194; 195; 225;
Gewürzmüller GmbH, Stuttgart: S. 113/2-4;
G 3 Werbefotos Roman Graggo, Regensburg: S. VI/5; 4; 15/3, 4, 6, 8; 17/2-5; 31/1; 32; 41; 48; 75; 76; 82/2,3; 86; 87; 93; 131/2; 132; 134/1; 135; 147; 162; 174; 183; 184; 186; 187; 188; 204/1; 208; 210; 221;
Gräfe und Unzer Verlag GmbH, München, aus „Die echte italienische Küche", Wolf Heider: S. 173/1
imu-infografik, Duisburg: S. 204/3
Jahreszeiten Verlag, Hamburg: S. 114 (D. Seiffe);
Keystone Pressedienst GmbH & Co. KG, Hamburg: S. 230/1;
Köhnen Verlagsgesellschaft mbH, Dortmund, aus „BioKöstlich": S. 212
Könemann Verlagsgesellschaft mbH, Köln, aus „CULINARIA" (Günter Beer): S. 23; 24/1; 175/2,3; 176
Krausen, Scott, Düsseldorf: S. 62/2
Kropke, Cordula, Hamburg: S. 230/3, 4, 5, 6, 8;
Krüger, Ines, Hamburg: S. 233/1;

Krüper, Werner, Bielefeld: S. 18/2; 209/2-6; 211/1-3; 230/2, 7, 9; 233/2, 5;
Robert Krups GmbH & Co. KG, Solingen: S. 15/7, 9
Mauritius Bildagentur, Mittenwald (SDP/C. Bayer): S. 233/3;
Molkerei Alois Müller GmbH & Co., Aretsried: S. 131/1
newVISION!, Pattensen: S. 157/1-4
ÖKO-TEST Verlag GmbH, Frankfurt am Main: S. 20/1
Palm, Willi, Erkelenz: S. 95
PAN Tiefkühlprodukte GmbH, Leifers, Italy : S. 142
Philips GmbH, Hamburg: S. 15/2; 16/3, 6
Picture Press Bild- und Textagentur GmbH, Hamburg: S. VI/6; 181; 185; 189
Pixelhouse GmbH, Sinzig: S. 74
Plößner, Birgit/Fichtner, Edeltraud, Zusammenleben – Zusammenarbeiten - Hauswirtschaftlichsozialer Bereich 9.Jahrgangsstufe (HT 7453), Hamburg: S. 3; 169/3; 202; 211/4; 231; 232; 235;
Prinz, Andreas, prinz mediaconcept, Strausberg: S. 19
Stiftung Warentest, Berlin: S. 20/2;
StockFood GmbH, München: S. 68/1; 91; 111; 125; 163/2, 3; 169/4; 178; 182; 191; 197; 201;
Südwest Verlag, München, aus „Köstliches Italien": S. 172/4,6; 173/2
The Food Professionals Köhnen GmbH, Sprockhöved: S. 25
Unilever Deutschland Holding GmbH, Hamburg: S. 22; 51; 63; 88; 97/2; 112; 123; 144; 156; 158; 169/1, 6; 199; 213; 219; 227;
Unold GmbH, Hockenheim: S. 15/1, 5; 16/1, 4; 17/1
„die umweltberatung" Verband Österreichischer Umweltberatungsstellen, A-Wien: S. 97/1;
Verlag Handwerk und Technik GmbH, Hamburg, S. VI/1, 2, 3; 24/2; 28; 37/2; 124; 130/1, 2; 145; 149/2; 160; 166; 179; 190; 220;
Verlagsgruppe Random House/Falken Archiv, München: S. 102; 103
Verlag Gustav Röhn, Heusenstamm: S. 79/1, 3, 4; 80; 81/1, 2; 82/1
Vogeley GmbH, Hameln: S. 155/1;
Wirths Public Relations GmbH, Fischach: S. VI/4; 29/1; 39; 108; 149/1; 150; 159/2; 169/2, 5; 214/1; 216;
WMF Aktiengesellschaft, Geislingen: S. 18/3
Wohnungsbaugesellschaft Plambeck, Norderstedt: S. 18/1
http://rezept24.ch: S. 67
http://www.p178host.com/0tp178/pcd/mtf/g_malay_massage/g_malay_massage.htm: S. 203
http://www.frigemo.com: S. 71;
http://www.wtc-cosmo.co.jp: S. 62

Sämtliche nicht im Bildquellenverzeichnis aufgeführten Illustrationen: Mark Hegemann, Hamburg
Umschlaggestaltung: harro.wolter@freenet.de

Literaturverzeichnis

AID Spezial: Probiotische Milchprodukte, Bonn 1998; AID Ökologischer Landbau: Grundlagen und Praxis, Bonn 1996; Bächinger/Kaiser: Naturkunde 1 + 3, St. Gallen 1985; Baier: Puberterror, Neuried bei München 1997; Bleeser (Hrsg.): Neue Geschichten für Sinndeuter, Bosshart: Die Zukunft des Konsums, München 1997; Bouley: Kochen Leichte Küche, Weyarn, 1996; Bunzel (Hrsg.): La Cucina Casalinga, München 1995; Das große ESGE-Zauberstab-Kochbuch, Hockenheim 1993; Dettmer (Hrsg.): Gastgewerbliche Berufe in Theorie und Praxis, Hamburg 2004; Dominé (Hrsg.): Culinaria Naturkost Band 1 und 2, Köln 1996; Drescher (Hrsg.): Der Unterricht im hauswirtschaftlich-sozialen Bereich der Hauptschule auf neuen Wegen, Dietenhofen 1998; Duden Fremdwörterbuch, Mannheim; Wien; Zürich: Dudenverlag, 2005; essen & trinken: Das große Gemüse-Kochbuch, Köln; Frommherz/Schlup: Nutztiere – im Brennpunkt Huhn und Rind, Schaffhausen 1998; Gerhardt: Gewürze in der Lebensmittelindustrie, Hamburg 1994; Gesetzessammlung für Wirtschaftsschulen, Troisdorf 2004; Göock: Die 100 berühmtesten Rezepte der Welt, Bonn-Röttgen 1975; Grimm: Bio-Bluff, Leipzig 1999; Peter Halfar Media GmbH & Co Holding KG: Einheimische und exotische Kräuter & Gewürze, Remseck bei Stuttgart 1997; Hess/Sälzer: Die echte italienische Küche, München 1991; Hoffmann/Dr. med. Lydtin: Bayerisches Kochbuch, München 1998; http://www.aid.de: Vollwertig essen und trinken nach den 10 Regeln der DGE; http://www.br-online.de/politik/zeitspiegel/themen/; zs-0304/eier.htm; http://www.lebkuchen.de/lkfacts/sorten.htm; http://www.lebkuchen.de/lkfacts/geschich.htm; http://www.lebkuchen.de/lkfacts/zutaten.htm; http:// www.lifeline.de; http:// www. soel.de; Informationen Slow Food International, Via Mendicità Istruita, 14, 12042 Bra (CN); Klitsch: Weihnachtsland Erzgebirge, 1988; Kugelmeier/ Strömsdörfer/Thamm: Gut eingekauft; Lehner: Projektunterlagen Ostern, Breitenbrunn 1999; Prof. Leitzmann/Million: Power food!, München; de' Medici: Die Kunst des Kochens ITALIEN, München 1997; Living & More Sonderheft 012; Mehling: Die schönsten Weihnachtsbräuche, München; Meuth/Neuner-Duttenhofer: Das Kochbuch, München 1997; Meuth/Neuner-Duttenhofer: Toskana, München 1998; Meuth/Neuner-Duttenhofer: Venetien und Friaul, München 1994; Dr. Michael Miedaner, Regierung von Oberbayern: Neuss-Holzheim 1996; Plößner, Fichtner: Zusammenleben – Zusammenarbeiten 7. Jg. , Hamburg 2005; Pollmer/Fock/Gonder/Haug: Prost Mahlzeit!, Köln 1994; Raabe: Alte Weihnachtsbräuche, München 1984; Römer/Ditter (Hrsg.): Culinaria Europäische Spezialitäten Band 1 und 2, Köln 1995; Sälzer: Die echte Jeden-Tag-Küche, München 1996; Schlieper: Grundfragen der Ernährung, Hamburg 2005; schöner essen: Das große Buch der Vollwertküche, Köln; de Simony/ Speth/ Baumgarten: Köstliches Italien, München 1998; Sheldon Johns: Balsamico!, München 1999; Staatsinstitut für Schulqualität und Bildungsforschung: Prävention von Essstörungen in der Schule, München 2005; UGB-Forum 2/98 Gesundheit aus dem Supermarkt (Maike Groeneveld); UGB-Forum 2/98 Gesundheit aus dem Supermarkt (Stephanie Hermes); Verbraucherzentrale: Alles Öko?, München 1996; Verbraucherzentrale: Schlaraffenland aus dem Labor?, Düsseldorf 1993; Weinbrenner: Wege zu einem globalen umwelt- und sozialverträglichen Konsum, Berlin 1996; Willan: Perfekt kochen, München 1998; Wagner, Plößner, Fichtner: Zusammenleben – Zusammenarbeiten 8. Jg., Hamburg 2006; Worm: Diätlos glücklich, Bern 1998

Sachwortverzeichnis

10 Regeln der DGE 164
3-S-Regel 237, 240

Ablöschen 237
Abschrecken 237
Aceto balsamico 176, 189
al dente 237
al forno 46
Altenheim 231 f.
Anis 81
Anrichten von Speisen 103
Anschwitzen 237
Antipasti 180
Aprikosen häuten 244
Asiatische Sitten 192 f.
Asiatische Spezialitäten 190
Aubergine verarbeiten 240
Auberginen 180
- vorbereiten 240
Auslassen 237
Ausquellen lassen 237
Avocado 36
- aushöhlen 244

Binden 238
Bioprodukte 204 ff.
-, Erkennungsmerkmale 206
Biosiegel 207
Bodenfruchtbarkeit 205
Bohnen vorbereiten 240
Braten 168
Bratenfond 237
Brokkoli 120
- vorbereiten 241
Büfett 60 ff.
Büfettaufbau 62
Bulimie 171

Curry 196

Dämpfen 168, 191
DGE-Ernährungskreis 170
Dinkel 49
Direktvermarktung 208 ff.
Dünsten 168

EDV 10 ff., 105, 106
Essen mit Stäbchen 193
Essstörungen 171

Feldsalat 54
Fenchel 154
- verarbeiten 241
Festmenü 84 ff.
-, exklusiv 87
-, klassisch 86
-, originell 86
Fett 136 f.
Fisch vorbereiten 240
Formatieren 12, 13
Frittieren 168, 191
Functional Food 131 f.
Funktionelle Lebensmittel 137

Sachwortverzeichnis

Garantie 19
Garnelen 179
Garverfahren 237
- im Wok 191 f.
-, schonend 120
Gastgeber 3
Gazpacho 177
Gelatineverarbeitung 238
- bei heißen Speisen 238
- bei kalten Speisen 238
Gemüse verarbeiten 240 ff.
Genuss 173
Gesunde Küche 173 f.
Gesundheit 131 ff.
Getränke 129 f.
Gewährleistung 19
Gewürze 79 ff.
Glasieren/Glacieren 237
Gratinieren 168
Grünkern 146

Hackfleisch 64
Haushaltsformen 167
Hefeteig 21

Ingwer 81, 194
Ingwerwurzel verarbeiten 241

Kantinenverpflegung 153, 166 f.
Karamellisieren 237
Kardamom 82
Karotten 185
Kartoffeln 148
Kochen 168
Kochgeldabrechnung 11 ff.
Koriander 79
Korinthen 142
Kräuter der Provence 53
Küche
-, asiatische 190 ff.
-, italienische 173 f.
-, spanische 182
Küchengeräte 15 ff.
-, Benutzerfreundlichkeit 16
-, funktionale Gestaltung 15
-, lange Lebensdauer 16
-, Leistungsfähigkeit 15
-, Preiswürdigkeit 17
Kürbis 39

Lebensmittel
-, Auswahl 165 ff.
-, funktionell 137
-, Pyramide 170
-, Qualität 210
Lebensmittel- und Futtermittelgesetzbuch 20
Legieren 237
Light-Produkte 133 ff.

Magersucht 171
Mandeln schälen 241
Mangofleisch auslösen 244
Marzipan 74
Medaillon 237
Mediterrane Speisen 172
Mehlschwitze 147, 237
Mehrpersonenhaushalt 166
Menükarte 106
Mett 64
Möhren 185
Mozzarella 215
Mürbeteig 123
Muskatblüte 79
Muskatnuss 79

Nelken 79
Novel Food 131 f.

Ökologischer Landbau 205
Ökoprodukte 204
-, Erkennungsmerkmale 206
Olivenöl 175
Orangeat 82
Organisationsplan 5 ff.
Ostersymbole 96 f.

Panieren 237, 239
Parmaschinken 176
Parmesan 175
Passieren 237
Peperoni verarbeiten 242
Petersilienwurzel verarbeiten 242
Pfannenrühren 191
Pfirsich 58
- häuten 244
Pflanzengesundheit 205
Pflegeheim 232, 234
Physalis 90
Pizzateig 22
Plattieren 237
Preisnachlass 19
Prinzessbohnen 121

Qualitätsmerkmale 15 ff.
Quark-Öl-Teig 77, 98

Radieschen verarbeiten 242
Reduktionskost 133
Reduzieren 237
Reis 50
-, Reiskocher 202
Reklamation 19 f.
Rettich verarbeiten 242
Riesengarnelen vorbereiten 240
Rindfleischteile, Verwendung 113
Rosenkohl vorbereiten 242
Rosinen 142
Rote Bete vorbereiten 243
Rucola 37
- verarbeiten 243

Sauerrahmprodukte 27
Schädlingsbekämpfung 205
Schaummasse 237
Schmoren 168, 237
Schonendes Garverfahren 120
Schwarzkümmel 32
Schwenken 237
Servieren von Speisen und Getränken 103 f.
Servietten 102, 103
Sesam 32
Singlehaushalt 153, 166 f.
Speisenauswahl 2
Springform vorbereiten 239
Sprossen 153
Stärke 134
Stauben 237
Sternanis 81
Stiftung Warentest 17
Sud 237
Süßstoffe 135

Tabellenkalkulation 10 f.
Tabellenkalkulationsprogramm 10 ff.
Techniken der Lebensmittelbe- und verarbeitung 239 ff.
Tierhaltung 205
Tischdecken 101
Tischkultur 101
Tischsitten in Asien 193
Tomaten 175
Tortellini 70

Umtausch 19
Umweltverträglichkeit 212
Unterheben 237

Verarbeitung von Obst 244
Verbraucherrechte und -pflichten 19 f.
Verbraucherschutz 15

Wandlung 19
Wan-Tan 197
Weihnachten 78
Weihnachtsessen 83 ff.
Wildreis 52
Wirsing 218
- schneiden 243
Wok 191 f.

Zimtrinde 80
Zimtstange 80
Zitronat 82
Zitrusfrüchte filetieren 244
Zucchini 38
Zuchtchampignons 115
Zucker 135
Zuckerschoten 119
- vorbereiten 243
Zutatenqualität 175 f.
Zwiebelkuchen 22

251

Rezeptverzeichnis (alphabetisch gegliedert)

Alkoholfreier Caipirinha 129
Ambrosiacreme 125
Ameisenkuchen 159
Ananas-Marzipankuchen 74
Aniszopf 30
Apfel-Käse-Schnitzel mit leichter Currysoße 214
Apfelkuchen 25
Apfel-Möhren-Rohkost 69
Apfeltorte mit Apfelsaft 125
Asiatische Hühnersuppe 195
Aubergine 180
Avocadobutter 36

Baguettes 33
Becherkuchen mit Mandeln 160
Biskuitrolle 223
Biskuitteig – Grundrezept 222
Blaukraut, gedünstet (Rotkohl) 121
Blumenkohlsalat 122
Bohnen im Speckmantel 121
Brokkoli 120
Brokkoli-Möhren-Auflauf 217
Bunter Reissalat 71
Buttermilchkuchen (Tassenkuchen) 160

Chinesische Fleisch-Gemüse-Pfanne 198
Chinesische Hühnerbrühe mit Eierblumen 194
Chop Suey 202
Crème fraîche mit Tomaten und Kresse 149
Crostini mit Tomaten 37
Croûtons 108
Curryhackbraten 44
Curryreis 51

Dim Sum 201
Dinkelbrötchen 34
Dinkel-Käse-Spätzle 49
Donauwellen 73
Duftreis/Basmatireis 203

Eieraufstrich 35
Eierstich 139
Elisenlebkuchen 95
Erdbeer-/Himbeersoße 220
Erntedanksuppe 40
Essig-Öl-Marinade – Grundrezept 54

Fächerkartoffeln 41
Feine Bratäpfel mit Lebkuchenhaube an Vanillesoße 92
Feldsalat 56
Fenchelsalat mit Orangenmarinade 154
Festtagssuppe 109
Filet traditionell 107
Fitnesssalat 153
Fleischteig – Gundrezept 42
Florentiner 126
Folienkartoffeln mit verschiedenen Dips 149
Forellenmus 35
Frikadellen/Fleischpflanzerl 43
Früchteschlagsahne 224
Fruchtige Buttermilchspeise 155
Fruchtsoße – einfach 220

Gebratene Entenbrust 112
Gedeckter Apfelkuchen 123
Gedeckter Kirsch-Apfel-Kuchen 26
Geflügelsalat 68
Gefüllte Eier 67
Gefüllte Paprikaschoten 42
Gefüllte Tomaten oder Gurkentürmchen 140
Gefüllte Zucchini 53
Gemüsebrühe mit Kräuterpfannkuchen 107
Gemüselasagne 45
Gemüserisotto 52
Gemüsestrudel 143
Geschichtete Mascarponetorte 225
Gewürzkuchen 158
Gnocchi mit Tomatensoße 183
Gratinierte Schnitzel 215
Großmutters Knusperchen 126
Grundrezept Gemüsesalate 122
Grundrezept Mürbeteig 123
Grundrezept Quark-Öl-Teig 98
Grünkernbratlinge 146
Gurkensalat 56

Hackbraten 43
Hackfleischstrudel 144
Hähnchenschlegel, provenzalisch 41
Hefekloß mit Backobstkompott 93
Hefekuchen mit Quarkguss und Streuseln 28
Hefeteig, salzig Grundrezept 21
Hefeteig, süß – Grundrezept 25
Heidelbeercreme 187
Herzhafter Kräuterdip 150
Herzoginkartoffeln 118
Hühnerfrikassee 151
Hühnersuppe mit Nudeleinlage, Gemüse und Eierstich 138 f.

Insalata mista 55

Jägerschnitzel 214
Joghurtgetränk 189
Joghurtmarinade – Grundrezept 54

Karotten 181
Kartoffelbrot 33
Kartoffelgratin 218
Kartoffelklöße, gekocht 116
Kartoffelnudeln 91
Kartoffelsalat 148
Kartoffelschnee 151
Käsecremesuppe 64
Käse-Dreispitzchen 110
Käsekuchen mit Mandelhaube 75
Käse-Sahne-Torte 227
Kirschmund 129
Kirsch-Pfirsich-Kuchen mit Schmandguss 27
Klebreis 203
Kleine Osterenten 99
Kokosbiskuit 188
Kokos-Currysuppe 196
Krabben-Spargel-Cocktail 72
Kräuterquark 149
Krautsalat 57
Kürbismarmelade 221
Kürbissuppe mit Orange und Petersilie 39

Lachsfilet in Wirsing-Blätterteigmantel mit Meerrettichsahne 111
Lachsmus 35
Lasagne verdi al forno 46
Lauchquiche 124

Rezeptverzeichnis (alphabetisch gegliedert)

Mangocreme 188
Marinierte Erdbeeren 189
Mascarpone-Quark-Creme 156
Medaillons mit Speck und Pflaumen 72
Minestrone di ceci 178
Minischinkencroissants 66
Mitternachtssuppe 63

Nudelauflauf 216
Nudeln mit Pesto 179
Nudelsalat 69
Nussflammeri mit Birne 59
Nusskranz 29
Nusskuchen 159
Nussschlagsahne 224
Nusstrüffel 128

Obatzter 36
Obstkuchen 162
Orangencreme 156
Osterbrot 99
Ostereier mit Naturfarben färben 97
Osterfladen 100
Osterlämmchen 97
Osternester 98

Paella 182
Panna cotta (gekochte Sahne) 186
Paprika 181
Pesche caramellate (Pfirsiche in Sirup) 58
Pesto 179
Petersilienkartoffeln 119
Pikante Schnecken
Pikanter Möhrensalat 185
Pilzsoße 115
Pisang goreng (Bananen im Teigmantel) 203
Pizza al prosiutto – Pizza mit Schinken 23
Pizza alla siciliana – Sizilianische Pizza 23
Pizza con funghi – Pizza mit Champignons 24
Pizza pugliese – Apulische Zwiebelpizza 23
Pizzateig 22
Pussycat 130
Putenragout mit Kokosmilch (im Wok) 200
Putensteak „Mailänder Art" 152

Quarkauflauf mit Früchten 219
Quarkdip 150
Quark-Öl-Teig 77
Quarkstollen 94
Quarkstrudel 142

Raffaelos 127
Reis – gedünstet 51
Reis – Grundrezept 50
Reis mit Wildreis 52
Reis Trauttmannsdorff 59
Rinderschmorbraten 113
Rindfleisch, gekocht 114
Rohrnudeln (Hefeteig) 31
Rosenkohl 120
Rote Gazpacho-Suppe 177
Rote Grütze 66
Rotweinkuchen – auch ohne Alkohol 158
Rührteig – Grundrezept 157

Safranreis 119
Saftige Kirschtorte mit Pistazien 226
Salamitütchen mit Käsecreme 36
Salat von Blattspinat mit Sonnenblumenkernen 219
Saltimbocca mit Rucola-Radicchio-Salat 184
Sauerkraut 91
Schichtsalat 68
Schinkenpastetchen 65
Schlemmerfilettopf 145
Schnitzel „Wiener Art" 213
Schokoladenbiskuit 187
Schokoladenmousse mit Kokostrüffel an Preiselbeeren 89
Schoko-Orangen-Johurtspeise 155
Schweinefilet mit Pfirsichen und Pfeffer 88
Schweinefleisch süßsauer (im Wok) 199
Schweinemedaillons mit Sahnesoße 88
Semmelklößchen 140
Semmelknödel 117
Senffüllung oder Tomatenfüllung 67
Serviettenkloß 118
Sesambrot mit Schwarzkümmel 32
Spätzle – Grundrezept 47
Spinatspätzle in Käsesahnesoße mit Champignons 48
Strudelteig – Grundrezept 141

Tannenhonigparfait mit Karamellsoße 90
Teepunsch 130
Tomatensalat 57
Tomatensoße/Meerrettichsoße/Senfsoße 114
Tomatensuppe mit Croûtons 108
Tortellinisalat 70
Tropical Cocktail 130
Trüffelspitzen 128
Turiner Lauchsuppe 139

Vanillesoße 92
Vollkornsemmeln aus Quark-Öl-Teig 77
Vollkorn-Stangenbrot 34

Waldorfsalat 55
Walnuss-Aprikosen-Konfekt
Wan-Tan-Suppe 197
Wasserbiskuit – Grundrezept 223
Wilde Wachau 228
Wirsing in Schnittlauchsahne 218
Wok-Gemüse mit Erdnüssen 200

Zebrakuchen 161
Zitronencharlotte 76
Zucchinicremesuppe mit Sahnehäubchen und Kresse 38
Zucchini-Pesto 38
Zucchiniröllchen, überbacken 147
Zuckerschoten 119
Zwetschgenkuchen 25
Zwetschgen-Zimt-Marmelade 221
Zwiebelkuchen 22

Rezeptverzeichnis (nach Gruppen gegliedert)

Vorspeisen
Antipasti Aubergine 180
Antipasti Crostini mit Tomaten 37
Antipasti Karotten 181
Antipasti Paprika 181
Dim Sum 201

Suppen
Asiatische Hühnersuppe 195
Chinesische Hühnerbrühe mit Eierblumen 194
Erntedanksuppe 40
Festtagssuppe 109
Gemüsebrühe mit Kräuterpfannkuchen 107
Hühnersuppe mit Nudeleinlage, Gemüse und Eierstich 138 f.
Käsecremesuppe 64
Kokos-Currysuppe 196
Kürbissuppe mit Orange und Petersilie 39
Minestrone di ceci 178
Mitternachtssuppe 63
Rote Gazpacho-Suppe 177
Tomatensuppe mit Croûtons 108
Turiner Lauchsuppe 139
Wan-Tan-Suppe 197
Zucchinicremesuppe mit Sahnehäubchen und Kresse 38

Salate
Apfel-Möhren-Rohkost 69
Blumenkohlsalat 122
Bunter Reissalat 71
Croûtons 108
Essig-Öl-Marinade – Grundrezept 54
Feldsalat 56
Fenchelsalat mit Orangenmarinade 154
Fitnesssalat 153
Geflügelsalat 68
Grundrezept Gemüsesalate 122
Gurkensalat 56
Insalata mista 55
Joghurtmarinade – Grundrezept 54
Kartoffelsalat 148
Nudelsalat 69
Pikanter Möhrensalat 185
Salat von Blattspinat mit Sonnenblumenkernen 219
Schichtsalat 68
Tomatensalat 57
Tortellinisalat 70
Waldorfsalat 55

Snacks
Avocadobutter 36
Crème fraîche mit Tomaten und Kresse 149
Delikater Quarkdip 150
Eieraufstrich 35
Forellenmus 35
Gefüllte Eier 67
Herzhafter Kräuterdip 150
Krabben-Spargel-Cocktail 72
Kräuterquark 149
Krautsalat 57
Lachsmus 35
Minischinkencroissants 66
Obatzter 36
Pikante Schnecken 24
Salamitütchen mit Käsecreme 36
Schinkenpastetchen 65
Senffüllung oder Tomatenfüllung 67
Zucchini-Pesto 38

Hauptgerichte mit Fleisch
Apfel-Käse-Schnitzel mit leichter Currysoße 214
Chinesische Fleisch-Gemüse-Pfanne 198
Chop Suey 202
Curryhackbraten 44
Filet traditionell 107
Fleischteig – Gundrezept 42
Frikadellen/Fleischpflanzerl 43
Gebratene Entenbrust 112
Gefüllte Paprikaschoten 42
Gefüllte Tomaten oder Gurkentürmchen 140
Gefüllte Zucchini 53
Gratinierte Schnitzel 215
Hackbraten 43
Hackfleischstrudel 144
Hähnchenschlegel, provenzalisch 41
Hühnerfrikassee 151
Jägerschnitzel 214
Lachsfilet in Wirsing-Blätterteigmantel mit Meerrettichsahne 111
Lasagne verdi al forno 46
Medaillons mit Speck und Pflaumen 72
Paella 182
Pizza al prosciutto – Pizza mit Schinken 23
Pizza alla siciliana – Sizilianische Pizza 23
Pizza con funghi – Pizza mit Champignons 24
Pizza pugliese – Apulische Zwiebelpizza 23
Putenragout mit Kokosmilch (im Wok) 200
Putensteak „Mailänder Art" 152
Rinderschmorbraten 113
Rindfleisch, gekocht 114
Saltimbocca mit Rucola-Radicchio-Salat 184
Schlemmerfilettopf 145
Schnitzel „Wiener Art" 213
Schweinefilet mit Pfirsichen und Pfeffer 88
Schweinefleisch süßsauer (im Wok) 199
Schweinemedaillons mit Sahnesoße 88

Hauptgerichte ohne Fleisch
Brokkoli-Möhren-Auflauf 217
Dinkel-Käse-Spätzle 49
Folienkartoffeln mit verschiedenen Dips 149
Gemüselasagne 45
Gemüsestrudel 143
Gnocchi mit Tomatensoße 183
Grünkernbratlinge 146
Karotten 179
Kartoffelgratin 218
Lauchquiche 124
Nudelauflauf 216
Nudeln mit Pesto 179
Pilzsoße 115
Spinatspätzle in Käsesahnesoße mit Champignons 48
Tomatensoße/Meerrettichsoße/Senfsoße 114
Wirsing in Schnittlauchsahne 218
Wok-Gemüse mit Erdnüssen 200
Zucchiniröllchen, überbacken 147

Beilagen
Blaukraut, gedünstet (Rotkohl) 121
Bohnen im Speckmantel 121
Brokkoli 120
Curryreis 51
Duftreis/Basmatireis 203
Fächerkartoffeln 41
Gemüserisotto 52
Herzoginkartoffeln 118
Kartoffelklöße, gekocht 116
Kartoffelnudeln 91
Kartoffelschnee 15
Klebreis 203
Nudeln mit Pesto 179
Ostereier mit Naturfarben färben 97
Petersilienkartoffeln 119